50 spektakuläre Expeditionen

Mark Steward
Alan Greenwood

# 50

# SPEKTAKULÄRE
# EXPEDITIONEN

## Reisen, die unsere Welt veränderten

Aus dem Englischen übersetzt
von Teresa Zuhl

**KOSMOS**

Aus dem Englischen übersetzt von Teresa Zuhl, Dittelsdorf

Titel der Originalausgabe:
*Great Expeditions: 50 Journeys That Changed Our World*, erschienen
bei HarperCollins Publishers Ltd.

Text © 2016 Mark Steward und Alan Greenwood

Umschlaggestaltung von Gramisci Editorialdesign, Claudia Geffert, München
unter Verwendung folgender Abbildungen:
Vorderseite: © Gordon Home
Rückseite: © Everett Collection/Shutterstock.com

Unser gesamtes lieferbares Programm und viele weitere Informationen zu unseren Büchern,
Spielen, Experimentierkästen, DVDs, Autoren und Aktivitäten finden Sie unter **kosmos.de**.

Gedruckt auf chlorfrei gebleichtem Papier

Für die deutschsprachige Ausgabe:
©2023, Franckh-Kosmos Verlags-GmbH & Co. KG,
Pfizerstraße 5–7, 70184 Stuttgart
Alle Rechte vorbehalten
ISBN 978-3-440-17737-2
Projektleitung: Carolin Kugel, Wiebke Hebold
Redaktion: Irmgard Sigg
Lektorat: Ulla Gerber, Leipzig
Satz: VerlagsService Dietmar Schmitz GmbH, Heimstetten
Produktion: Vanessa Frömmig
Druck und Bindung: Finidr, s.r.o., Český Těšín
Printed in Czech Republic/Imprimé en République tchèque

# INHALT

# VORWORT

Durch den Fortschritt der modernen Technik scheint unsere Welt immer kleiner zu werden. Wir haben Apps, die auf Knopfdruck von einer Sprache in die andere übersetzen, das Reisen ist heute erschwinglicher denn je und neue Orte erkunden wir auf dem Display unseres Smartphones. Und trotzdem gibt es noch so viel zu entdecken. Wir mögen größeres Gepäck haben als die ersten Weltreisenden, die mit kaum mehr als einer Landkarte loszogen. Doch noch immer braucht es vor allem Abenteuergeist, Lust auf Herausforderungen und die nötige körperliche und geistige Belastbarkeit, falls einmal etwas nicht nach Plan verläuft. Beim Entdecken geht es um mehr, als ein kleines Fähnchen in eine Weltkarte zu stecken. Es geht um die Erfahrungen, die einen verändern, und die Menschen, denen man unterwegs begegnet.

Im Laufe der Jahre habe ich festgestellt, dass es sich zu Fuß am besten reisen und Entdeckungen machen lässt. Es gibt nichts Schöneres, als das Wesen eines Landes, seine Kultur und seine Natur auf seinen Pfaden und Wegen kennenzulernen. Die vielen Entdeckungsreisenden vor mir verfügten weder über Hubschrauber noch über elektronischen Geräte, die ihnen das Leben hätten erleichtern können. Ob sie am Ufer des Nils entlang wanderten oder die Gipfel des Himalaja erklommen, ob sie sich ihren Weg durch den asiatischen Dschungel bahnten oder unbekannte Wüsten durchquerten: Es waren diese frühen Pioniere, die mich inspirierten.

David Livingstones Suche nach der Quelle des Nils spornte mich zu meiner eigenen neunmonatigen Wanderung vom Ursprung bis zur Mündung des längsten Flusses der Welt an. Die Abenteuergeschichten, die ich als Jugendlicher verschlungen hatte, prägten meinen späteren Lebensweg, der in der Armee begann und mich zu eigenen Expeditionen führte, bei denen ich in unerforschte Gebiete der Welt vordrang. Genau wie Livingstone dokumentierte auch ich meine Reise am Nil und schrieb in ein Notizbuch, das seinem sogar sehr ähnlich sah. Allerdings durfte ich zusätzlich auf technische Geräte zurückgreifen – wie etwa eine Kamera –, von denen er nur träumen konnte. Wir beide hielten ähnliche Erinnerungen fest, jedoch mit einem Abstand von über 150 Jahren.

Ich habe lernen müssen, dass moderne Expeditionen nicht vor Gefahren gefeit sind. Auch wenn es sich wie ein Sicherheitsnetz anfühlen mag, im Notfall einen Hubschrauber rufen zu können, setzen sich viele, die heute in abgelegenen Gegenden wandern und klettern, hohen Risiken aus. Durch extreme Winde, Minusgrade oder starke Hitze kann die Natur heute noch genauso bedrohlich sein wie vor hundert Jahren – mit potenziell tragischen Folgen, wie alle wissen, die *Mein Traum vom Nil* gelesen oder gesehen haben. Für frühe Entdecker wie Amundsen, Shackleton und Nansen stellten die Pole die ultimative Herausforderung dar.

Dass einmal etwas schiefgeht, lässt sich bei einer Expedition nicht vermeiden, aber gerade in schwierigen Momenten kann ein Abenteurer zeigen, was wirklich in ihm steckt. Dieses Buch ist eine Hommage an die wenigen mutigen Menschen, die unglaublich widrige Umstände überwanden, um sich selbst und der Welt etwas Wesentliches zu beweisen – dass jedes Risiko ausgiebig belohnt wird.

Die Geschichten in diesem Buch legen ein umfassendes Zeugnis menschlicher Errungenschaften ab. Sie alle hatten einen bedeutenden Einfluss auf die moderne Welt. Keine Weltraummission zog die Menschheit so sehr in den Bann wie die Mondlandung der Apollo 11 und keine Expedition hatte einen nachhaltigeren Einfluss auf die Wissenschaften als Charles Darwins Forschungsreisen. Manche Geschichten sind so außergewöhnlich, dass sie wie Science Fiction klingen – wie etwa die Entdeckung der tiefsten Stelle der Erde durch die *Challenger*. Mich persönlich faszinieren Expeditionen, die über weite Strecken über Land zurückgelegt wurden. Ein gutes Beispiel dafür sind die Reisen der abenteuerlustigen Französin Alexandra

David-Néel, die 1924 mitten im Winter den Himalaja überquerte und als Einheimische verkleidet das verbotene Land Tibet betrat. Davon mögen wenige bisher gehört haben, aber auch diese Leistung verdient Anerkennung.

Es gibt noch immer unendlich viel zu entdecken und Neues zu erfahren. Ich bin mir sicher, dass wir zu unseren Lebzeiten noch viele weitere spektakuläre Expeditionen miterleben werden, die uns sicher genauso fesseln wie jene in diesem Buch. Ich für meinen Teil möchte auch weiterhin den Fußstapfen der großen Entdecker folgen, die uns vorausgegangen sind.

Levison Wood

# DER GEWALTIGE SPRUNG
## Apollo 11 und die Mondlandungen

*»Ich wollte ›einen‹ sagen. Ich dachte, ich hätte es gesagt. Ich kann es*
*nicht hören, wenn ich mir die Funkübertragung hier auf der Erde anhöre,*
*also freue ich mich, wenn Sie es einfach in Klammern hinzufügen.«**

Der erste Schritt eines Menschen auf dem Mond war gleichzeitig der letzte einer achtjährigen Odyssee des größten Expeditionsteam der Menschheitsgeschichte. Am 20. Juli 1969 hatte Neil Armstrong 384 000 Kilometer – etwa neun Erdumrundungen – im tödlichen luftleeren Raum des Weltalls in vier Tagen zurückgelegt. Doch das Apollo-Programm, das für Armstrongs Mondfahrt verantwortlich war, hatte über einen Zeitraum von fast zehn Jahren ganze 400 000 Menschen beschäftigt. Mehr als 20 000 Firmen und Universitäten hatten dem 24-Milliarden-Dollar-Projekt die nötige Ausrüstung und ihre klügsten Köpfe zur Verfügung gestellt. Es war nicht nur das bei Weitem größte und technisch anspruchsvollste Unternehmen in Friedenszeiten, sondern auch nicht weniger als die längste, gefährlichste und kühnste Expedition seit Menschengedenken. Auslöser des Ganzen war die außerordentliche Vision eines einzigen Mannes.

---

\* Neil Armstrong kommentiert sein eigenes Zitat, den berühmtesten Satz in der Geschichte der Raumfahrt: »Das ist ein kleiner Schritt für den [beziehungsweise: einen] Menschen, aber ein gewaltiger Sprung für die Menschheit.«

Der russische Kosmonaut Juri Gagarin flog am 12. April 1961 als erster Mensch ins Weltall. Nur acht Tage später schrieb US-Präsident John F. Kennedy (der sein Amt erst seit drei Monaten innehatte) folgendes Memorandum an seinen Weltraumrat:

*»Haben wir die Möglichkeit, die Sowjets zu schlagen, indem wir ein*
*Labor im Weltraum einrichten oder um den Mond fliegen, oder eine*
*Rakete mit einem Mann an Bord starten, die auf dem Mond landet*
*und wieder zurückkehrt? Gibt es irgendein Raumfahrtprogramm,*
*das bahnbrechende Ergebnisse verspricht, mit denen wir gewinnen*
*könnten? [...] Arbeiten wir 24 Stunden am Tag an bestehenden*
*Programmen? Und falls nicht, warum nicht?«*

Seine Wortwahl – »schlagen« und »gewinnen« – ließ klar erkennen, dass Kennedy beabsichtigte, als Sieger aus dem »Space Race«, dem Wettlauf ins All, hervorzugehen.

Zu jenem Zeitpunkt hinkten die Vereinigten Staaten der Sowjetunion hinterher. Ein amerikanischer Astronaut, Alan Shepard, war zwar in den Weltraum geflogen, hatte es aber nicht bis in die Erdumlaufbahn geschafft. Der erste russische Sputnik hingegen umkreiste bereits 1957 die Erde.

Der NASA wurden nun alle nötigen Mittel für ein komplett neues Raumfahrtprogramm zur Verfügung gestellt. »Apollo« sollte es heißen und dafür sorgen, Kennedys Ziel, »noch vor Ablauf dieses Jahrhunderts einen Mann auf den Mond und wieder sicher zur Erde zu bringen«, zu verwirklichen. In Houston, Texas, baute man ein brandneues Manned Spacecraft Center (genannt »Space City«) als Trainings-, Forschungs- und Steuerungszentrum der bemannten Raumfahrt. Auf Cape Canaveral in Florida wiederum entstand eine riesige Abschussbasis (heute bekannt als *The Kennedy Space Center*).

Hunderte der brillantesten Wissenschaftler der Welt arbeiteten in den folgenden Jahren in atemberaubendem Tempo an der Lösung scheinbar unmöglicher Probleme: der Konstruktion eines Raumfahrzeugs samt Rakete, die ihre Besatzung zuerst in den Erdorbit katapultieren, von dort aus zum Mond transportieren und anschließend auf dessen Oberfläche bringen sollten, um daraufhin all diese Schritte in umgekehrter Reihenfolge zu wiederholen.

Das Programm erlitt bereits zu Beginn einen herben Rückschlag, als das Kommandomodul der Apollo 1 am 27. Januar 1968 bei einem Test Feuer fing und die Astronauten Virgil Grissom, Edward White und Roger Chaffee ums Leben kamen. Aber die NASA lernte aus der Katastrophe und ging zurück ans Reißbrett, um die Sicherheit ihrer Raumfahrzeuge zu verbessern. Im Dezember 1968 wurde die zweite bemannte Apollo-Mission, Apollo 8, erfolgreich gestartet. Es war das erste bemannte Raumschiff, das die Erdumlaufbahn verließ, den Mond erreichte, ihn umkreiste und sicher auf die Erde zurückkehrte. Nach zwei weiteren geglückten Abschüssen wurde die Apollo 11 am 16. Juli 1969 zum Start freigegeben.

An jenem Tag schnallten sich Neil Armstrong, Edwin »Buzz« Aldrin und Michael Collins in der *Columbia*, dem Kommandomodul der Apollo 11, an. Die winzige, kegelförmige Kabine sollte die drei Astronauten von der Abschussrampe in den Mondorbit und schließlich acht Tage später zurück auf die Erde bringen, wo eine Wasserlandung vorgesehen war. Unten am Kommandomodul befand sich das zylinderförmige Servicemodul, das während der Mission für Antrieb und Strom sorgte und als Stauraum diente. Darunter war wiederum die *Eagle* (zu Deutsch »Adler«) angebracht, die eigentliche Landefähre, die auf den Mond hinabsteigen würde.

Dieser winzige Lebensraum war auf eine kolossale Saturn-V-Rakete geschraubt, die mit 111 Metern die Freiheitsstatue um 18 Meter überragte. Sie ist nach wie vor die größte, schwerste und mächtigste Rakete, die je gebaut wurde.

*»Einige sagen: Warum der Mond? Warum setzen wir uns ihn zum Ziel? Und sie könnten genauso gut fragen: Warum sollte man den höchsten Berg besteigen? Warum wurde vor 35 Jahren der Atlantik überflogen?*

*…*

*Wir werden zum Mond fliegen. Wir werden noch in diesem Jahrzehnt zum Mond fliegen und all die anderen Dinge tun – nicht, weil sie leicht sind, sondern weil sie schwer sind; weil dieses Ziel dazu dienen wird, das Beste aus unseren Energien und Fähigkeiten herauszuholen; weil wir uns dieser Herausforderung stellen wollen, sie nicht aufschieben werden und vorhaben, sie zu meistern [...].«*

US-PRÄSIDENT JOHN F. KENNEDY

Elf Minuten lang donnerten die gewaltigen Triebwerke und verbrannten über 2000 Tonnen flüssigen Sauerstoff und Kerosin – ganze 13 Tonnen pro Sekunde –, um die drei Astronauten in den Himmel zu befördern.

Zweieinhalb Stunden, nachdem sie mit 40 000 Stundenkilometern die Erdumlaufbahn erreicht hatten, brachte sie eine weitere Zündung der Triebwerke auf Mondkurs. Die folgenden drei Tage reiste die Besatzung durch den Weltraum und verschwand schließlich am vierten Tag hinter dem Mond und aus der Sichtweite der Erde. Durch die Zündung mehrerer Raketen begannen die Astronauten ihren Sinkflug und gelangten hundert Kilometer über der staubigen Oberfläche des Mondes in seinen Orbit.

Armstrong und Aldrin kletterten in die *Eagle* und verabschiedeten sich von Collins. Er würde allein in der *Columbia* im Orbit zurückbleiben, während seine Kollegen den Mond betraten. Das Landefahrzeug wurde vom Raumschiff abgekoppelt und zwölf Minuten lang steuerte ein Computer Armstrong und Aldrin auf die Mondoberfläche zu. Fünf Minuten nach Beginn des Sinkflugs gab es einen kurzen Moment der Angst im Mission Control Center, als Aldrin den Computer zur Berechnung der Flughöhe anwies und zur Antwort eine Fehlermeldung bekam. Sollten sie ihr Vorhaben abbrechen? Die Ingenieure auf der Erde behielten einen kühlen Kopf und kamen zu dem Schluss, dass es sicher war, die Meldung zu ignorieren und fortzufahren.

Doch nur ein paar Minuten später gab es einen weiteren Grund zur Sorge. Armstrong sah, dass der Krater, auf den der Computer die *Eagle* zusteuerte, mit großen Felsen übersät war. Er übernahm selbst die Kontrolle und lenkte das Fahrzeug auf eine ebenere Stelle zu, wobei zusätzlicher Treibstoff verbrannt wurde. Als die *Eagle* schließlich im Mare Tranquillitatis aufsetzte, hatte sie lediglich Kraftstoff für 30 Sekunden übrig.

Die Landung war die sanfteste, die die Piloten je erlebt hatten. Die Schwerkraft auf dem Mond beträgt nur ein Sechstel der Erdanziehungskraft und die Astronauten spürten beim Aufsetzen keinen Stoß. Nur durch das Aufleuchten des Kontaktlichtes konnten sie sich sicher sein, dass sie gelandet waren.

»Houston, hier *Tranquility Base*. Der Adler ist gelandet!«, sagte Armstrong mit unbändiger Freude in seiner sonst eher beherrschten Stimme. Doch statt sofort einen Fuß auf den Mond zu setzen, blieben Armstrong und Aldrin noch weitere vier Stunden im Cockpit und ruhten sich aus. Sie brannten darauf, endlich auszusteigen, hatten aber auch Befürchtungen: Würden ihre Raumanzüge sie auch wirklich vor dem Vakuum auf dem Mond schützen und würde ihnen der Start für den Rückflug gelingen?

Doch dann war es so weit. Neil Armstrong verließ die *Eagle*, stieg die Treppe hinab und betrat – 109 Stunden und 42 Minuten, nachdem er die Erde verlassen hatte – den Mond. Rund 530 Millionen Menschen sahen ihm dabei auf ihren Fernsehbildschirmen zu und lauschten seiner Stimme, als er »[…] einen kleinen Schritt für den [beziehungsweise: einen] Menschen, aber einen riesigen Sprung für die Menschheit« tat. Nach zwanzig Minuten verließ auch Aldrin die Landefähre und wurde zum zweiten Menschen, der seine Fußabdrücke im Mondstaub hinterließ. Die Astronauten stellten die TV-Kamera in etwa neun Metern Entfernung zum Landefahrzeug auf einem Stativ auf, um ihre Tätgikeiten live zu übertragen. Eine halbe Stunde, nachdem sie ihren Mondspaziergang begonnen hatten, telefonierten sie mit Präsident Nixon. In den nächsten zweieinhalb Stunden sammelten die Raumfahrer Gesteinsproben, machten Fotos und bauten Experimente auf. Sie hissten nicht nur die US-amerikanische Flagge auf dem Mond, sondern hinterließen zudem eine sowjetische Medaille zu Ehren Juri Gagarins, der ein Jahr zuvor bei einem Flugzeugabsturz ums Leben gekommen war. Armstrong und Aldrin verbrachten 21 Stunden und 36 Minuten auf der Mondoberfläche, von denen sie sieben Stunden schliefen. Das Triebwerk der Aufstiegsstufe zündete schließlich erfolgreich und die Fähre hob ab, wobei die Abstiegsstufe auf dem Mond zurückblieb. Knappe vier Stunden später dockte die *Eagle* im Mondorbit an die *Columbia* an und die drei Besatzungsmitglieder waren wieder vereint. Die *Colum-*

*bia* machte sich auf den Heimweg. Drei Tage später fielen Armstrong, Aldrin und Collins als Helden zur Erde.

Diese erstaunliche Leistung begeisterte eine ganze Generation für die technischen und erfinderischen Möglichkeiten des Weltalls. Das Apollo-Programm brachte 382 Kilogramm Mondgestein mit auf die Erde und beeinflusste grundlegend unser Verständnis über die Geschichte und Geologie dieses Himmelskörpers. Das Projekt finanzierte zudem den Bau des *Johnson Space Centers* und des *Kennedy Space Centers*. Im Rahmen des gesamten Apollo-Programms kam es zu enormen Fortschritten in der Avionik, in der Telekommunikation und im Computerwesen.

Aus politischer Sicht hatten die USA den Wettlauf ins All haushoch für sich entschieden. John F. Kennedy wurde sechs Jahre, bevor sein Traum Wirklichkeit wurde, ermordet, aber die Sowjets hatte man – ganz nach seinen Wünschen – geschlagen.

Auf die Apollo 11 folgten viele weitere Raketenstarts zum Mond. Nur vier Monate später, im November 1969, absolvierte die Apollo 12 die zweite erfolgreiche Mondmission. Bei der Apollo 13 kam es unterwegs bekanntermaßen zu einer Störung und das Raumschiff musste noch vor der Mondlandung zur Erde zurückkehren. Apollo 14 und 16 setzten beide sicher auf der Mondoberfläche auf und die Apollo 17 war im Dezember 1972 die sechste – und letzte – bemannte Raumfähre, die eine Mondlandung unternahm. Insgesamt betraten zwölf Apollo-Astronauten den Himmelskörper. Seitdem ist kein Mensch mehr über die Erdumlaufbahn hinaus geflogen.

Einer der überraschendsten Höhepunkte der Apollo-11-Expedition war eigentlich ein Bild unseres blauen Heimatplaneten: die außergewöhnlich fragile Schönheit der Erde, von unserem natürlichen Satelliten aus gesehen. Es war ein Anblick, den sich zuvor kaum jemand hatte vorstellen können. Und er zog alle Astronauten, die ihn erhaschen konnten, in seinen Bann zog.

# DER WETTLAUF ZUM SÜDPOL

## Die Expeditionen von Roald Amundsen und Robert Falcon Scott

»*Ich glaube, dass dies der entscheidende Faktor ist – nämlich die Art und Weise, wie eine Expedition ausgerüstet ist; wie Schwierigkeiten vorausgesehen und Vorkehrungen getroffen werden, um sie zu bewältigen oder zu vermeiden. Der Sieg winkt demjenigen, der alles im Griff hat – Glück nennen das die Leute. Die Niederlage ist dagegen dem gewiss, der es versäumt hat, rechtzeitig die notwendigen Vorkehrungen zu treffen. Das wird dann Unglück genannt.*«

AUS *THE SOUTH POLE* VON ROALD AMUNDSEN

Der Suchtrupp hatte das Zelt gefunden. Die Männer nahmen all ihren Mut zusammen und warfen einen Blick hinein. Wie erwartet, lagen dort die leblosen, ausgezehrten Körper von Captain Robert Scott und zwei seiner Gefährten, steifgefroren im Schnee. Scotts Schlafsack war aufgeschlagen und sein Mantel stand offen. Er hatte das Ende beschleunigt. Irgendwo da draußen, für immer verloren in der erbarmungslosen Antarktis, waren noch zwei weitere Männer, die ebenfalls umgekommen waren. Sie alle hatten den zweiten Platz im Wettlauf zum Südpol mit ihrem Leben bezahlt.

Als Robert Falcon Scott in Großbritannien mit der Absicht aufbrach, 1911 als erster Mensch den Südpol zu betreten, war er bereits ein Nationalheld. Er hatte von 1901 bis 1904 die Discovery-Expedition geleitet, an der ein weiterer großer Entdecker beteiligt gewesen war: Ernest Shackleton. Scott und Shackleton waren so weit in den Süden vorgedrungen wie kein Mensch vor ihnen: Bis auf 850 Kilometer hatten sie sich dem Pol genähert. Während Scott seinen Rekord am Südpol aufgestellt hatte, leitete Roald Amundsen am anderen Ende der Welt seine eigene bahnbrechende Polarexpedition. Er war 1872 in eine norwegische Familie von Schifffahrtskaufleuten geboren worden und hatte auf Drängen seiner Mutter Medizin studiert. Als sie starb, packte er mit 21 Jahren seine Bücher zusammen und kehrte der Universität den Rücken, um sich einem Leben voller Abenteuer zu widmen. Amundsen leitete von 1903 bis 1906 die erste Expedition, die die Nordwestpassage durchquerte. Auf dieser Reise schaute er sich bei den Inuit ein paar Fertigkeiten ab, die ihm später zugutekommen sollten: So erlernte er den Umgang mit Schlittenhunden und wie man mit ihrer Hilfe Vorräte transportierte. Und er erkannte, dass Tierhäute im nasskalten Polarklima den Körper besser schützten als die schweren Wollanoraks, die üblicherweise von europäischen Entdeckern getragen wurden.

Im Jahr 1909 erfuhr Scott, dass sich sein ehemaliger Kollege Shackleton auf seiner Nimrod-Expedition bis auf 180 Kilometer dem Südpol genähert hatte, dann aber zur Umkehr gezwungen war. Außerdem hatte er Kenntnis davon erhalten, dass andere Südpolexpeditionen in Planung waren, und kündigte – selbst vom »Polfieber« gepackt – die Leitung einer weiteren Antarktisreise an. Sofort wurde die Hoffnung laut, dass mit ihm nun doch noch ein Brite als Erster den untersten Zipfel der Welt betreten würde, und Scott wollte nicht enttäuschen. Seine Expedition brach schließlich im Juni 1910 auf dem ehemaligen Walfangschiff *Terra Nova* vom walisischen Cardiff zu einer siebenmonatigen Fahrt in die Antarktis auf.

Während Scotts Blick also gen Süden ging, hatte Amundsen ursprünglich den Nordpol anvisiert. Doch dann hörte er 1909, dass bereits zwei US-amerikanische Expeditionen unter Robert Peary und Frederick Cook unabhängig voneinander den nördlichsten Punkt der Erde erreicht hatten, und sodann entschied auch er sich für eine Reise in die Antarktis. (Mittlerweile ust davon auszugehen, dass weder Peary noch Cook je wirklich bis zum Nordpol vorgedrungen sind.) Amundsen und seine Crew verließen

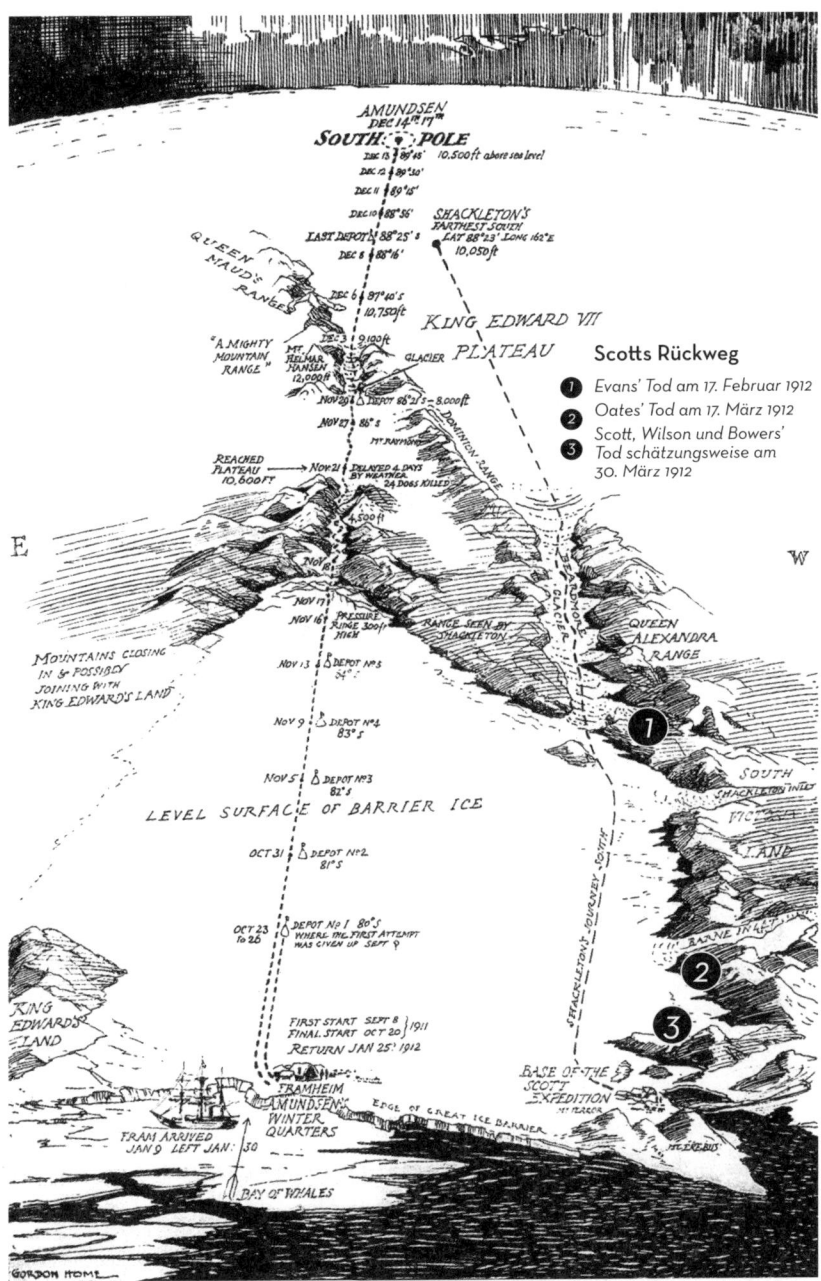

Die Karte enthält folgende Beschriftungen:

AMUNDSEN
DEC 14 17 17th
SOUTH POLE
DEC 13 89°45'  10,500 ft above sea level
DEC 12 89°50'
DEC 11 89°15'
DEC 10 88°55'
LAST DEPOT 88°25' S
DEC 8 88°16'

SHACKLETON'S
FARTHEST SOUTH
LAT 88°23' LONG 162°E
10,050 ft

QUEEN MAUD'S RANGE

DEC 6 87°60'S
10,750 ft

KING EDWARD VII

DEC 3 9,100 ft

"A MIGHTY MOUNTAIN RANGE"

MT HELMAR HANSEN 12,000 ft
GLACIER PLATEAU

NOV 30 DEPOT 86°21' S – 8,000 ft
NOV 27 86° S

MT RAYMOND

DOMINION RANGE

REACHED PLATEAU 10,600 FT
NOV 21 DELAYED 4 DAYS BY WEATHER 24 DOGS KILLED

4,500 ft

NOV 18

NOV 17

NOV 16 PRESSURE RIDGE 300 ft HIGH

RANGE SEEN BY SHACKLETON

NOV 13 DEPOT Nº 5  84°

MOUNTAINS CLOSING IN & POSSIBLY JOINING WITH KING EDWARD'S LAND

QUEEN ALEXANDRA RANGE

NOV 9 DEPOT Nº 4  83° S

NOV 5 DEPOT Nº 3  82° S

LEVEL SURFACE OF BARRIER ICE

OCT 31 DEPOT Nº 2  81° S

OCT 23 to 26  DEPOT Nº 1 80° S WHERE THE FIRST ATTEMPT WAS GIVEN UP SEPT 9

SOUTH
SHACKLETON'S INLET
VICTORIA
LAND

SHACKLETON'S JOURNEY SOUTH

FIRST START SEPT 8 1911
FINAL START OCT 20 1911
RETURN JAN 25 1912

FRAMHEIM AMUNDSEN'S WINTER QUARTERS

EDGE OF GREAT ICE BARRIER

BASE OF THE SCOTT EXPEDITION MT TERROR

MT EREBUS

FRAM ARRIVED JAN 9 LEFT JAN 30

BAY OF WHALES

KING EDWARD'S LAND

E    W

GORDON HOME

**Scotts Rückweg**

1 Evans' Tod am 17. Februar 1912
2 Oates' Tod am 17. März 1912
3 Scott, Wilson und Bowers' Tod schätzungsweise am 30. März 1912

Eine historische Karte von Amundsens Südpolexpedition aus der Vogelperspektive. Auch Scotts Route ist zu sehen (mit zusätzlichen Anmerkungen), denn sie folgte der von Shackletons Expedition (1907–1909).

Oslo am 3. Juni 1910 auf der *Fram* (das Schiff, auf dem zuvor Fridtjof Nansen unterwegs gewesen war, siehe S. 235) und nahmen Kurs auf Süden. Als Scott das australische Melbourne erreichte, teilte ihm Amundsen per Telegramm mit, dass auch er »in südlicher Richtung unterwegs« sei. Scotts *Terra Nova* machte einen Zwischenhalt in Neuseeland, um Vorräte an Bord zu holen, und schlug Ende November 1910 Kurs in südliche Richtung ein. Was nun folgte, waren eine Reihe unglücklicher Umstände – »reinstes Pech«, wie Scott es selbst nannte. Bei einem schweren Sturm kamen zwei Ponys und ein Hund ums Leben und über zehn Tonnen Kohle sowie 300 Liter Petroleum wurden über Bord katapultiert. Anschließend steckte die *Terra Nova* zwanzig Tage im Packeis fest.

Im Gegensatz dazu verlief die Fahrt der *Fram* gen Süden verhältnismäßig ruhig.

Jeder Versuch, den Pol zu erreichen, musste im antarktischen Sommer unternommen werden, denn das Klima während des restlichen Jahres war viel zu extrem. Allerdings hielt der Zeitraum mit relativ gutem Wetter und durchgehendem Sonnenlicht nur von November bis März an. Der Plan war deshalb, im Sommer anzureisen, ein Lager aufzuschlagen und dort zu überwintern, um dann im folgenden Sommer zum Südpol vorzudringen.

Die *Terra Nova* legte am 4. Januar 1911 auf der Ross-Insel an. Scotts Team errichtete sein Basislager an einem Kap, in dessen Nähe der Entdecker schon während seiner Discovery-Expedition neun Jahre zuvor gecampt hatte. Ihnen blieben noch mindestens neun Monate bis, bis sie zum Südpol aufbrechen würden. Scott wollte die Wartezeit nicht ungenutzt zu lassen, und stattdessen die Forschungsaktivitäten vorantreiben. Er schickte einen Trupp nach Osten, um die Edward-VII.-Halbinsel sowie Viktorialand erkunden zu lassen. Die Gruppe staunte nicht schlecht, als sie auf ihrem Rückweg in der Bucht der Wale, einem Meeresarm an der Ostseite des Ross-Schelfeises, Amundsens Lager entdeckte. Die Norweger waren am 14. Januar angekommen. Amundsen verhielt sich den Engländern gegenüber sehr freundlich. Er lud sie in sein Camp ein und bot ihnen an, sich um ihre Hunde zu kümmern. Scotts Männer lehnten jedoch ab und kehrten zu ihrem Basislager zurück. Scott schrieb über diese Begegnung in seinem Tagebuch: »Nur eines hat sich in meinem Kopf festgesetzt. Der richtige und auch klügere Weg ist es, genauso weiterzumachen, als wäre das nicht passiert. Wir werden unsere Mission fortsetzen und unser Bestes für die Ehre unseres Landes tun, ohne in Angst oder Panik zu verfallen.«

Der Weg zum Südpol in 1450 Kilometern Entfernung bestand aus drei großen Etappen: der Überquerung des Ross-Schelfeises (ein Gebiet von der Größe Frankreichs), der Besteigung eines Gletschers hinauf zum Polarplateau sowie der Überquerung dieses Plateaus bis zum eigentlichen Südpol. Einmal am Pol angekommen, musste die ganze Strecke erneut in umgekehrter Reihenfolge zurückgelegt werden.

Für die Bewältigung dieser Etappen hatten sich die beiden Expeditionen verschiedene Strategien einfallen lassen. Amundsen wollte sich und sein Team mitsamt der Vorräte von seinen geliebten Hunden ziehen lassen. Scott wiederum plante, das schwerste und sperrigste Gepäck mithilfe einer Kombination aus Ponys (die auch Shackleton für seinen Südrekord benutzt hatte), Hunden und Motorschlitten über das Schelfeis zu befördern. Das sollte die Kräfte der Männer schonen, die bei der Erklimmung des Plateaus und auf dem weiteren Weg bis zum Pol ihre eigenen Schlitten ziehen würden.

Keine der beiden Parteien würde jedoch imstande sein, über die gesamte Exkursion hinweg ausreichend Vorräte mit sich zu führen, weshalb sie an ihren jeweiligen Wegstrecken Vorratslager platzierten. Das musste noch vor Wintereinbruch geschehen, damit sich die Expeditionen gleich zu Beginn des Frühlings auf den Weg machen konnten.

Am 27. Januar begann Scott in aller Eile mit der Errichtung der Depots, aber die Ponys hielten den Strapazen nicht stand und mehrere von ihnen starben. Zudem behinderte ein heftiger Schneesturm die Arbeit der Männer. Aufgrund dieser Verzögerungen beschloss Scott, das größte Vorratslager – das One Ton Depot – 56 Kilometer nördlich der ursprünglich dafür bestimmten Stelle zu platzieren. Diese Entscheidung sollte seine Truppe auf dem Rückweg teuer zu stehen kommen.

Die Norweger verteilten ihre Vorräte ohne große Probleme mithilfe von Skiern und Hundeschlitten jeweils am 80., 81. und 82. südlichen Breitengrad entlang einer Route, die direkt zum Pol führte.

Dann begann der Winter. Die Expeditionen ließen sich in ihren jeweiligen Basislagern nieder und warteten auf das Frühjahr.

Am 8. September 1911 brach Amundsens Gruppe zum Pol auf, aber schon nach wenigen Tagen vereitelte extremes Wetter ihr Vorhaben. Sie begannen sofort mit den Vorbereitungen für einen zweiten Anlauf und am 19. Oktober startete ein Trupp mit vier Schlitten und 52 Hunden auf direktem Weg in Richtung Südpol. Fast vier Wochen dauerte die Überquerung des Schelfeises, bis sie schließlich den Fuß des Polarplateaus erreichten. Dort entdeckten Amundsens Leute einen Gletscher, der kürzer und steiler war als der kolossale Beardmore-Gletscher, den Scott besteigen würde. Sie erschossen einige ihrer Hunde, um deren Fleisch zu essen, und nach einer viertägigen Kletterpartie über die eisige Treppe erreichten sie am 21. November das Plateau.

Scotts mit Vorräten und Ausrüstung beladene Motorschlitten starteten am 24. Oktober, gingen aber bereits nach 80 Kilometern kaputt. Die Fahrer mussten daraufhin die restlichen 240 Kilometer bis zum ausgemachten Treffpunkt zu Fuß zurücklegen und das gesamte Gepäck selbst schleppen, ein mehr als anstrengendes Unterfangen. Als der Haupttrupp das Basislager am 1. November 1911 verließ, war Amundsen schon zwölf Tage unterwegs. Am 4. Dezember kam Scotts Team schließlich am Beardmore-Gletscher an und lag inzwischen über zwei Wochen hinter Amundsen zurück.

Wegen eines Schneesturm mussten sie vier Tage in ihren Zelten ausharren. Für die darauffolgende Bezwingung des gigantischen, 200 Kilometer langen Beardmore-Gletschers benötigten sie neun Tage. Am 20. Dezember betraten sie das unbelebte Polarplateau. Hier holten sie etwas verlorene Zeit auf und das Kernteam aus fünf Männern – Scott, Wilson, Oates, Bowers und Evans – lief zu Fuß in Richtung Südpol.

Scotts Gruppe stapfte durch die weite weiße Leere und verbrachte auch Weihnachten auf dem Eis. Am 30. Dezember wurde den Männern etwas leichter ums Herz, denn sie hatten Shackletons Fahrplan von 1908/1909 eingeholt. Gleichwohl litten sie alle an Erschöpfung, Erfrierungen und Hunger. Shackletons Rekordmarke (88°23'S) überschritten sie am 9. Januar. Sie spürten, dass ihr Ziel in greifbare Nähe gerückt war und marschierten trotz aller Schmerzen weiter.

Am 17. Januar 1912 schaute Scott vom nicht enden wollenden Schnee unter seinen Füßen auf und sah eine schwarze Flagge, die über einem kleinen

Zelt flatterte. Amundsen hatte sein Team aus fünf Männern und 16 Hunden auf gerader Strecke zum Südpol geführt. Die Überquerung des Plateaus war ihnen ohne große Schwierigkeiten gelungen und am 14. Dezember 1911 hinterließen sie als erste Menschen ihre Fußabdrücke am untersten Ende der Welt. Sie hatten ein Zelt errichtet und einen Brief hinterlegt, in dem sie die Einzelheiten ihrer triumphalen Exkursion schilderten.

Scott hatte sein langersehntes Ziel 34 Tage zu spät erreicht. »Alle Tagträume sind dahin«, schrieb der tief enttäuschte Entdecker in sein Tagebuch und weiter: »Großer Gott, dies ist ein schrecklicher Ort!« Den unglücklichen Männern blieb nichts anderes übrig, als den 1300 Kilometer langen Rückweg anzutreten. Es war ein grausames Unterfangen und die Gruppe wurde von Erfrierungen und Schneeblindheit heimgesucht. Edgar Evans verlor als Erster sein Leben. Er starb, nachdem er einen Gletscher hinabgestürzt war.

Die übrigen vier Männer wanderten weiter, doch Lawrence Oates litt unter schweren Erfrierungen an den Zehen und er wusste, dass er seine Kollegen bremste. Am 16. März schrieb Scott in sein Tagebuch, dass Oates aufgestanden war, das Zelt verlassen hatte und nie wieder gesehen wurde. »Ich gehe nur mal raus und könnte etwas länger brauchen«, waren seine letzten Worte an die Kameraden.

*»Wir wussten, dass Oates seinem Tod entgegenging [...] es war die Tat eines mutigen Mannes und eines englischen Gentlemans.«*

Die drei überlebenden Männer schlugen am 19. März ihr letztes Camp auf. Ein unerbittlicher Schneesturm mit Temperaturen von −44 °C hielt sie in ihrem Zelt gefangen und besiegelte ihr Schicksal. Zehn Tage später starben sie an ihren Erfrierungen und an Unterernährung. Sie waren nur 18 Kilometer vom One Ton Depot entfernt. Hätte sich das Vorratslager an der ursprünglich dafür vorgesehenen Stelle befunden, hätten es die Männer geschafft. Scott starb als Letzter.

*»Jeden Tag sind wir bereit, uns auf den Weg zu unserem elf Meilen entfernten Depot zu machen, doch vor dem Zelt herrscht weiter dichtes*

*Gestöber. Ich glaube nicht, dass wir noch auf Besserung hoffen können.*
*Wir werden bis zum Ende ausharren, doch wir werden natürlich*
*schwächer, und das Ende kann nicht mehr weit sein. Es ist schade, aber*
*ich fürchte, ich kann nicht mehr schreiben. R. Scott. Letzter Eintrag.*
*Kümmert euch um Gottes willen um unsere Leute.«*

BEIDE ZITATE AUS CAPTAIN SCOTTS TAGEBUCH

Amundsen und sein Team trafen am 25. Januar 1912 – sechs Wochen, nachdem sie den Pol verlassen hatten – wieder im Basislager ein. Anfang März erreichten sie Australien. Die Nachricht vom Erfolg ihrer Expedition ging um die ganze Welt.

Scott wurde als tragischer Held gefeiert, der mutig dem sicheren Tod ins Auge geblickt hatte. Seine Legende inspirierte ganze Generationen von Briten. Als Amundsen von Scotts Tod erfuhr, sagte er: »Gern würde ich auf jede Ehre oder jedes Geld verzichten, wenn ich Scott dadurch seinen schrecklichen Tod hätte ersparen können.«

Der Suchtrupp, der Scott und seine Kameraden schließlich fand, faltete das Zelt über ihren leblosen Körpern zusammen, schüttete einen Schneehügel auf ihrem Grab auf und versah diesen mit einem Kreuz aus Skiern. Heute – nach einem Jahrhundert voller Schneestürme – liegen der Hügel, das Zelt und das Kreuz unter einer 23 Meter dicken Eisdecke verborgen. Sie sind zu einem Teil des Schelfeises geworden und haben sich bereits 48 Kilometer von ihrem ursprünglichen Fundort entfernt. In etwa 300 Jahren werden die Entdecker wieder am Ozean landen, ins Meer gleiten und in einem Eisberg davontreiben.

# DARWIN UND DIE BEAGLE
## Charles Darwins Reise auf der HMS *Beagle*

>»*Als Naturforscher an Bord der HMS* Beagle *war ich in höchstem Maße beeindruckt von bestimmten Tatsachen, die sich mir über die Verteilung der Bewohner Südamerikas und die geologischen Beziehungen zwischen der jetzigen und der früheren Bevölkerung dieses Kontinents eröffneten. Diese Tatsachen schienen mir einiges Licht auf den Ursprung der Arten zu werfen [...].*«

AUS DEM VORWORT ZU DARWINS ON THE ORIGIN<br>OF SPECIES BY MEANS OF NATURAL SELECTION

Charles Darwin war auf der fünfjährigen Weltreise des Vermessungsschiffes HMS *Beagle* als Naturforscher beschäftigt. Seine Naturbeobachtungen – vor allem die, die er auf der Südhalbkugel machte – dienten ihm als Grundlage für die Entwicklung seiner Evolutionstheorie.

Darwin wurde 1809 im englischen Shrewsbury geboren. Sein Vater war ein bekannter Landarzt und seine Großväter Josiah Wedgwood und Erasmus Darwin zählten zu den führenden Köpfen der Industriellen Revolution. Charles Darwin besuchte die Shrewsbury School und ging 1825 zusammen mit seinem Bruder an die Universität von Edinburgh, um Medizin zu studieren. Seine Abneigung gegen Anatomie und Chirurgie brachte ihn schnell von einer medizinischen Laufbahn ab und er verließ Edinburgh 1827 ohne Abschluss. Im folgenden Jahr begann Darwin ein

Studium am Christ's College in Cambridge mit dem Ziel, anglikanischer Pfarrer zu werden. Dort freundete er sich mit dem Professor für Botanik John Henslow an und wurde von dessen Liebe und Faszination für die Natur angesteckt.

Darwin schloss 1831 sein Studium ab und Henslow empfahl ihn anschließend für eine auf zwei Jahre angelegte Reise nach Südamerika, auf der er als »Gentleman-Sammler« naturwissenschaftliche Proben zusammentragen sollte. Henslow bemerkte darüber, dass sich seine Empfehlung »nicht auf die Annahme stützt, dass Sie ein ausgebildeter Naturforscher sind, wohl aber reichlich qualifiziert für das Sammeln, Beobachten und Notieren aller Dinge, die in der Naturgeschichte des Notierens wert sind«. Nach einiger Überzeugungsarbeit willigte auch Darwins Vater in das Vorhaben ein (was wichtig war, denn Darwin Senior musste für alle Ausgaben seines Sohnes aufkommen – mit Ausnahme der Verpflegung, die von der Admiralität gestellt wurde).

Die Reise würde auf der HMS *Beagle* stattfinden, einem kleinen, 27 Meter langen und rund 245 Tonnen schweren Vermessungsschiff. Deren Kapitän war Robert Fitzroy, ein begeisterter Amateurnaturkundler und Hobbywissenschaftler. Neben der Vermessung der Küste Südamerikas sollte er auf dieser Expedition auch die neue Beaufort-Windskala ausprobieren. Darwin teilte sich eine Kabine – die er auch als Arbeitszimmer benutzte – mit einem Marineoffizier und einem Seekadetten. Am 27. Dezember 1831 legte die HMS *Beagle* schließlich in Plymouth ab – einen Tag später als geplant, denn die Besatzung hatte es bei den Weihnachtsfeierlichkeiten etwas übertrieben und war erst nach zwei Tagen wieder reisefähig. Für Darwin begann die lange Fahrt denkbar ungünstig, denn er wurde schon bald schwer seekrank.

Die See vor Madeira war zu stürmisch, um die Insel anzulaufen, und da in England die Cholera ausgebrochen war, wurde das Schiff auch auf den Azoren abgewiesen. Am 16. Januar erreichte es schließlich die Kapverdischen Inseln, wo Darwin sogleich seine Arbeit des Sammelns, Beobachtens und Notierens aufnahm. Man konnte seinem wissbegierigen Geist förmlich beim Nachdenken zusehen: Warum etwa gab es in einer Klippe 14 Meter über dem Meeresspiegel eine Muschelschicht, wenn diese doch unter Wasser entstanden sein musste?

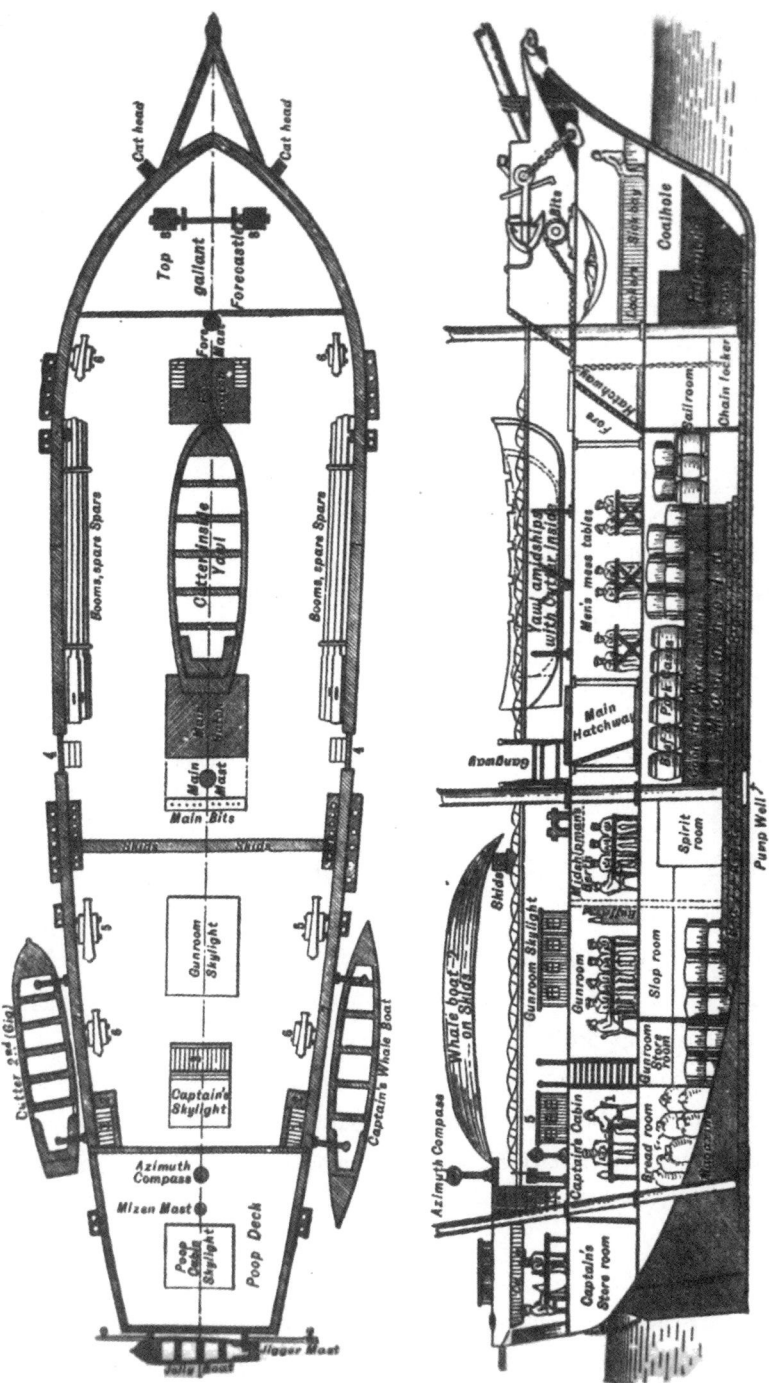

DIAGRAMS OF THE "BEAGLE."

Die *Beagle* erreichte Ende Februar 1832 die Küste Brasiliens und während die restliche Besatzung ihrer Vermessungsarbeit nachging, verbrachte Darwin den Großteil der folgenden sechs Monate an Land. Er ging auf Entdeckungstouren und legte große Sammlungen von Objekten und Lebewesen an, die er unter anderem aus dem Umland von Rio de Janeiro sowie Buenos Aires und Bahía Blanca in Argentinien zusammentrug. Bis Ende November hatte Darwin bereits zwei Chargen diverser Proben zurück nach England geschickt, darunter präparierte Käfer und Fossilien von bis dato unbekannten Tieren.

Anschließend segelte die *Beagle* weiter südlich bis nach Feuerland, wo sie am 17. Dezember anlegte: »Wir wurden ganz nach der Art der Bewohner dieses wilden Landes begrüßt. Eine Gruppe von Feuerländern, die zum Teil von wucherndem Dickicht verdeckt war, hockte auf einem wilden Hang über dem Wasser, und als wir vorbeifuhren, sprangen sie auf, schwangen ihre zerfetzten Kleider und gaben ein lautes, sonores Geschrei von sich.«

Darwin war von der Schlichtheit der Feuerländer schockiert (nach einer Begegnung mit einer Gruppe von ihnen beschrieb er sie als »die jämmerlichsten und elendsten Geschöpfe, die ich je gesehen habe«). Verwundert darüber, wie jemand so ein hartes Leben in einer derart unversöhnlichen Umgebung führen konnte, kam er zu folgendem Schluss: »Die Natur, welche die Gewohnheit zu einer unwiderstehlichen Macht und ihre Wirkungen erblich gemacht hat, hat den Feuerländer dem Klima und den Erzeugnissen seines elenden Vaterlandes angepasst.«

Die *Beagle* fuhr weiter nach Kap Hoorn: »Auf der Windseite des Schiffes erblickten wir dieses berüchtigte Vorgebirge in seiner eigenwilligen Form. Der Nebel hatte es umhüllt und seine schemenhaften Umrisse waren von einem Sturm aus Wind und Wasser umgeben.«

Rings um Kap Hoorn tobte ein schweres Unwetter, in dem das Schiff beinah kenterte:

*»Gegen Mittag brach eine hohe Flutwelle über uns herein [...]. Die arme* Beagle *erbebte unter der plötzlichen Erschütterung und wollte für einige Minuten dem Steuer nicht mehr gehorchen. Weil es aber ein*

*gutes Schiff war, richtete sie sich schon bald wieder auf und kam erneut*
*vor den Wind. Wäre auf die erste Welle eine zweite gefolgt, so wäre*
*unser Schicksal schnell und endgültig besiegelt gewesen.«*

Im April 1833 verließ die *Beagle* Feuerland in Richtung der Falklandinseln, über die Großbritannien kurz zuvor die Souveränität wiedererlangt und damit die argentinische Herrschaft über die Inseln beendet hatte. Im Anschluss kehrte das Schiff nach Montevideo zurück. Während sich die übrige Besatzung der *Beagle* Vermessungsarbeiten widmete, erkundete Darwin das Landesinnere rund um Buenos Aires und Montevideo, bevor er am 28. November wieder an Bord ging. Die *Beagle* nahm erneut Kurs auf Feuerland und passierte die Magellanstraße:»Die unbelebten Werke der Natur – Felsen, Eis, Schnee, Wind und Wasser, alle im Kampf miteinander und doch vereint gegen den Menschen – herrschten hier in absoluter Souveränität.« Am 10. Juni 1834 erreichte die *Beagle* schließlich den Pazifik und am 23. Juli lief sie in das angenehm warme Valparaíso ein. Von dort aus brach Darwin zu einer sechswöchigen Expedition in die Anden auf.

Die Vermessung des südlichen Chile dauerte noch bis ins Jahr 1835. In der Stadt Concepción erlebte Darwin die verheerenden Auswirkungen eines Erdbebens und stellte fest, dass Gesteinsbrocken durch das Beben nach oben gedrückt worden war – ein Beweis für die Kraft der Erdbewegungen, die die Anden immer weiter auftürmten. In den folgenden Monaten unternahm er verschiedene Expeditionen ins Landesinnere, bis die *Beagle* schließlich am 7. September von Peru aus in Richtung der Galápagosinseln aufbrach.

Die *Beagle* blieb fünf Wochen auf den Inseln und Darwin legte umfassende Sammlungen an:»Die Naturgeschichte dieses Archipels ist sehr bemerkenswert. Es scheint eine kleine Welt für sich zu sein. Die überwiegende Zahl seiner Bewohner, sowohl aus dem Pflanzen- als auch dem Tierreich, sind nirgendwo sonst zu finden.« Die von Darwin zusammengetragenen Beweise für diese Hypothese gaben ihm den Anstoß für die Ausarbeitung seiner Evolutionstheorie.

Von den Galápagosinseln aus segelte die *Beagle* weiter über den Pazifik. Sie erreichte Tahiti im November, das nördliche Neuseeland im Dezember und Sydney am 12. Januar 1836. Weiter ging es nach Tasmanien und von dort aus zu den Keelinginseln (heute Kokosinseln) im Indischen Ozean. Im Juni traf das Schiff im südafrikanischen Kapstadt ein, wo es einen Monat vor Anker lag. Darauf folgten St. Helena und Ascension.

Die *Beagle* kehrte kurz nach Brasilien zurück, bevor sie schließlich am 2. Oktober 1836 im englischen Falmouth einlief. Kapitän Fitzroy hatte bedeutende Vermessungsarbeit geleistet und Darwin genügend Wissen erworben und Eifer entwickelt, um sein Leben der Naturgeschichte zu widmen. Darwins größte Leistung – das 1859 erschienene Werk *Die Entstehung der Arten* mit seiner bahnbrechenden Evolutionstheorie – war ein direktes Ergebnis seiner Reise auf der *Beagle*.

# STAR MAN
## Juri Gagarin: der Mann, der auf die Erde fiel

*»Blitze zuckten durch die Erdatmosphäre, der Horizont leuchtete*
*orange und nahm allmählich alle Farben des Regenbogens an:*
*von Hell- über Dunkelblau zu Violett und schließlich zu Schwarz.*
*Was für eine unglaubliche Farbpalette!«*

JURI GAGARIN

12. April 1961. In der unendlichen Weite der russischen Steppe versorgen eine Bäuerin und ihre Tochter gerade ein Kalb, als eine eigenwillig aussehende Gestalt auf sie zukommt. Der Fremde trägt einen orangefarbenen Overall, sein Gesicht unter dem weißen Helm ist nicht zu erkennen und hinter sich zieht er meterweise Seile und Stoff her.

Die Gestalt spricht: »Haben Sie keine Angst. Ich bin Sowjetbürger genau wie Sie und komme gerade aus dem Weltraum. Ich brauche ein Telefon, damit ich Moskau anrufen kann!«

Der Fremde ist der erste Mensch, der je unseren Planeten verlassen hat. Juri Gagarin, der 27 Jahre alte Sohn eines Zimmermanns und einer Melkerin, war kurz zuvor 89 Minuten in der *Wostok 1* um die Erde geflogen. Dabei hatte er Geschwindigkeiten von über 27 400 Stundenkilometern und eine Orbithöhe von 328 Kilometern erreicht. Kein Mensch hatte sich je so weit und in solch einem Tempo von der Erde wegbewegt.

Nur ein paar Minuten vor seiner Begegnung mit der Bauernfamilie hatte Gagarin extreme Hitze und unglaublich hohe Gravitationskräfte aushalten müssen, als die Kapsel der *Wostok 1* – kaum größer als der Innenraum eines Kleinwagens – durch die Erdatmosphäre raste. Jetzt wartete der Kosmonaut seelenruhig in einer aufgeregten Menge erstaunter Landarbeiter auf den Hubschrauber, der ihn zurück zum Kontrollteam bringen sollte. In Kürze würde die Nachricht über seine Mission im sowjetischen Staatsrundfunk bekanntgegeben und Gagarin zum berühmtesten Mann der Welt werden.

Juri Gagarins weltverändernde Mission war der erste Preis in einem Rennen zweier globaler Supermächte, die sich zu jener Zeit im Kalten Krieg gegenüberstanden: der Union der Sozialistischen Sowjetrepubliken und der Vereinigten Staaten von Amerika. Das »Space Race« – der Wettlauf ins All – zwischen Amerikas *Project Mercury* und Russlands *Wostok*-Programm zielte auf die Eroberung des Weltraums. Beiden Großmöchten war der Ruf, als erste Nation einen Menschen ins Weltall zu schicken, Ansporn genug, riesige Geldmengen in ihre jeweiligen Raumfahrtprogramme zu investieren. Im Frühjahr 1961 standen beide Seiten kurz davor, ihren ersten bemannten Raumflug durchzuführen.

Die Geschichte hätte einen ganz anderen Lauf nehmen können. Die Amerikaner wollten am 24. März die Freedom 7 starten, einen suborbitalen Flug unter der Leitung von Alan Shepard, entschieden sich aber stattdessen für einen weiteren unbemannten Testflug. Als Shepard schließlich am 5. Mai 1961 ins All flog, war sein Platz in der Geschichte bereits vergeben.

Indes war Gagarins Erdumrundung dem ersten menschlichen Vorstoß ins All wahrhaft würdig. Während Shepard lediglich für ein paar Minuten einen suborbitalen Flug absolvierte und nicht in die Umlaufbahn gelangte, kreiste Gagarin 89 Minuten lang im Orbit um die Erde. Dabei erlebte er sowohl den Auf- als auch den Untergang der Sonne.

Die *Wostok 1* war der Inbegriff technischer Leistungsfähigkeit. Ihre Triebwerke sorgten für eine Schubkraft von 4800 Kilonewton und Gagarin war an den Schlüsselstellen seiner Mission einer Gravitationskraft ausgesetzt, die dem Sechsfachen der Schwerkraft auf der Erde entsprach. Dieser gigantische Energieschub war nötig, um die *Wostok 1* erst durch die Erdatmosphäre und schließlich darüber hinaus in die Leere des Weltalls zu katapultieren. Einmal im Erdorbit angekommen, flog das Raumfahrzeug weiter nach Osten. Erst überquerte es die russische Steppe und die Wildnis Sibiriens und anschließend den Pazifik, wobei es die südlichste Spitze Südamerikas anvisierte. Von dort aus nahm die *Wostok* Kurs auf Norden, überquerte den Atlantik und überflog die Regenwälder und Wüsten Afrikas, bevor sie schließlich im russischen Vaterland auf die Erde niederging.

Am Morgen der Mission der *Wostok 1* wartete Gagarin unaufgeregt im Kosmodrom Baikonur in der Region Samara darauf, in sein Raumschiff zu steigen. Bei ihm war German Titow, sein Ersatzmann. Die zwei zukünftigen Kosmonauten hatten bereits über ein Jahr lang zusammengearbeitet und um den Pilotensitz in der *Wostok 1* konkurriert. Bei einer Besprechung am 8. April – nur vier Tage vor der Mission – hatte man ihnen mitgeteilt, dass die Wahl auf Gagarin gefallen war. Die beiden Männer nahmen anschließend an einer inszenierten Nachstellung jenes Treffens für ein Filmteam teil, bei der Gagarin eine etwas gestelzte Dankesrede hielt, während ihm Titow dabei zusah.

Gagarins kleine Statur hatte bei seiner Auswahl eine wichtige Rolle gespielt. Mit einer Körpergröße von 1,57 Metern brauchte er weniger Platz und war zudem etwas leichter als Titow – ein wichtiger Faktor für eine Mission, bei der es auf jeden Zentimeter und jedes Gramm ankam.

Die Fernsehkameras, die die Entscheidung zugunsten Gagarins dokumentiert hatten, begleiteten ihn nun im engen Innenraum der *Wostok 1*. Sie filmten den Piloten dabei, wie er ruhig darauf wartete, dass das Bodenpersonal die Startprotokolle abarbeitete.

Um 9.07 Uhr Ortszeit war es so weit. In einem Tohuwabohu aus Flammen und Rauch und angefeuert von Gagarins Ruf »Pojechali!« (»Los geht's!«) schoss das Raumfahrzeug gen Himmel. Nach nur zehn Minuten war die gesamte Energie der Raketen verbraucht, die daraufhin abgestoßen wurden. Die winzige Weltraumkapsel stieg ins All und begann ihre Erdumrundung.

Gagarin berichtete in regelmäßigen Abständen über den Verlauf seines Flugs, wobei vor allem die Nüchternheit seiner Worte auffiel. Nach 89 Minuten – weniger als die Dauer eines Fußballspiels – hatte er seine Umrundung beendet. Jetzt begann die potenziell gefährlichste Phase seiner

Mission. Als die Kapsel der *Wostok* wieder in die Erdatmosphäre eintrat, wurde der erste Raumfahrer der Welt ordentlich durchgerüttelt und beinah gekocht. Der Luftwiderstand, der in den äußersten Schichten der Erdatmosphäre auf das in rapidem Tempo herabfallende Raumfahrzeug einwirkte, sorgte für heftige Erschütterungen. Die hohen Temperaturen, die den Innenraum der Kapsel beträchtlich erwärmten, waren wiederum das Ergebnis aerodynamischer Hitze, verursacht durch die beim Wiedereintritt entstandene Reibung. Bei seinem Fall in Richtung Boden war Gagarins Körper bei Temperaturen von über 38 °C einer g-Kraft von 8 g ausgesetzt.

Rund sieben Kilometer über dem Boden öffnete sich die Luke der *Wostok*. Zwei Sekunden später wurde Gagarin aus der Kapsel geschleudert und fiel zur Erde, wo er auf jene ahnungslosen Landarbeiter traf.

Er war nicht nur der erste Mensch, der den Planeten verlassen hatte, sondern auch der erste – und das ist genauso wichtig –, der wieder auf die Erde zurückgekehrt war. Sein Name würde bald weltweit in aller Munde sein. Staatsoberhaupt Nikita Chruschtschow erklärte Gagarin in einer anschließenden Zeremonie zum Helden der Sowjetunion.

Seine Fahrt ins Weltall war nur der Anfang von Juri Gagarins Reisen. Mit der Absicht, aus dem Erfolg ihres Weltraumprogramms Kapital zu schlagen, schickte die sowjetische Regierung ihren ersten Kosmonauten auf Welttournee. In Großbritannien aß Gagarin mit Königin Elisabeth II. zu Mittag, in Kuba sprach er gemeinsam mit Fidel Castro auf einer Kundgebung und in Finnland, Island, Ungarn und Brasilien nahm er an Empfängen teil. Bei einem Zwischenstopp in Kanada verbrachte er eine Nacht auf einem Bauernhof in Pugwash, Nova Scotia.

Bevor Gagarin zu seinem Beruf als Pilot zurückkehrte, besuchte er außerdem Frankreich, Afghanistan, Griechenland, Ägypten und Sri Lanka. Er arbeitete im Sternenstädtchen – dem Ausbildungszentrum der Kosmonauten – und schloss sein Studium als Kosmonaut-Ingenieur mit Auszeichnung ab. Am 27. März 1968 führte er einen Routine-Übungsflug in einem Jet durch, als dieser nahe Moskau verunglückte. Juri Gagarin und sein Flugausbilder kamen bei dem Unfall ums Leben.

Gagarin, der verheiratet war und zwei Töchter hatte, bekam ein Staatsbegräbnis und seine Urne wurde in der Kremlmauer beigesetzt. Seine große Expedition in die Welt außerhalb der unseren dauerte zwar nur 89 Minuten, aber das Vermächtnis seiner Mission wird in alle Ewigkeit fortbestehen.

*»Ich sah zum ersten Mal die Form der Erde. Ich konnte die Küsten der Kontinente, die Inseln, die großen Flüsse, die Falten im Gelände und die großen Gewässer gut erkennen. Der Horizont ist dunkelblau und geht allmählich in Schwarz über [...]. Die Gefühle, die mich erfüllten, kann ich mit nur einem Wort beschreiben: Freude.«*

JURI GAGARIN

EXPEDITION 5

# AUF DER SUCHE NACH NEULAND
## Leif Erikssons Reise nach Vinland

> *»Sie verfolgten also diesen Plan und es heißt, dass sie das Beiboot*
> *mit Trauben und das Schiff selbst mit einer Ladung Holz beluden.*
> *Als es Frühling wurde, machten sie das Schiff bereit und segelten*
> *davon. Leif gab dem Land einen Namen, der zu dessen*
> *Reichtümern passte: Er nannte es Vinland.«*
>
> ÜBERLIEFERUNG AUS DER *GRÖNLAND-SAGA* (13. JAHRHUNDERT)

Obgleich es wohl immer Spekulationen darüber geben wird, wer der erste Europäer auf dem nordamerikanischen Kontinent war (Vielleicht der heilige Brendan im 6. Jahrhundert?), gibt es eindeutige Beweise dafür, dass Leif Eriksson zu Beginn des 11. Jahrhunderts Neufundland betrat. Dafür sprechen Überlieferungen aus zwei isländischen Sagas sowie die Entdeckung der Wikingersiedlung L'Anse aux Meadows im Nordwesten Neufundlands.

Die Geschichte beginnt mit Erik dem Roten, einem jener Wikinger, die Norwegen verließen, um Island zu besiedeln. Er verstand sich nicht gut mit den anderen Wikingern und legte bei einer Reise im Jahr 982 auf Grönland an. Es war Sommer und er hatte eine Gegend entdeckt, deren Küste grüne Wiesen säumten, weshalb er sie »Grünland« nannte. Zu jener Zeit wusste Erik noch nicht, dass das Land jenseits dieses südlichen Küstenstreifens das ganze Jahr über unter Eis verborgen lag. Er sah dort stattdessen großes Potenzial und setzte seinen Plan einer Besiedlung im Jahr 986 um, als er mit 25 Schiffen und rund 700 Landsleuten von Island nach Grönland segelte.

Als einer der Wikinger von einer Handelsfahrt nach Island zurück-kehrte, erfuhr er, dass sein Vater bereits nach Grönland aufgebrochen war. Er wollte ihm so bald wie möglich folgen, obwohl der Sommer sich bereits dem Ende neigte. Und so stach Bjarni Herjolfsson von Island aus in See. Bereits nach kurzer Fahrt nahm der Wind jedoch ab und es legte sich Nebel über das Meer, sodass sein Schiff nicht weitersegeln konnte. Nach ein paar Tagen lichtete sich der Dunst und Bjarni setzte seine Fahrt fort. Schon bald kam Land in Sicht und die Seeleute wollten wissen, ob sie Grönland erreicht hatten. Bjarni verneinte, denn als sie sich dem Festland näherten, bemerk-ten sie, dass das Gelände »nicht bergig, sondern mit kleinen bewaldeten Hügeln bedeckt« war. Sie segelten weiter und entdeckten in den folgenden zwei Tagen immer wieder Land, aber Bjarni weigerte sich anzulegen – sehr zum Ärger seiner Besatzung. Nach drei weiteren Tagen erspähten sie eine Landschaft aus hohen Bergen und Gletschern. Die hielt Bjarni jedoch für ziemlich bedeutungslos, weshalb er erneut entschied, weiterzufahren. Schließlich erreichten er und seine Leute Grönland, wo er mit seinem Vater wiedervereint wurde. Bjarni und seine Männer waren die ersten Euro-päer, die nachweislich Nordamerika erblickt hatten (höchstwahrscheinlich Labrador und die Baffininsel), aber Bjarni erntete heftige Kritik dafür, nicht an Land gegangen zu sein. Er blieb bei seinem Vater und segelte nie wieder.

*»Nirgends sahen sie Gras, die Berggipfel waren*
*mit Gletschern bedeckt [...].«*

DIE GRÖNLAND-SAGA

Nun hörte Leif Eriksson, der Sohn von Erik dem Roten, die Geschichte von Bjarni und wollte jene Länder selbst bereisen. Er ging zu Bjarni, kaufte ihm sein Schiff ab und stellte eine 35-köpfige Mannschaft zusammen. Aller Wahrscheinlichkeit nach erreichten sie zuerst die Baffininsel, laut Saga eine unwirtliche Gegend: »Sie sahen kein Gras, die Berggipfel waren von Glet-

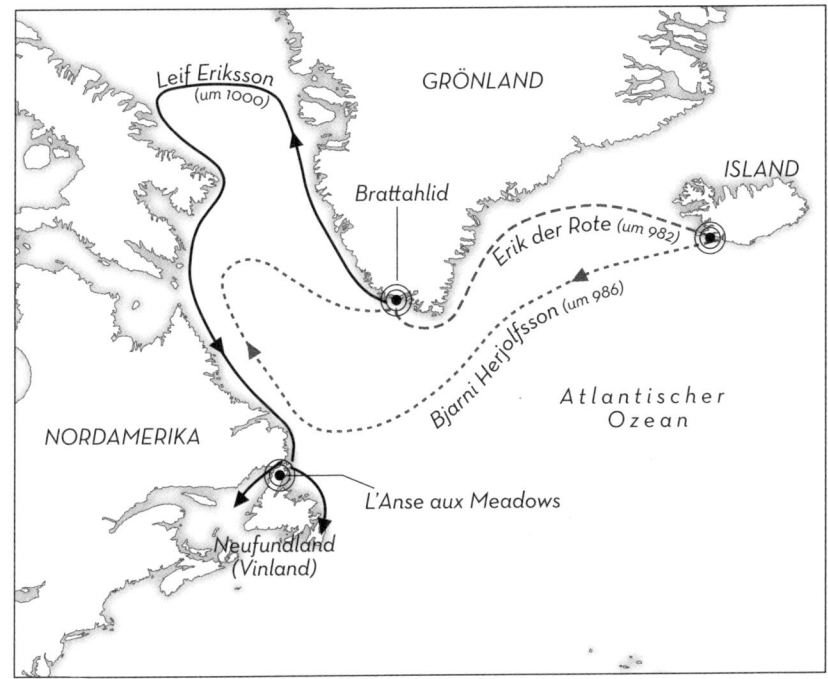

schern bedeckt und vom Meer bis zum Gebirge glich das Land einer einzigen steinernen Ebene. Es machte den Anschein, unfruchtbar und ertraglos zu sein.« Leif gab ihr den Namen »Helluland« (»Land der flachen Steine«).

Die Gruppe segelte weiter und erspähte ein Gebiet – vermutlich Labrador – mit einer sanft abfallenden, bewaldeten Küste, das Leif »Markland« (»Waldland«) nannte. Die Männer setzten ihre Fahrt fort, entdeckten weiteres Land und legten auf einer Insel an. In der Saga heißt es: »Sie entdeckten Tau auf dem Gras und es geschah, dass sie etwas davon mit den Händen auffingen und kosteten. Da war ihnen, als hätten sie noch nie so etwas Süßes geschmeckt.«

Anschließend setzten sie ihr Schiff an den Strand und gingen an Land. In Anbetracht der Jahreszeit beschlossen sie, über den Winter ihr Lager dort aufzuschlagen und im Frühjahr die Rückfahrt anzutreten. Sie bauten Torfhütten, ernährten sich von dem reichlich in Seen und Flüssen vorhandenen Lachs und erlebten einen bemerkenswert milden Winter (»es gab nachts keinen Frost und das Gras verging kaum«). Leif entsandte Trupps zur Erkundung des Umlands. Bei einer dieser Entdeckungstouren verlor Tyrkir, ein deutsches Mitglied der Mannschaft, den Anschluss an seine Gruppe. Er kehrte erst ein paar Tage nach seinen Gefährten ins Lager zurück und berichtete, dass er Trauben und Weinstöcke gefunden hatte. Im Frühjahr belud die Mannschafft ihr Schiff mit Holz und Weintrauben und verließ das Land, dem Leif den Namen »Vinland« gegeben hatte.

»*In den Flüssen und Seen mangelte es nicht an Lachs.*
*Der größte Lachs, den sie je gesehen hatten.*«

DIE *GRÖNLAND-SAGA*

Leifs Bruder Thorvald kehrte etwas später nach Vinland zurück und ließ sich in dem von Leif errichteten Lager nieder. Er und seine Männer erkundeten in den folgenden zwei Sommern das Land, trafen aber erst gegen Ende ihres Aufenthalts auf die Urbevölkerung. Sie nahmen die ersten, denen sie begegneten, gefangen und töteten sie, woraufhin sie von einer größeren Gruppe angegriffen wurden. Alle überlebten außer Thorvald, der an einer Pfeilwunde starb und in Vinland beerdigt wurde. Die übrigen Wikinger segelten im folgenden Frühjahr fort und kehrten nie wieder zurück.

Auf der Great Northern Peninsula im äußersten Nordwesten Neufundlands wurden 1960 bei L'Anse aux Meadows die Überreste einer Wikingersiedlung entdeckt. Bei ihren Ausgrabungen gelang es den Archäologen, die Torfhütten mit der typischen Bauweise der Wikinger zu rekonstruieren und die Zeit der aktiven Besiedlung auf 990 bis 1030 zu datieren. Diese Schätzungen stimmen mit den Berichten über die Reisen von Leif und Thorvald in der *Grönland-Saga* überein. Insgesamt gibt es also genügend Beweise dafür, dass die Wikinger tatsächlich die ersten Europäer in Nordamerika waren.

Diese Entdeckung widerlegte die bis dahin verbreitete Annahme, dass John Cabot als erster Europäer Nordamerika erreicht hatte. Cabot wurde 1450 als Giovanni Caboto vermutlich nahe Genua in Italien geboren. Wie Christoph Kolumbus, der aus derselben Stadt stammte, war auch Cabot der Auffassung, dass der beste Seeweg nach China und zu den Gewürzinseln in westliche Richtung führte. Im Gegensatz zu Kolumbus interessierte ihn aber eine etwas nördlichere Route. Cabot lebte um 1495 in der westenglischen Stadt Bristol, als er von Heinrich VII. einen königlichen Freibrief erhielt, der es ihm gestattete, jegliches von ihm entdeckte Land für England zu beanspruchen. Auch die Bristoler Kaufleute stellten Cabot in ihren Dienst. Dieser legte schließlich mit einer Besatzung von 18 Mann an Bord des kleinen Segelschiffes *Matthew* in Bristol ab und traf am 24. Juni 1497 in Neufundland ein, wahrscheinlich am Kap Bonavista. Er berichtete:»Die Eingeborenen laufen in Tierhäuten herum und verwenden Pfeil und Bogen, Lanzen und Wurfspeere sowie Holzkeulen und Schleudern für ihre Kriege. Das Land ist sehr karg. Es gibt hier weiße Bären, Hirsche von der Größe eines Pferdes und viele weitere Tiere. Und ebenso gibt es ungeheure Mengen an Fisch – Seezungen, Lachse, sehr große Dorsche und viele andere Fischarten.« Die Gegend nannte er »neu gefundenes Land«. Einer geschützten Bucht (der heutigen Provinzhauptstadt) gab er – wie zu jener Zeit üblich – den Namen »St. John's«, denn er hatte Neufundland erstmals am Johannestag betreten.

Cabot kehrte nach Bristol zurück und war felsenfest davon überzeugt, eine neue Route nach China entdeckt zu haben. Man empfing ihn mit Begeisterung am Königshof und erteilte rasch die Erlaubnis für eine weitere Entdeckungsfahrt mit fünf Schiffen. Im Frühjahr 1498 brach er auf, aber weder er noch seine Schiffe kehrten je zurück.

# AUF DEM FLOSS
# ÜBER DEN PAZIFIK

## Thor Heyerdahl: der Mann der *Kon-Tiki*

»*Man lernt mehr vom Zuhören als vom Sprechen.*
*Und sowohl der Wind als auch die Menschen, die noch immer*
*in Verbundenheit mit der Natur leben, haben uns jede Menge*
*zu erzählen. Wir können es nur innerhalb der*
*Universitätsmauern nicht hören.*«

THOR HEYERDAHL

Die Geschichte einer der bedeutendsten Entdeckungsfahrten der modernen Zeit beginnt mit einer sehr persönlichen Tragödie. Den wohlhabenden norwegischen Weinhändler Bjarne Kroepelien faszinierten zeitlebens die Inseln des südlichen Pazifischen Ozeans. In seinen Zwanzigern bereiste er die Region und verliebte sich in die Tochter eines tahitianischen Stammesführers. Das Paar heiratete, doch die Ehe nahm ein trauriges Ende, als Bjarnes Frau Tuimata 1918 der Spanischen Grippe zum Opfer fiel, die auf der Insel grassierte. Der Händler kehrte mit gebrochenem Herzen nach Oslo und ins Familienunternehmen zurück. Er besuchte Tahiti nie wieder, aber seine Liebe für die Inseln, ihre Menschen und deren Kultur blieb bestehen. Über die Jahre trug Kroepelien die weltgrößte Sammlung polynesischer Literatur aus über 5000 Büchern zusammen.

Seiner Sammlung sollte eine außergewöhnliche Bedeutung zukommen, denn sie sie würde das anthropologische Verständnis von der Ausbreitung des Menschen auf der Erde für immer verändern. Thor Heyerdahl, ein Zoologiestudent an der Universität von Oslo, verschaffte sich Zugang zu Kroepeliens Archiv und vertiefte sich in die darin enthaltenen Texte. Seine Studien führten Heyerdahl zu einer radikalen Theorie über die Besiedlung der Polynesischen Inseln. Unter Akademikern galt gemeinhin die Auffassung, dass die Inseln des Südpazifiks von Menschen kolonisiert wurden, die auf dem Seeweg von Asien nach Osten dorthin gelangt waren. Heyerdahl glaubte allerdings an eine von Südamerika ausgehende Besiedlung, bei der sich die Menschen nach Westen bewegt hatten.

Er war der Meinung, dass die berühmten Moai-Statuen der Osterinsel mehr Gemeinsamkeiten mit den alten indigenen Völkern Südamerikas aufwiesen als mit den Bewohnern Ostasiens. Für seine Theorie stützte er sich zudem auf einen auf der Osterinsel verbreiteten Mythos über einen Kampf zwischen zwei verfeindeten Stämmen, dem durchaus ein wirklicher Konflikt zwischen zwei Siedlergruppen aus verschiedenen Kontinenten zugrunde gelegen haben könnte. Heyerdahl ging noch weiter und behauptete, dass die Einwanderer aus Südamerika sogar eine größere Distanz zurückgelegt haben und bis zu den Polynesischen Inseln im Südpazifik gereist sein könnten.

Seine Theorie hatte allerdings einen großen, unübersehbaren Haken: die riesige Entfernung zwischen Südamerika und der Osterinsel. Zwischen der abgeschiedenen Insel und Peru – Heyerdahl zufolge dem wahrscheinlichsten Ausgangsort jener Migrationsbewegung – liegen über 3700 Kilometer und bis zur polynesischen Insel Tahiti sind es weitere 4200 Kilometer. Jede Reise von der peruanischen Küste aus hätte eine monatelange Fahrt über den Pazifik bedeutet. Auf modernen Karten sind die Südseeinseln als winzige Punkte inmitten der unendlichen Weite des größten offenen Gewässers der Erde eingezeichnet. Hatten die Reisenden jener Zeit wirklich dorthin finden können?

Für Heyerdahl gab es nur einen Weg, das herauszufinden. Nach dem Ende des Zweiten Weltkriegs begann er mit der Planung seiner eigenen Reise von der Küste Perus bis zu den Inseln Polynesiens. Dafür würde er nur Materialien und Techniken verwenden, die den Menschen bereits vor

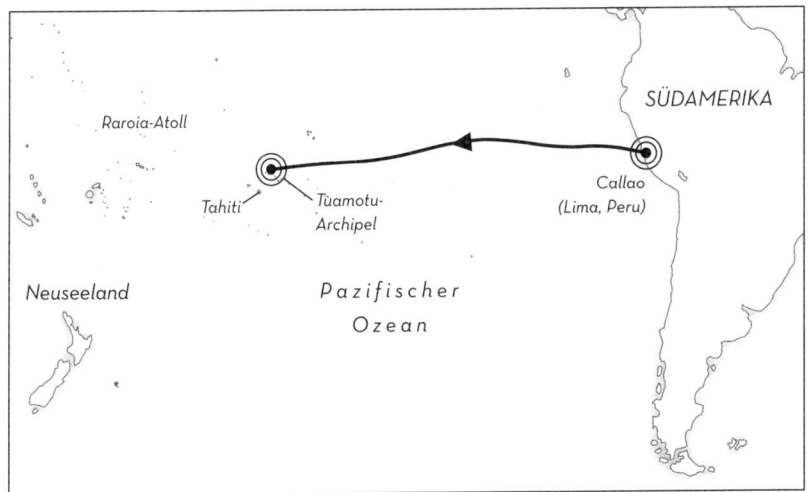

über tausend Jahren zur Verfügung gestanden hatten. Heyerdahl stellte eine Besatzung aus fünf skandinavischen Landsmännern zusammen, von denen jeder besondere Fähigkeiten mitbrachte. Der Erste, der sich ihm anschloss, war Herman Watzinger. Als Ingenieur würde er die Kartierung der eingeschlagenen Route übernehmen und meteorologische Messungen durchführen. Knut Haugland und Torstein Raaby waren Funkexperten und sollten den Kontakt zu einem Begleitteam auf dem Festland sowie zu in der Nähe verkehrenden Schiffen herstellen und aufrechterhalten. Bengt Danielsson agierte als »Mann für alles« vor Ort in Peru und beschaffte die nötigen Vorrichtungen für den Bau des Floßes sowie den Proviant für die Überfahrt. Erik Hesselberg war ein Jugendfreund Heyerdahls und interessanterweise der einzige professionelle Seefahrer, der für die Expedition ausgewählt wurde. Er übernahm die Rolle des Steuermanns und nutzte später seine künstlerischen Fähigkeiten, um ein Kinderbuch über das Abenteuer zu gestalten.

Das Team reiste nach Peru und machte sich an die Arbeit. Für den Bau des Floßes orientierten sich die Männer an Handzeichnungen der spanischen Konquistadoren, die mit als erste Europäer Peru betreten hatten. Deren Darstellungen traditioneller Segelboote, wie sie von der indigenen Bevölkerung der Region benutzt worden waren, dienten Heyerdahl und seiner Crew als Vorbild für ihr eigenes Wasserfahrzeug.

Das Team verwendete ausschließlich Materialien, die vor Ort erhältlich waren. Aus Balsaholz, das besonders weich und leicht formbar ist, bauten die Männer den Hauptteil des Floßes, den sie zusätzlich mit Kiefernleisten verstärkten. Eine vier Meter lange und zweieinhalb Meter breite Hütte aus gewebtem Bambus sollte der sechsköpfigen Besatzung auf ihrer Expedition als Wohnraum dienen. Dicke Bananenblätter bildeten das Dach der Hütte und für das Segel wurde Bambus geflochten. Der fast neun Meter hohe Mast bestand aus robustem Mangrovenholz und das ganze Gefährt wurde mit Hanfseilen zusammengehalten.

Es entstand ein Floß, das zwar etwas zusammengezimmert aussah, aber in Wirklichkeit mit größter Sorgfalt und Detailtreue konstruiert worden war. Über mehrere Wochen hinweg hatte die Crew verschiedene Kombinationen aus heimischen Materialien ausprobiert, bevor die Wahl schließlich auf Komponenten fiel, die das Boot stark genug machten, um den Wellen zu trotzen, aber auch leicht genug, um manövrierbar zu bleiben. Das Floß erhielt den Namen »Kon-Tiki«, eine alte Bezeichnung für den Sonnengott der Inkas. Die Abfahrt wurde für den Herbst 1947 geplant.

Die Kon-Tiki war bestens auf die lange Zeit auf See vorbereitet. Die US-Armee stellte Wasserkanister und Lebensmittelkonserven zur Verfügung und auch traditionelle Wassergefäße nahm man mit, um sie auf ihren Nutzen und ihre Tauglichkeit zu prüfen.

»Ich sprang an Bord des Floßes«, schrieb Heyerdahl in seinem Reisebericht, »wo ein heilloses Chaos aus Bananenstauden, Obstkörben und Säcken herrschte, die in allerletzter Minute an Bord geworfen worden waren und jetzt verstaut und vertäut werden mussten.«

Die Stimmung innerhalb der Besatzung war erstaunlich entspannt angesichts der potenziell gefährlichen Odyssee, die ihr bevorstand. Tatsächlich befand sich Heyerdahl als einziges Crewmitglied an Bord der Kon-Tiki, als diese am 28. April 1947 von einem Schleppboot ins offene Meer gezogen wurde. Der Rest seiner Seeleute war noch mit kurzfristigen Besorgungen beschäftigt.

»Erik und Bengt schlenderten zum Anleger herunter, ihre Arme voll Lesestoff und Kleinkram«, schrieb Heyerdahl. »Sie liefen den Menschenmassen entgegen, die schon auf dem Nachhauseweg waren, und wurden schließlich an einer Polizeisperre von einem gutmütigen Beamten aufgehalten, der sie darauf hinwies, dass es nichts mehr zu sehen gab. Bengt antwortete dem Polizisten darauf [...], dass sie nicht gekommen waren, um etwas zu sehen, sondern um selbst auf dem Floß mitzufahren.

›Das ist sinnlos‹, sagte der Beamte daraufhin nachsichtig.

›Die *Kon-Tiki* hat vor einer Stunde abgelegt.‹

›Unmöglich‹, konterte Erik und holte ein Päckchen hervor. ›Hier ist die Laterne!‹

›Und hier ist der Steuermann‹, fügte Bengt hinzu, ›und ich bin der Proviantmeister.‹«

Zum Glück hatte man ein Boot zurückgeschickt, um die fehlenden Besatzungsmitglieder abzuholen, und die sechs Männer wurden schließlich an der Hafenausfahrt wiedervereint.

Die Entfernung bis zu ihrem Ziel war gewaltig, aber Heyerdahl hatte großes Vertrauen in die Reise. Seine Zuversicht stützte sich auf zwei geographische Schlüsselfaktoren, von denen seiner Meinung nach der Erfolg der Expedition abhing: Der erste war der Humboldtstrom, eine ungewöhnlich kalte Meeresströmung, die sich von der Küste Perus aus über eine unbestimmte, aber erhebliche, Entfernung in westliche Richtung erstreckte. Der zweite betraf die vorherrschenden Passatwinde, die von Osten nach Westen wehten und der *Kon-Tiki* zugutekommen sollten.

Das Bemerkenswerteste an der Fahrt war ihre Ereignislosigkeit. Das Wetter blieb mild, die Crew kam auf dem Humboldtstrom gut voran und Meerestiere wurden von dem Floß förmlich angezogen, wodurch es der Besatzung nicht an Nahrung und Flüssigkeit fehlte.

Am 30. Juli kam Land in Sicht. Es handelte sich um das Pukapuka-Atoll, die heutigen Cookinseln. Fünf Tage später verständigte sich die Besatzung vor Angatau mit Inselbewohnern, konnte das Floß aber nicht an Land steuern. Die Reise endete am 7. August, als die *Kon-Tiki* auf einem Korallenriff nahe dem unbewohnten Raroia-Atoll auf Grund lief. Sie war hundert Tage unterwegs gewesen und hatte 7000 Kilometer zurückgelegt. Thor Heyerdahl hatte seine Hypothese bewiesen.

*»Land! Eine Insel! Wir verschlangen sie gierig mit den Augen und*
*weckten die anderen auf, die schlaftrunken heraustaumelten und in*
*alle Richtungen starrten, als dächten sie, unser Bug würde gleich auf*
*Strand laufen. Kreischende Seevögel formten eine Brücke am Himmel*
*in Richtung der fernen Insel, die sich immer schärfer am Horizont*
*abzeichnete, während sich der rote Hintergrund mit der aufgehenden*
*Sonne und dem vollen Tageslicht weitete und golden färbte.«*

Auf welche Arten und Weisen sich alte Zivilisationen über die Erde bewegt haben, blieb zeitlebens das Hauptthema von Heyerdahls wissenschaftlicher Arbeit. Er starb 2002 mit 87 Jahren. Obgleich Anthropologen weiterhin die Besiedlung der südpazifischen Inseln erforschen und debattieren, bewies die außergewöhnliche Reise der *Kon-Tiki*, dass Heyerdahls Theorie, so unwahrscheinlich sie auch sein mag, zumindest nicht unmöglich war.

*»Die Zivilisation wuchs von der Minute an, als es Kommunikation*
*gab – insbesondere Kommunikation auf dem Seeweg, denn die*
*ermöglichte es den Menschen, sich gegenseitig zu inspirieren sowie*
*Ideen und wichtige Rohstoffe auszutauschen.«*

EXPEDITION 7

# DOKTOR LIVINGSTONE, NEHME ICH AN?
## David Livingstones letzte Reise

*»Das bloße sinnliche Vergnügen, in einem wilden und unerforschten*
*Land umherzureisen, ist sehr groß […] der Verstand arbeitet präzise,*
*das Auge blickt klar, der Schritt ist fest und die Anstrengungen des*
*Tages machen die Erholung am Abend zu einem puren Genuss.«*

AUS LIVINGSTONES TAGEBUCH ZU BEGINN
SEINER LETZTEN REISE, 26. MÄRZ 1866

Die Quelle des Nils galt jahrhundertelang als großes Mysterium. Man fragte sich, woher das nie versiegende Wasser des mächtigen Stromes wohl kam. Südlich von Khartum teilte sich der Fluss. Der Blaue Nil entsprang im Hochland Äthiopiens, was 1770 vom schottischen Entdecker James Bruce bestätigt wurde. Der Ursprung des Weißen Nils hingegen stellte die Menschen vor ein größeres Rätsel.

Mit der Absicht, die vermutete Quelle südlich des Tanganjikasees zu finden, brach David Livingstone zu seiner letzten Afrikareise auf. Er war nicht überzeugt von John Spekes Behauptung, der Ursprung des Weißen Nils läge im Victoriasee – eine Behauptung, die erstmals 1858 aufgestellt wurde und von Speke und James Grant zwischen 1860 und 1863 sowie ebenfalls 1863 von Samuel Baker und Florence von Sass bekräftigt worden war.

Livingstone wurde 1813 in Blantyre, im schottischen Lanarkshire, in einer Arbeiterunterkunft von Monteiths Baumwollspinnerei geboren. Im Alter von zehn Jahren arbeitete er bereits selbst in der Fabrik, ging jedoch auch jeden Tag zwei Stunden zur Schule. Dort entwickelte er die eiserne Entschlossenheit, sein Leben allen Widrigkeiten zum Trotz zu verbessern. In den 1830er-Jahren beschloss er, medizinischer Missionar zu werden, und begann 1836 in Glasgow seine ärztliche Ausbildung, die er mit seinen Ersparnissen finanzierte. Nach dem Abschluss seines Studiums 1840 wurde er mit Unterstützung der London Missionary Society ins südafrikanische Kuruman nördlich der Oranje geschickt. Er zog los als Missionar und Kämpfer gegen den Sklavenhandel, der damals im Osten des Kontinents von arabischen Händlern kontrolliert wurde.

Als Livingstone die einheimischen Sprachen erlernte und ein besseres Verständnis für die traditionellen Bräuche der Gegend erlangte, verlagerte sich sein Interesse allmählich von der direkten Missionsarbeit hin zur Forschungstätigkeit. Im Jahr 1849 unternahm er eine ausgedehnte einjährige Reise. Er sichtete als erster Europäer den Ngamisee und erhielt eine Auszeichnung von der Royal Geographical Society. Livingstone war davon überzeugt, dass sich die Region durch Erkundungstouren auf den Flüssen erschließen ließe.

Seine erste große Exkursion fand zwischen 1853 und 1856 statt und begann in Linyanti nahe des Sambesi. Von dort aus reiste Livingstone nach Nordwesten, bis er im Mai 1854 das angolanische Luanda am Atlantischen Ozean erreichte. Er kehrte nach Linyanti zurück und folgte dem Sambesi in östliche Richtung bis an die Küste Mosambiks bei Quelimane, wo er im Mai 1856 eintraf. Auf seiner Reise hatte er bereits im November 1855 den unter den Einheimischen als Mosi-oa-Tunya (»donnernder Rauch«) bekannten Wasserfall erreicht, wo der gut anderthalb Kilometer breite Sambesi rund 108 Meter in die Tiefe stürzt. Den gewaltigen Katarakt von der doppelten Höhe der Niagarafälle nannte Livingstone »Victoriafälle«.

Ende 1856 kehrte er unter dem Beifall der Öffentlichkeit nach Großbritannien zurück. Sein dringender Wunsch, den Sambesi zur Hauptroute in das zentrale Afrika zu machen, veranlasste Livingstone zu einer neuen überehrgeizigen Reise entlang des Flusses (1858–1864). Jedoch war der

Expeditionstrupp war zu groß, der Einsatz eines kleinen Dampfschiffes erwies sich als problematisch und das ganze Unternehmen dauerte dreimal so lange wie ursprünglich geplant, nämlich ganze sechs Jahre. Bedeutende Erkenntnisse blieben aus.

Nach etwas mehr als einem Jahr in Großbritannien reiste Livingstone mit Unterstützung für eine kleinere Forschungsreise erneut nach Afrika, um die Quelle des Nils zu finden. Er brach von Mikindani im Süden des heutigen Tansania aus auf und führte als einziger Europäer eine Gruppe von Gepäckträgern sowie Eseln und Kamelen an (letztere, um auszuprobieren, ob sie der Tsetsefliege besser standhielten als Packpferde – ohne Erfolg). Seine Träger erwiesen sich schnell als unzuverlässig und in den vier Monaten, die sie bis zum Malawisee brauchten, hatte er einige von ihnen entlassen und andere waren weggelaufen. In seinen Aufzeichnungen auf dem Weg von der Küste landeinwärts legte er erschütterndes Zeugnis über die Ermordung von Afrikanern durch Sklavenhändler ab. Anfang 1867 nahmen seine Chronometer Schaden und er konnte nicht länger seine genaue Position bestimmen. Zudem stahl sich ein Träger mit den für die Expedition vorgesehenen Medikamenten davon.

Seine Hoffnung, auf direktestem Weg den Bangweulusee zu erreichen, zerschlug sich, da die Regenzeit die Strecke in einen Morast verwandelt hatte. Stattdessen machte sich Livingstone auf zum Tanganjikasee. Er war der erste Europäer am Mweru- (1867) und am Bangweulusee (1868). Obwohl er erkrankte, schaffte er es 1869 über den Tanganjikasee bis nach Ujiji, wo ihn Vorräte erwarteten, die man ihm von der Küste aus geschickt hatte. Ende des Jahres reiste er mit Unterstützung arabischer Händler zum Lualaba, einem bis dato unbekannten Fluss. »Ein mächtiger Strom ungefähr 3000 Yards [rund 2,7 Kilometer] breit und tief […]. Er fließt schnell in Richtung Norden«, wie Livingstone in sein Feldtagebuch schrieb. Im Jahr 1871 erreichte er Nyangwe und war damit so weit in westliche Richtung vorgedrungen wie kein anderer Europäer vor ihm. Er hoffte darauf, mit dem Kanu den Lualaba hinabfahren und dadurch beweisen zu können, dass dieser ein Teil des Nils war. Seine Gepäckträger stellten sich jedoch quer und sorgten dafür, dass nirgendwo ein Kanu zu finden war. Die Hilfe der Araber wiederum lehnte Livingstone ab, hatten diese doch kurz zuvor ganz in der Nähe an einem grausamen Massaker teilgenommen. Er wäre ohnehin enttäuscht gewesen, denn der Lualaba ist der größte Quellfluss des Kongo.

Nach fünf Monaten in Nyangwe kehrte Livingstone nach Ujiji zurück. Auf der Reise hielt man ihn für einen Sklavenhändler und er wurde »von Speerkämpfern aufgelauert, die alle davon überzeugt waren, dass sie den Mord eines Verwandten rächten, wenn sie mich töteten.« Als er nach Ujiji kam, stellte er fest, dass Händler aus der Gegend die von der britischen Regierung übersandten Vorräte gestohlen hatten. Aus dieser verzweifelten Lage befreite ihn die unerwartete Ankunft von H. M. Stanley, einem in Wales geborenen und in Amerika aufgewachsenen Abenteurer und Journalisten. Diesen hatte der Verleger des *New York Herald*, Gordon Bennett, mit den Worten »finde Livingstone« entsandt. So kam es, dass im November 1871 am Ufer des Tanganjikasees die berühmte Frage gestellt wurde: »Doktor Livingstone, nehme ich an?«. In seinem Tagebuch notierte Livingstone: »Ich gehöre nicht zu den Menschen, die offen ihre Gefühle zeigen, und bin wirklich so kalt, wie es uns Insulanern nachgesagt wird, aber die uneigennützige Güte […] überwältigte mich. […] Zugleich schäme ich mich ein wenig, dieser Großzügigkeit nicht würdiger zu sein.« In Begleitung Stanleys erkundete die Gruppe um Livingstone das nördliche Ende des Tanganjikasees mit dem Boot und stellte fest, dass es keinen Abfluss gab, der den Viktoria- oder den Albertsee speisen könnte.

Im März 1872 trennten sich ihre Wege. Stanley trat mit seinen Neuigkeiten im Gepäck und der Mission, Livingstone Proviant zu schicken, den Rückweg zur Küste an. Sobald die Vorräte eingetroffen waren, wollte sich Livingstone auf die Suche nach der Quelle des Lualaba (und folglich, dachte er, auch des Nils) westlich des Bangweulusees machen. Seine Überzeugung geriet jedoch ins Wanken und er schrieb in sein Tagebuch:»Bezüglich dieser Nilquelle bin ich voller Zweifel und Ratlosigkeit. Ich weiß zu viel, um mir sicher zu sein.«

Doch das feuchte Klima, seine abnehmende Gesundheit und die sonderbare sumpfige Beschaffenheit des Geländes rund um den See durchkreuzten Livingstones Pläne. Er war inzwischen ernsthaft erkrankt und musste auf einer Trage transportiert werden. Am 1. Mai starb er im Dorf

Chitambo, das heute im Norden Sambias liegt. Die fünf übrigen Mitglieder seines ursprünglichen Expeditionstrupps sorgten dafür, dass sein Körper einbalsamiert wurde, und brachten ihn zur Küste zurück. Im Februar 1874 trafen sie in Bagamayo ein, von wo aus die sterblichen Überreste David Livingstones nach Großbritannien überführt wurden. Seine Beerdigungsfeier fand am 18. April 1874 in der Westminster Abbey in London statt.

Livingstone war ein geistig reger Entdecker, der unglaublich detaillierte Aufzeichnungen über das Leben und die Geographie Zentralafrikas anfertigte. Er war nicht immer ein einfacher Mensch, aber sein Abscheu gegen die Sklaverei prägte sein Leben bis zum Schluss – genau wie seine präimperialistische Abneigung gegen eine sogenannte rassische Überlegenheit, die er als »die erbärmlichste Einfältigkeit« überhaupt bezeichnete.

# DAS LAND DOWN UNDER

## Captain James Cook
## und die HMS *Endeavour*

>*»Tun Sie nur ein einziges Mal das, was andere Ihnen nicht zutrauen,*
>*und Sie werden nie wieder auf deren Grenzen achten müssen.«*

CAPTAIN JAMES COOK

Die elegante Stadt Newport im US-Bundesstaat Rhode Island kann auf eine lange Schifffahrtsgeschichte zurückblicken. Sie liegt an der Ostküste der Vereinigten Staaten und galt im Amerikanischen Unabhängigkeitskrieg als strategisch bedeutender Marinestützpunkt. Heute ist sie vor allem als internationales Segelsportzentrum bekannt und hat ganze zwölfmal den prestigeträchtigen America's Cup ausgetragen.

Die vermutlich größte maritime Attraktion der Stadt befindet sich indessen auf dem sandig-schlammigen Boden ihres Hafenbeckens. Hier liegt das Wrack eines Forschungsschiffes aus dem 18. Jahrhundert, das einem der bedeutendsten Entdecker der Geschichte die Welt eröffnete.

Lange Zeit glaubte man, dass die HMS *Endeavour* – das Schiff, mit dem Lieutenant James Cook zum ersten Mal um die Welt gesegelt war – irgendwo in den Gewässern vor Newport begraben lag. Sie war eines von mehreren Schiffen, die die britische Marine 1778 versenkt hatte, um den Hafen zu blockieren und Angriffe der französischen und US-amerikanischen Truppen zu verhindern. Erst als das *Rhode Island Marine Archaeology Project* 2016 die Ergebnisse einer Studie veröffentlichte, lagen stichhaltige Beweise vor, um die genaue Position der letzten Ruhestätte der *Endeavour* zu ermitteln. Die Balken des alten Schiffs sollen sich demnach unter den Überresten von vier weiteren Wracks befinden, die übereinandergestapelt auf dem Grund des Hafens liegen – ein bescheidener Ruheplatz für ein Schiff, das die Welt veränderte.

Die *Endeavour* war unter Lieutenant Cooks Kommando 1768 aus dem englischen Plymouth ausgelaufen und zu einer dreijährigen Weltumrundung aufgebrochen. Ihre Reise sollte einen bedeutenden Einfluss auf die neuere Geschichte haben und stellte einen entscheidenden Schritt Großbritanniens auf dem Weg zum Empire dar, dem größten Kolonialreich, das die Welt je gesehen hat.

Cook war ein eher ungewöhnlicher Expeditionsleiter. Er stammte aus einfachen Verhältnissen und war in die höheren Dienstgrade der Marine aufgestiegen – zu jener Zeit alles andere als üblich. Als eines von acht Kindern eines Landarbeiters wuchs der kleine James in Armut auf, durfte aber dank der finanziellen Großzügigkeit des väterlichen Arbeitgebers in der Nähe seines Elternhauses in North Yorkshire zur Schule gehen.

Nach einer kurzen, unglücklichen Zeit als Kaufmannslehrling zog Cook in die geschäftige Hafenstadt Whitby und ging als Auszubildender in die Handelsmarine. Er erwies sich als eifriger und begabter Seemann und legte ein besonderes Talent für die mathematischen Disziplinen, darunter Trigonometrie und Geometrie, sowie ein echtes Geschick beim Navigieren und Vermessen an den Tag. Cook schien eine Karriere in der kommerziellen Schifffahrt sicher zu sein und man hatte ihm sogar das Kommando über ein eigenes Schiff angeboten, bevor er sich 1755 mit 27 Jahren freiwillig zur Royal Navy, der britischen Kriegsmarine, meldete.

Cook diente im Siebenjährigen Krieg, in dem seine tüchtige Arbeit bei der Vermessung der zerklüfteten Küste Neufundlands die Aufmerksamkeit seiner obersten Vorgesetzten erregte. Als die britische Admiralität eine Forschungsfahrt auf die Südhalbkugel anordnete, um den Venustransit durch die Sonne zu beobachten, beauftragte man James Cook mit der Leitung der Expedition. Die Mission hatte noch ein weiteres Ziel, dessen Befehle jedoch versiegelt waren und erst nach der Aufzeichnung des Venustransits geöffnet werden durften.

Cook wurde zum Leutnant befördert, wodurch er offiziell das Kommando über die Expedition innehatte. Er segelte am 26. August 1768 in westliche Richtung auf den Atlantik hinaus. Begleitet wurde er von Botanikern, Astronomen und Künstlern sowie über siebzig gestandenen Seemännern und einem Dutzend Royal Marines. Die Fahrt zum Südpazifik verlief nicht ohne Zwischenfälle. Der Maat kam ums Leben, als er sich beim Auswerfen des Ankers vor Madeira in den Ketten verfing, und zwei Botaniker starben an Unterkühlung, als sie auf unwirtlichem Gelände nahe Kap Hoorn wissenschaftliche Proben sammelten. Im April 1769 erreichte die *Endeavour* Tahiti, wo sie drei Monate blieb, während die Besatzung ihre astronomischen Beobachtungen durchführte. Erst nach Beendigung dieser Aufgabe konnte Cook endlich die versiegelten Anweisungen öffnen, die man ihm in Großbritannien überreicht hatte.

Die *Endeavour* wurde beordert, westwärts über den Pazifik zu segeln und nach dem großen, unentdeckten Südkontinent *Terra Australis* zu suchen. Schon seit geraumer Zeit spekulierte man eifrig über die Existenz einer Landmasse von beträchtlicher Größe auf der Europa gegenüber liegenden Seite der Welt. Erkundungsmissionen durch Vertreter der Niederländischen Ostindien-Kompanie hatten einen Küstenverlauf kartiert, von dem man annahm, dass es sich um die Nord-, West- und Südküste von *Terra Australis* handelte. Der Osten war jedoch nach wie vor gänzlich unerforscht und kein Europäer hatte das Land je betreten. Cook und seine Leute sollten die ersten sein.

Vorher wurden sie allerdings noch zu den ersten Europäern in Neuseeland. Der niederländische Seefahrer Abel Tasman hatte zwar hundert Jahre zuvor die Westküste Neuseelands vermessen, war aber nicht bis ans Ufer gelangt. Am 7. Oktober 1769 landete Cook in der Poverty Bay und in den folgenden sechs Monaten umrundete er ganz Neuseeland. Dabei stellte er fest, dass es sich nicht nur um eine, sondern gleich zwei Inseln handelte, und dass das Land nicht groß genug war, um *Terra Australis* zu sein. Cook beanspruchte die Inseln für Großbritannien, bevor er wieder gen Westen aufbrach.

Am 19. April 1770 meldete der Ausguck, dass in Fahrtrichtung des Schiffes Land in Sicht war. Zehn Tage später ankerte die *Endeavour* in einem großen natürlichen Hafenbecken und Cook und seine Crew bereiteten den Landgang vor.

Cook hatte den Hafen wegen der vielen Stachelrochen, die das Schiff umschwärmten, zunächst »Stingray Harbour« genannt. Nachdem er jedoch die üppige Küstenlandschaft erkundet und dort einen wahren Schatz von bis dahin unbekannten Pflanzenarten entdeckt hatte, überlegte er es sich anders. Die Bucht bekam in Anerkennung ihrer reichen Pflanzenwelt den Namen »Botanists Bay« (»Bucht der Botaniker«), woraus später »Botany Bay« wurde. Dort blieben die Entdecker acht Tage. In dieser Zeit nahm Cook auch Kontakt zu einigen Aborigines auf, die in der Nähe lebten. Die Beziehung zwischen der Urbevölkerung und den Europäern verschlechterte sich jedoch, als einer von Cooks Männern mit seiner Muskete in die Luft schoss, was – verständlicherweise – zu einer feindseligen Antwort führte. Die Europäer zogen weiter, ohne ein weiteres Mal mit den Einheimischen in Kontakt zu treten.

In den folgenden Wochen gelang es Cook, jedweden Zweifel zu zerstreuen, dass er die Ostküste von *Terra Australis* entdeckt hatte. Er verbrachte vier Monate mit der Kartierung der Küste des riesigen Gebiets, doch seine Reise hätte am Great Barrier Reef beinahe in einer Katastrophe geendet. Die *Endeavour* lief auf einem Korallenriff auf Grund und die Expedition musste für sieben Wochen unterbrochen werden, während man am Schiff die notwendigen Reparaturen durchführte. Cook hegte nun den sehnlichsten Wunsch, nach Hause zurückzukehren und von seiner Entdeckung zu berichten. Er hatte das Land für Großbritannien beansprucht, aber weitere Erkundungen – und sehr viel mehr Menschen – würden von Nöten sein, um *Terra Australis* unter britische Herrschaft zu bringen.

Die *Endeavour* ankerte in Batavia, dem Hauptsitz der überaus mächtigen Niederländischen Ostindien-Kompanie, wo weitere Reparaturen vorgenommen wurden. Cook drängte jedoch auf die Rückfahrt nach Großbritannien – nicht zuletzt, weil er befürchtete, dass einer seiner Besatzungsmitglieder ihre Entdeckung an die niederländischen Rivalen verraten könnte.

Die *Endeavour* umschiffte das Kap der Guten Hoffnung und erreichte die englische Hafenstadt Deal am 12. Juli 1771. Cooks Expedition war nicht nur wegen ihrer beachtlichen Erfolge so bemerkenswert, sondern auch wegen des aufgeklärten Führungsstils ihres Kapitäns. Cook vermied den Ausbruch von Skorbut – einer potenziell lebensgefährlichen Krankheit, die durch einen Vitamin-C-Mangel entsteht –, indem er darauf achtete, dass seine Mannschaft so oft wie möglich frisches Gemüse zu sich nahm.

Kurz nach seiner Rückkehr nach Großbritannien wurde James Cook zum Kommandanten befördert. Er unternahm zwei weitere Expeditionen: Zwischen 1772 und 1775 erkundete er die Südsee und die Inseln des Südpazifiks. Cook drang so weit in den Süden vor wie kein anderer Entdecker vor ihm und war nicht weit von der Küste der Antarktis entfernt, als ihn Stürme und Kälte zur Umkehr zwangen.

Im Jahr 1776 brach er zu seiner dritten und letzten Reise auf. Cook wurde damit beauftragt, einen Seeweg zwischen dem Nordatlantik und dem Pazifik zu finden, die sogenannte Nordwestpassage. Er fuhr entlang der nordamerikanischen Küste bis zur Beringstraße, die Alaska von Russland trennt, bevor er aufgrund von Packeis umdrehen musste. Daraufhin steuerte Cook auf die Insel Hawaii zu, wo er beabsichtigte, seine Vorräte aufzufüllen und seine Schiffe zu reparieren, um anschließend wieder in Richtung Nordpazifik aufzubrechen. Doch bei einer Konfrontation mit hawaiianischen Inselbewohnern wurde er am 14. Februar 1779 erstochen.

James Cook hat Unglaubliches vollbracht. Durch seine Expedition mit der *Endeavour*, einem weniger als dreißig Meter langen Forschungsschiff mit einer Crew von nicht einmal hundert Mann, ermöglichte er die Erschließung des neuen Kontinents Australien. Seine Fähigkeiten als Steuermann und Kartograf waren erstaunlich – einige der von ihm gezeichneten Karten befanden sich noch fast zweihundert Jahre nach seinem Tod in regelmäßigem Gebrauch.

Es gibt vielleicht keine bessere Zusammenfassung seines Charakters und seiner Leistungen als dieses ihm zugeschriebene Zitat: »Der Ehrgeiz führt mich nicht nur weiter als je einen Menschen zuvor, sondern so weit, wie ich es für möglich halte, dass ein Mensch überhaupt zu gehen vermag.«

# AUF DEM DACH DER WELT

## Hillary und Tenzing: Überleben in der Todeszone

*»Nicht der Berg ist es, den man bezwingt, sondern das eigene Ich.«*

SIR EDMUND HILLARY

Der menschliche Körper ist nicht dafür gemacht, auf einer Höhe von 8800 Metern zu überleben. Die Luft ist dünn, sie enthält nur ein Drittel des Sauerstoffs, der auf Meereshöhe zur Verfügung steht. Es wehen fast durchweg heftige Winde, auch wenn es in niedrigeren Lagen nahezu windstill ist. Die Kälte wird zur tödlichen Bedrohung, denn der geringe Luftdruck zieht sogar im Hochsommer jegliche Wärme aus der Atmosphäre.

Jeder dieser Faktoren für sich genommen stellt für den Menschen bereits eine lebensbedrohliche Gefahr dar, und je weiter oben man sich befindet, desto größer wird die Not. Treten all diese Umstände zugleich auf, kann der Körper dem Druck über kurz oder lang nicht standhalten. Der Sauerstoffmangel stellt für das Herz und das Nervensystem eine ungeheure Belastung dar. Die Kälte und der Wind dringen in unbedeckte Haut ein und sorgen schon nach wenigen Minuten für Erfrierungen und Unterkühlung. Wenn ein Mensch solch zerstörerische Höhen erklimmt, wird das Überleben unmöglich. Ein schneller und sicherer Abstieg ist dann die einzige Option.

Am 29. Mai 1953 wussten nur zwei Menschen auf der Welt, wie es sich anfühlt, wenn man versucht, in so einer gewaltigen Höhe über dem Meeresspiegel zu überleben. Kein anderer Mensch vor ihnen war je so hoch hinaus geklettert. Sie kämpften um ihr Leben. Jeder Schritt war eine Qual, jeder Atemzug – trotz der Sauerstofftanks, die sie bei sich trugen – ein Martyrium. Ihre Lungen schnappten nach Luft. Der Wind peitschte ihnen aus allen Richtungen entgegen und spie ihnen Eissplitter ins Gesicht. Beide wussten, dass ihr Leben davon abhing, zu ihrem einigermaßen sicheren Camp ein paar hundert Meter bergabwärts zurückzukehren. Aber zuerst hatten sie noch etwas zu erledigen. Edmund Hillary und Tenzing Norgay mussten ihren beschwerlichen Weg noch weitere 48 Meter bis zum Gipfel des höchsten Berges der Welt fortsetzen und ihren Platz in der Geschichte beanspruchen.

Das Duo hatte gerade die letzte Herausforderung seines Aufstiegs gemeistert, eine senkrechte, etwa zwölf Meter hohe Wand aus Stein und Eis. Wäre Edmund Hillary in seinem Heimatland Neuseeland an einem Berghang auf so eine Felswand getroffen, hätte er sie für keine große Herausforderung gehalten. In der Todeszone stellte sie jedoch die Willenskraft, Fitness und technische Versiertheit der Männer auf eine harte Probe. Auch die mentale Stärke der beiden wurde einer Prüfung unterzogen, denn die Bergsteiger wussten, dass ihnen der Gipfel gehören würde, sobald sie oben angekommen waren – und solange sie weiterhin einen Fuß vor den anderen setzen konnten.

Die Felswand würde man später zu Ehren des ersten Mannes, der sie erklomm, Hillary Step nennen. Heute nutzen Kletterer auf ihrem Weg zum und vom Gipfel eine Reihe fixierter Seile, um die Felsstufe zu überwinden, aber Hillary und Tenzing konnten nicht auf derartigen Luxus zurückgreifen. Nachdem sie sich die steile Wand hinaufgekämpft hatten, wurden die erschöpften Bergsteiger mit einem vergleichsweise unkomplizierten letzten Abschnitt auf einem gleichmäßig ansteigenden Grat belohnt. Langsam, aber sicher bahnten sie sich ihren Weg vorwärts. Kurz vor Mittag ging es nicht mehr weiter. Sie hatten den Gipfel des Mount Everest erreicht. Hillary wandte sich Tenzing zu, streckte ihm seine Hand entgegen und wartete darauf, dass der andere die Geste erwiderte. Doch stattdessen folgten eine

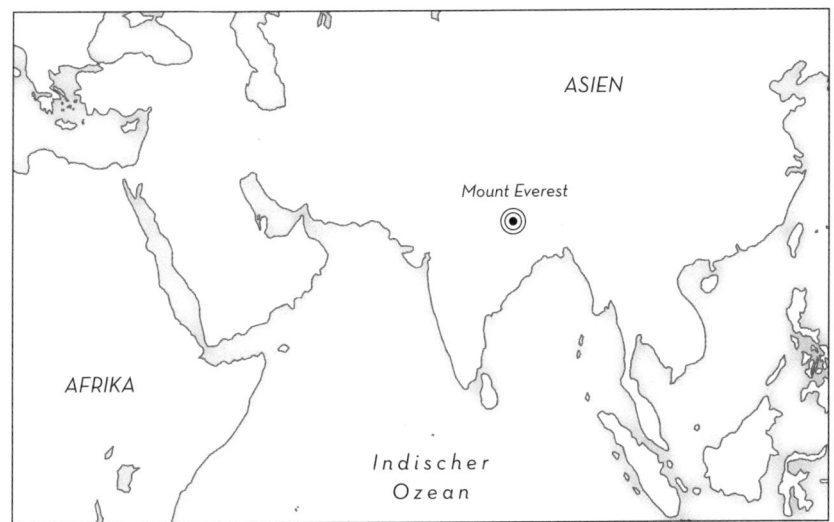

begeisterte, ungestüme Umarmung und ein kräftiger Schlag auf den Rücken. Es war ein seltener Bruch mit der Reserviertheit der 1950er-Jahre und spiegelte die extreme Euphorie der beiden Männer wider, als sie endlich ihr großes Ziel erreicht hatten.

Sie machten Fotos und schwenkten die Fahnen des Vereinigten Königreiches, Nepals, Indiens und der Vereinten Nationen. Zudem suchten sie in der näheren Umgebung nach Hinweisen darauf, ob es George Mallory und Sandy Irvine – zwei britische Bergsteiger, die 1924 nahe der Spitze verschollen waren – bis zum Gipfel geschafft hatten, doch nichts deutete darauf hin. Hillary vergrub anschließend auf Geheiß des Expeditionsleiters John Hunt ein Kruzifix auf dem Gipfel, während Tenzing als buddhistischen Tribut für die Götter ein Speiseopfer in Form von ein paar Bonbons niederlegte. Nach 15 Minuten auf dem Dach der Welt kehrten die beiden Freunde um und begannen ihren Abstieg.

Der Wettlauf darum, wer zuerst den höchsten Berg der Welt erobern würde, war bis 1953 zu einer Frage des Nationalstolzes geworden. Für die britische Expedition, zu der der Neuseeländer Hillary und der Nepalese Tenzing gehörten, stellte das späte Frühjahr 1953 die wahrscheinlich einzige Chance dar, den Gipfel des Everest für ihr Land zu beanspruchen. Im Jahr zuvor hatte sich eine Schweizer Expedition der Spitze bis auf 250 Meter genähert und für die folgenden zwei Jahre waren weitere schweizerische sowie französische Expeditionen geplant.

Tenzing und Hillary mögen zwei winzige Gestalten vor der imposanten Kulisse des Himalaja gewesen sein, aber sie gehörten einer der größten Bergexpeditionen der Geschichte an. Ihre Gruppe bestand aus 350 Trägern und zwanzig Sherpas, die nur zehn Kletterer unterstützten. Die beiden Bergsteiger waren zudem nicht die ersten Mitglieder ihrer Expedition, die zum Gipfel aufbrachen. Am 26. Mai hatten Tom Bourdillon und Charles Evans den Südgipfel des Everest erreicht, der nur 101 Meter von der eigentlichen Spitze entfernt liegt, bevor sie ihren Versuch wegen Erschöpfung und schwindender Sauerstoffreserven abbrechen mussten.

> *»Wer nicht versteht, dass ein Mensch dem Ruf des Berges folgen*
> *und die Herausforderung annehmen muss, und dass der Kampf*
> *der Kampf des Lebens selbst ist, welches immer aufwärts strebt,*
> *der wird auch nicht verstehen, was uns antreibt.«*

GEORGE MALLORY

Drei Tage später bekamen Hillary und Tenzing die Gelegenheit, selbst nach dem Ruhm zu greifen. Tenzing war der bei Weitem erfahrenste Everest-Bergsteiger in der Gruppe. Zwölf Monate zuvor hatte er zum Schweizer Team gehört, das es bei seinem Versuch der Gipfelerklimmung bis auf eine Höhe von 8599 Metern geschafft hatte. Edmund Hillary war ebenfalls ein Himalaja-Veteran, der bereits an mehreren Expeditionen in diesem Hochgebirge teilgenommen hatte. Er machte weder einen Hehl aus seinem Vertrauen in die eigene Befähigung, den Gipfel erreichen zu können, noch daraus, dass er Tenzing als Kletterpartner bevorzugte. Hillary vertraute dem Sherpa aus gutem Grund: Bei einem früheren Aufstieg an einer Eiskaskade, hatte das Eis plötzlich nachgegeben und Hillary war in eine Gletscherspalte gestürzt. Tenzing hatte ihm das Leben gerettet, indem er geistesgegenwärtig ein Seil um einen Nagel im Eis wickelte und dadurch Hillarys Fall aufhielt.

Während die beiden die Hänge hinabstiegen, wartete John Hunt auf Neuigkeiten über den Ausgang ihrer Wanderung. Der Expeditionsleiter

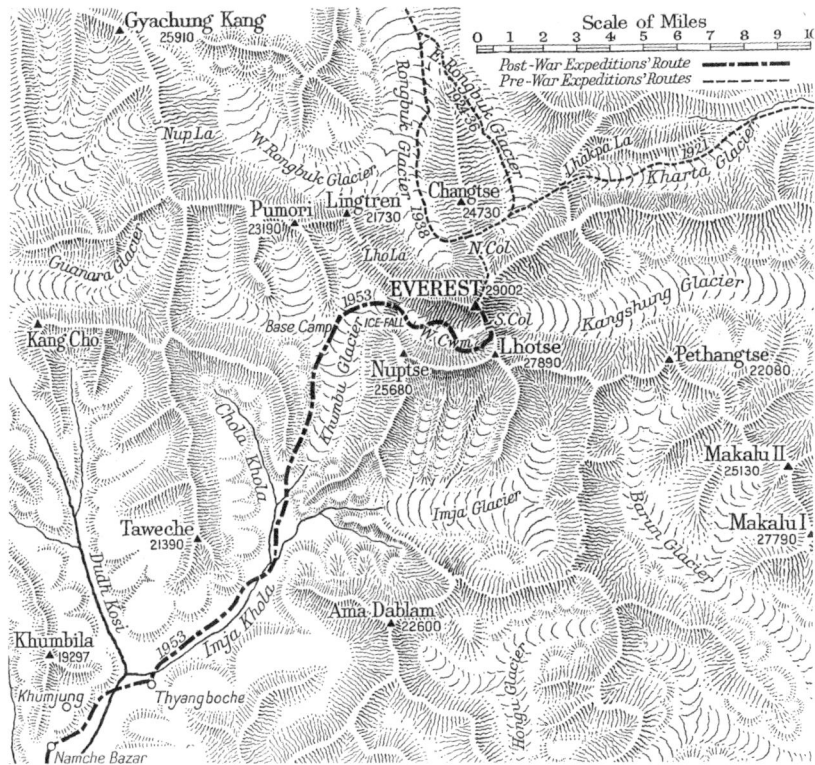

Auf ihrem Weg zum Gipfel schlug die Expedition ihre Zelte in neun Camps auf.

hielt sich im Camp VI auf und beobachtete die Bergsteiger aufmerksam, als sie sich ihren Weg in seine Richtung bahnten. Er untersuchte ihre Körpersprache von Weitem auf jegliche Anzeichen, die auf ein Gelingen ihres Versuches deuteten, und leitete aus dem Gebaren der Männer ab, dass dem nicht so war. Doch Hunt täuschte sich, denn er hatte ihre Erschöpfung als Niedergeschlagenheit interpretiert. Als es Hillary und Tenzing nun aus einiger Entfernung gelang, den Kollegen durch Handzeichen und Armgesten ihren Erfolg mitzuteilen, brach im Expeditionscamp Jubel aus.

Der Umstand, dass die Nachricht über die erfolgreiche Gipfelexpedition Großbritannien am 2. Juni – dem Krönungstag von Elisabeth II. – erreichte, steigerte den Nationalstolz beträchtlich.

Hillary, Tenzing und Hunt kehrten aus der dünnen Luft als Helden zurück. Alle drei bekamen Auszeichnungen für ihre Leistungen: Hillary und Hunt wurden zu Rittern geschlagen, während Tenzing die Georgs-medaille erhielt.

Hunt kehrte in das Vereinigte Königreich zurück und wurde zu einer einflussreichen Größe in der britischen Politik. Hillary und Tenzing blieben bis zu Tenzings Tod 1986 enge Freunde. Tenzing nutzte seine Berühmtheit, um sich für die Rechte des Sherpa-Volkes einzusetzen und vor der seiner Meinung nach übermäßigen Kommerzialisierung des Mount Everest zu warnen. Hillary nahm an einer Antarktis-Expedition teil und überquerte 1958 bei der allerersten motorisierten Exkursion zum Südpol die weiten polaren Eisfelder auf einem Traktor. Später widmete er sich überwiegend dem Himalayan Trust, einer Stiftung, die arme Gemeinden in der Everest-Region mit Bildungsprojekten und medizinischer Hilfe unterstützt.

Mit der für ihn typischen Bescheidenheit bemerkte er: »Aus meiner Besteigung des Everest und meinen Reisen zu den Polen habe ich eine große Befriedigung gewonnen, aber es besteht kein Zweifel daran, dass die sinnerfüllteste Tätigkeit meines Lebens der Bau von Schulen und Kranken-häusern war.«

Sir Edmund Hillary starb am 11. Januar 2008 im neuseeländischen Auckland.

*»Menschen beschließen nicht, außergewöhnlich zu werden.*
*Sie beschließen, außergewöhnliche Dinge zu tun.«*

SIR EDMUND HILLARY

# EINE NEUE WELT
## Christoph Kolumbus reist nach Amerika

*»Eure Hoheiten [...] gaben mir den Auftrag, mich nicht wie üblich*
*auf dem Landweg nach Osten zu begeben, sondern einen Weg nach*
*Westen einzuschlagen, den unseres Wissens nach bis zum heutigen Tag*
*noch niemand befahren hat.«*

CHRISTOPH KOLUMBUS

Christoph Kolumbus war der erste Europäer, der die Karibik erreichte, als er im Jahr 1492 auf einer Insel in den Bahamas anlegte. Auf einer späteren Reise betrat er als erster Europäer das südamerikanische Festland, genauer das heutige Venezuela. Er ist sich der Bedeutung dessen nie bewusst geworden, denn er glaubte zeitlebens, nach Asien gelangt zu sein, obwohl es dafür keinerlei Beweise gab.

Christoph Kolumbus (eigentlich Cristoforo Colombo, auf Spanisch Cristóbal Colón) wurde mit einiger Sicherheit 1451 als Sohn eines Webers in Genua geboren. Wie viele Genueser fuhr auch er zur See und wird erstmals 1476 als Überlebender eines Schiffbruchs vor der Küste Portugals erwähnt. In den folgenden Jahren nahm er an Seefahrten in Richtung Norden nach England und Island und Süden entlang der afrikanischen Küste bis nach Elmina an der Goldküste teil. Kolumbus wurde zu einem sehr versierten Steuermann – eine Fähigkeit, die sich auf seinen späteren Reisen als unerlässlich erweisen sollte.

Er glaubte wie die meisten gebildeten Europäer an die Kugelform der Erde und überlegte, nach Indien und China aufzubrechen – allerdings nicht in östliche, sondern in westliche Richtung. Dabei erlag er jedoch zwei wesentlichen Irrtümern: Er nahm zum einen an, dass sich Asien viel weiter nach Osten erstreckte, und zum anderen, dass die Welt viel kleiner war, als sie ist. Beide Irrtümer machten eine Reise in seinen Augen realisierbar, doch es gab durchaus Gegenstimmen und die Herrscher Portugals, Spaniens, Frankreichs und Englands verwehrten ihm zunächst die Unterstützung.

Im Jahr 1486 siedelte er von Portugal nach Spanien über, wo zu jener Zeit Ferdinand und Isabella regierten. Nach erheblicher Lobbyarbeit wurde er 1492 – kurz nach der Eroberung Granadas, die in ganz Spanien das Christentum wiederhergestellt hatte – zum Königspaar zitiert. Sie sicherten ihm ihre Unterstützung für eine Fahrt nach Westen mit einer Flotte aus drei Segelschiffen zu. Sollte Kolumbus dabei neue Gebiete entdecken, wollte man ihn zum »Admiral der Weltmeere« machen und zum Gouverneur befördern, wodurch er Anspruch auf zehn Prozent aller in den neuen Kolonien erwirtschafteten Einnahmen haben würde.

Mit der finanziellen Unterstützung italienischer Kaufleute beschaffte er sich drei Schiffe – die dreimastige, hundert Tonnen schwere Karacke *Santa María* sowie die zwei kleineren Karavellen *Pinta* und *Niña* – und bereitete sich in Palos nahe Cádiz auf die Abfahrt vor. Einträgen in Kolumbus' Tagebuch zufolge legten die Schiffe am Morgen des 3. August 1492 in Palos ab. Sieben Tage später erreichten sie die Kanaren, wo ein Ruder der *Pinta* repariert werden musste. Einen Monat später ging die Fahrt weiter. Kolumbus steuerte nach Westen, und mit den aus Nordosten wehenden Passatwinden im Rücken segelten er und seine Männer unbekannten Gefilden entgegen.

Eine Woche, nachdem sie die Kanaren verlassen hatten, notierte Kolumbus: »Wir trafen auf sehr milde Brisen, die jeden neuen Morgen zu einem Hochgenuss machten. Nur der Gesang der Nachtigallen hätte unsere Freude noch steigern können.« Nach einer weiteren Woche und mehreren optimistischen Tagebucheinträgen, dass Land sehr nah sein müsste, dokumentierte Kolumbus: »habe einen Walfisch gesehen, was auf Land hindeutet, denn sie

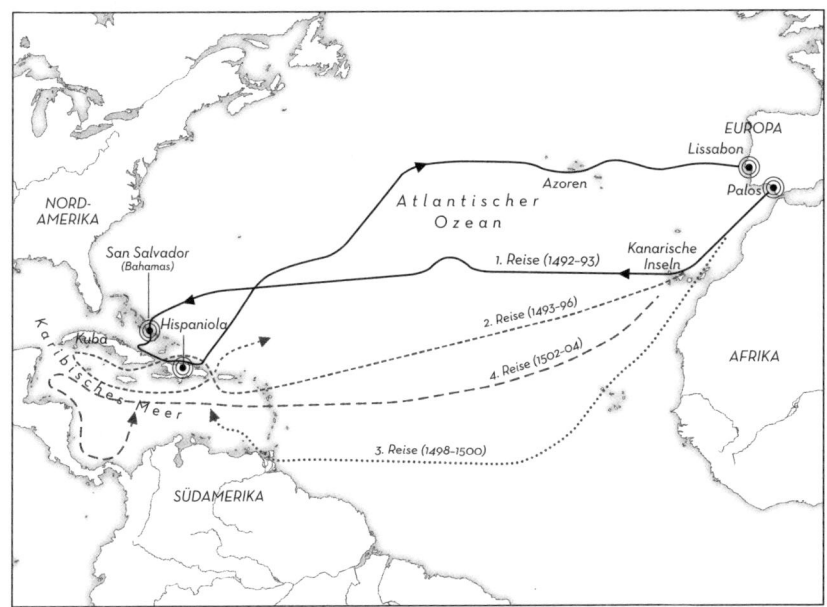

halten sich stets in Ufernähe auf«. Er wurde jedoch weiterhin enttäuscht. Es wehten nur leichte Winde und die Besatzung war langsam beunruhigt, wann endlich Land erreicht werden und – noch wichtiger – ob es jemals wieder Wind geben würde, um sie nach Hause zu tragen.

Am Sonntag, den 7. Oktober, hisste die *Niña* eine Flagge und feuerte eine Kanon ab – ein Zeichen, dass Land in Sicht war. Am 11. Oktober bemerkte die Besatzung mehr Vögel und Vegetation im Wasser, darunter einen kleinen Zweig mit Beeren. Später an jenem Tag dachten die Männer, sie hätten Licht gesehen, und zwei Stunden nach Mitternacht am Freitag, den 12. Oktober, kam ganz in der Nähe Land in Sicht. Sie warteten bis Tagesanbruch und bereiteten sich auf den Landgang vor. Kolumbus war sich sicher, die »Ostindischen Inseln« erreicht zu haben, aber tatsächlich befand sich die Insel – die Kolumbus »San Salvador« und das auf ihr lebende Volk der Taino »Guanahaní« nannte – in den Bahamas. Sie gingen an Land und Kolumbus »ergriff im Namen des Königs und der Königin von der genannten Insel Besitz«. Schon bald trafen einige Einheimische ein und er überreichte als Geste, die europäische Kolonisten später oft wiederholten, »einigen von ihnen rote Mützen und Halsketten aus Glasperlen sowie noch viele andere Dinge von geringem Wert, worüber sie sich sehr freuten und wodurch sie zu unseren Freunden wurden – ein wahrhaft wundervoller Anblick.«

Er berichtete, alle Insulaner seien »so nackt, wie sie ihre Mütter geboren hatten«, und dass sie mit verschiedenen Farben und Mustern bemalt waren. Sie waren friedlich und »weder führen sie Waffen noch scheinen sie welche zu kennen, denn als ich ihnen Schwerter zeigte, griffen sie sie an der Klinge und schnitten sich.«

>*»Sie besitzen kein Eisen. Ihre Speere sind Stäbe ohne Eisen. Einige sind an einem Ende mit einem Fischzahn versehen und andere auf verschiedenartige Weise zugespitzt.«*

Kolumbus war sich sehr wohl im Klaren darüber, dass es seine Sponsoren auf Gold und andere Schätze abgesehen hatten, und kam bald zu dem Schluss, dass die Insel arm war. Nachdem er sich vergewissert hatte, dass weiter südlich größere und reichere Inseln lagen, setzte er seine Erkundungsfahrt schon nach kurzer Zeit fort. Er legte auf verschiedenen Inseln Zwischenhalte ein und kam am 28. Oktober in Kuba an, wie die Taino jene Insel nannten. Kolumbus hatte ursprünglich gehofft, Japan erreicht zu haben, entschied aber schließlich, dass es sich um einen Teil Chinas handeln musste. Ihm fielen die üppige Vegetation, die sicheren Häfen und die hohen Berge auf, aber sein Ziel war es, die Goldminen aufzuspüren, von denen man ihm erzählt hatte. Darin und in seinem Wunsch, den Kaiser von China zu finden, wurde er enttäuscht.

Anschließend segelte er weiter zu der Insel, die bei den Taino »Hayti« hieß und der Kolumbus den Namen »Isla Española« (Hispaniola) gab. Er besuchte verschiedene Orte an der Küste, wurde am Weihnachtsabend jedoch von einer Katastrophe heimgesucht, als die *Santa María* an einem Riff auf Grund lief und aufgegeben werden musste. Den Großteil der Waren an Bord brachte man zusammen mit einigen ihrer Balken an Land. Das Oberhaupt der dortigen Bevölkerung hieß Kolumbus willkommen und erlaubte ihm den Bau einer Festung für seine Mannschaft. Sie bekam den Namen »La Navidad« und wurde zur ersten spanischen Siedlung in der

Karibik. Wo genau an der Nordküste Haitis sie sich befand, ist nach wie vor ein Rätsel. Am 16. Januar 1493 setzte Kolumbus die Segel und trat an Bord der *Niña* die Heimreise nach Spanien an. Bei ihm befanden sich ein paar gefangen genommene Taino, 39 seiner Männer blieben auf Haiti zurück. Nach einer schwierigen Überfahrt erreichte er am 18. Februar die Azoren, wo er aufgrund von Reparaturarbeiten den Anker auswerfen musste. Am 4. März 1493 zwang ihn stürmisches Wetter dazu, in Lissabon anzulegen. Da er zusammen mit einem spanischen Schiff eingelaufen war, hatte er einiges zu erklären. Er konnte den Hafen nichtsdestotrotz nach kurzer Zeit wieder verlassen und traf am 15. März 1493 in Palos ein. Die *Pinta* war allein zurückgekehrt. Kolumbus wurde später von Ferdinand und Isabella in Barcelona empfangen, wo er ihnen seine Gefangenen sowie das Gold und die exotischen Waren vorführen konnte, die die Fahrt überstanden hatten.

Er erhielt Unterstützung für eine weitere Reise, die im September 1493 mit 17 Schiffen und etwa 1400 Besatzungsmitgliedern startete. Hier begannen die Dinge für Kolumbus und ebenso für die indigene Bevölkerung aus dem Ruder zu laufen. Bei seiner Rückkehr nach Haiti Ende November musste er feststellen, dass La Navidad zerstört worden war und keiner seiner Männer überlebt hatte. Die spanischen Neuankömmlinge hatten die Taino dazu gezwungen, für sie zu arbeiten, und die Tage der Einheimischen waren gezählt. Kolumbus setzte seine Entdeckungsfahrten durch die Karibik fort. Auf seiner zweiten Reise erkundete er die Küsten Kubas und Hispaniolas und besuchte Jamaika, während er auf seiner dritten Fahrt von 1498 bis 1500 Trinidad und die Küste Venezuelas erreichte. Er war jedoch ein unbeliebter Gouverneur und wurde nach Disputen mit den Siedlern in Ketten nach Spanien zurückgeschickt. Auf seiner letzten Reise von 1502 bis 1504 erkundete er die Küste Zentralamerikas bis etwa zu jenem Punkt, an dem heute der Panamakanal beginnt. Er kehrte nach Spanien zurück und starb von der Welt unbeachtet am 20. Mai 1506 in Valladolid.

# ENTDECKER DER GALAXIS
## Die interstellare Mission der *Voyager*

>*»Diese Raumschiffe haben uns etwas über die Wunder anderer Welten*
>*beigebracht, über die Einzigartigkeit und Verletzlichkeit unserer*
>*eigenen, über Anfänge und Enden.«*

CARL SAGAN, ASTRONOM

Die Mondlandung der Apollo 11 im Jahr 1969 zog die Menschheit so sehr in ihren Bann wie keine andere Weltraummission in der Geschichte. In Sachen neuer Erkenntnisse über das Sonnensystem und die Galaxie dahinter wird ihre Bedeutung jedoch bei Weitem vom Voyager-Programm der NASA übertroffen. Fast vierzig Jahre nach ihrem Start befinden sich die Zwillingssonden *Voyager 1* und *Voyager 2* heute so weit von der Erde entfernt wie kein anderes menschengemachtes Objekt – im Fall der *Voyager 1* ganze zwanzig Milliarden Kilometer. Ihre Aufgabe bestand vorrangig darin, an Jupiter und Saturn vorbeizufliegen und Daten zu übermitteln, die die Astronomie grundlegend verändern sollten. Inzwischen ist die Mission allerdings weitaus erfolgreicher geworden, als man sich zu Beginn hätte erträumen können.

Im Jahr 1964 arbeitete Gary Flandro im Jet Propulsion Laboratory der NASA und wurde mit der Aufgabe betraut, Möglichkeiten zur Erforschung der äußeren Planeten unseres Sonnensystems zu untersuchen. Während seiner Recherchen entdeckte er eine seltene Konstellation der äußeren

Planeten, die nur alle 175 Jahre auftritt. Diese Konstellation würde es Raumfahrzeugen ermöglichen, von einem Planeten zum nächsten zu fliegen und sich durch deren Gravitationskraft in den fernen Weltraum katapultieren zu lassen. Die Dauer einer Mission würde auf diese Weise von vierzig auf weniger als zehn Jahre verkürzt werden.

Im August 1977 startete am Cape Canaveral zunächst die *Voyager 2*, gefolgt von der *Voyager 1* einige Wochen später. An Bord der Sonden befanden sich verschiedene Instrumente, darunter Videokameras, Magnetometer, Plasmadetektoren, Infrarot- und Ultraviolettsensoren sowie Messgeräte für kosmische Strahlung und geladene Teilchen. Am erstaunlichsten ist jedoch, dass man außen an den Sonden goldene Schallplatten anbrachte. Diese enthalten Szenen, Grüße, Musik und Geräusche von der Erde, darunter 115 Bilder und eine Vielzahl natürlicher Laute, unter anderem von Walen, Vögeln und anderen Tieren. Hinzu kommen Audioaufnahmen von Wind, Donner und Meeresbrandung sowie Grußbotschaften in 55 Sprachen und Musikstücke von Mozart bis zu Chuck Berrys *Johnny B. Goode*. Eines Tages, so die Hoffnung, wird eine entfernte intelligente Lebensform diese Zeugnisse irdischen Lebens finden. Tatsächlich aber sind die Schallplatten in der unendlichen Weite des Weltalls noch unauffälliger als ein Sandkorn am Meeresstrand. Nichtsdestotrotz war es ein cleverer PR-Trick, der der Mission eine umfassende Berichterstattung in den globalen Medien bescherte.

Am 3. März 1979 erreichte die *Voyager 1* den Jupiter. Den gigantischen Gasplaneten passierte sie etwa 200 000 Kilometer über der obersten Wolkenschicht der Erde. Ihr folgte ein paar Monate später die *Voyager 2*. Obwohl der Jupiter bereits über Jahrhunderte von der Erde aus eingehend beobachtet worden war – der italienische Astronom Galileo war einer seiner berühmtesten Erforscher –, überraschten viele Erkenntnisse der Voyager-Mission die Wissenschaftler. So zum Beispiel machten die Kameras der Sonden Aufnahmen vom Großen Roten Fleck. Der ist dreieinhalb Mal so groß wie die Erde und entpuppte sich als mehrschichtiger Sturm, der sich entgegen des Uhrzeigersinns über die Oberfläche des Jupiter bewegt und schon seit mehreren Hundert Jahren wütet.

Die erstaunlichste Entdeckung wurde jedoch an Io gemacht, dem innersten der vier großen Jupitermonde. Hier wurden erstmals auf einem

Körper unseres Sonnensystems – mit Ausnahme der Erde – Vulkane gesichtet. Deren Rauchwolken stiegen bis zu 240 Kilometer in die Luft und waren hoch genug, um vorbeifliegende Satelliten zu streifen. Man geht davon aus, dass diese Vulkane durch das gravitative Tauziehen zwischen Jupiter und zwei seiner nahen Satelliten, Europa und Ganymed, entstanden sind. Diese Entdeckung veränderte unser Verständnis von den Monden anderer Planeten grundlegend und steigerte das Interesse an diesem Thema. Die *Voyager 2* offenbarte noch weitere faszinierende Eigenschaften des Mondes Europa: Seine Oberfläche ist mit einer dicken Eiskruste bedeckt, die von auffälligen Linien und Streifen durchzogen ist. Diese weisen möglicherweise darauf hin, dass tieferliegende Mineralien in das Eis eingedrungen sind. Die Gegebenheiten auf Europa könnten zudem außerirdisches Leben zulassen – wenn auch nur in Form einzelliger Mikroorganismen.

Der Orbit rund um den Jupiter katapultierte beide Raumsonden in Richtung ihres nächsten Ziels: zum Saturn. Im November 1980 übermittelte die *Voyager 1* mit einer Kursabweichung von lediglich 7,5 Kilometern wunderschöne Nahaufnahmen von den Ringen des Saturns und machte unglaubliche Formen in ihrem Inneren sichtbar. Die Ringe bestehen aus Milliarden von Partikeln ganz unterschiedlicher Größen, von Staubkörnern bis zu Gesteinsbrocken vom Umfang eines Hauses. Eines der beeindruckendsten Bilder der gesamten Voyager-Mission zeigt die sich drehenden Saturnringe, die – angestrahlt von der Sonne – wie die Speichen eines riesigen Wagenrades aussehen. Die *Voyager 1* flog anschließend in einer Entfernung von etwa 4000 Kilometern an Titan vorbei, dem größten der Saturnmonde. Er ist einer von nur drei Monden, die nachweislich eine Atmosphäre besitzen. Diese besteht hauptsächlich aus Stickstoff und Methan, weshalb man annimmt, dass seine Fotochemie derjenigen der jungen Erde gleicht, bevor sich das Leben auf ihr entwickelte.

Nach ihrem Blick auf Titan verließ die *Voyager 1* die Ebene des Sonnensystems und bewegte sich in Richtung des interstellaren Raums. Ihre Hauptmission war beendet.

Im Jahr 1986 näherte sich die *Voyager 2* Uranus. Dabei entdeckte man, dass sich der Planet zwar genau wie die anderen dreht, dabei aber auf der Seite liegt. Wissenschaftler nehmen an, dass die Ursache dafür in einer

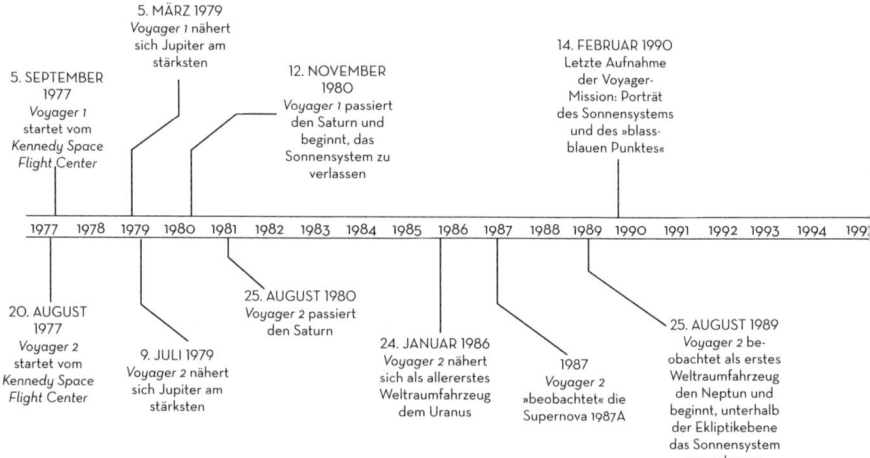

Kollision mit einem planetengroßen Körper in der Frühgeschichte des Sonnensystems zu finden ist. Das Magnetfeld des Uranus bildet aufgrund seiner ungewöhnlichen Rotation eine langgezogene Korkenzieherform hinter dem Planeten. Er gilt zudem als kältester Planet des Sonnensystems, denn er liegt zwar nicht am weitesten von der Sonne entfernt, verfügt aber über keine eigene Wärmequelle.

Zusätzlich zu den fünf bereits bekannten Monden entdeckte die *Voyager 2* zehn weitere. Der interessanteste der Uranusmonde ist Miranda, eines der merkwürdigsten Objekte des Sonnensystems mit 19 Kilometer tiefen Canyons und gigantischen Steilhängen. Seine Oberfläche ist eine bunte Mischung aus verschiedenen Geländeformen und sieht aus wie ein zusammengenähtes Patchwork. Es überrascht daher kaum, dass Astronomen einst glaubten, Miranda wäre auseinandergebrochen und hätte sich aus seiner eigenen Anziehungskraft heraus wieder zu einem Ganzen zusammengefügt. Das könnte sein bizarres Aussehen durchaus erklären, die wahre Ursache bleibt jedoch weiterhin ein Rätsel.

Mit einer Geschwindigkeit von 64 000 Kilometern pro Stunde hatte die *Voyager 2* im August 1989 ihr Rendezvous mit dem letzten der äußeren Planeten: Neptun. Die Sonde wich nur 35 Kilometer von ihrer vorgesehe-

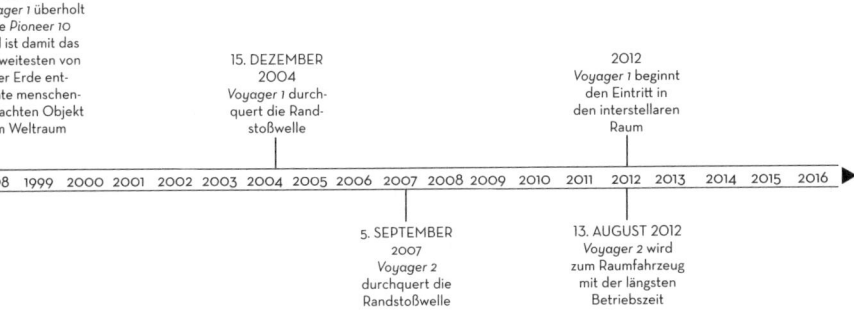

FEBRUAR 1998
*ager 1* überholt
ie *Pioneer 10*
*d* ist damit das
weitesten von
*l*er Erde ent-
*n*te menschen-
*a*chten Objekt
*m* Weltraum

15. DEZEMBER
2004
*Voyager 1* durch-
quert die Rand-
stoßwelle

2012
*Voyager 1* beginnt
den Eintritt in
den interstellaren
Raum

98 1999 2000 2001 2002 2003 2004 2005 2006 2007 2008 2009 2010 2011 2012 2013 2014 2015 2016 ▶

5. SEPTEMBER
2007
*Voyager 2*
durchquert die
Randstoßwelle

13. AUGUST 2012
*Voyager 2* wird
zum Raumfahrzeug
mit der längsten
Betriebszeit

nen Flugbahn und gerade einmal eine Sekunde von ihrer geplanten Vorbeiflugzeit ab. Bei dem Treffen wurde ein Sturm von der Größe der Erde sichtbar, in dem die stärksten je im Sonnensystem gemessenen Winde von fast 1600 Stundenkilometern wehten. Das erstaunte die Wissenschaftler der NASA, denn der Neptun liegt sehr weit von der Sonne entfernt und man war bisher davon ausgegangen, dass atmosphärische Aktivität durch Solarenergie verursacht wird. Nachdem sie sechs neue Monde entdeckt hatte, flog die *Voyager 2* an Triton, dem letzten festen Körper des Sonnensystems vorbei. Er ist der größte der Neptunmonde sowie das kälteste bekannte Objekt im Sonnensystem und umkreist seinen Planeten in entgegengesetzter Richtung. Man nimmt an, dass er einst ein unabhängiges, um die Sonne rotierendes Objekt gewesen ist, bevor ihn eine verheerende Kollision mit einem anderen Mond in das Gravitationsfeld des Neptun trieb. Die *Voyager 2* entdeckte auf Triton zerklüftete Berge, schroffe Hänge, gefrorene Seen und aktive Geysire.

Die Voyager-Sonden werden durch thermoelektrische Plutonium-Radioisotopengeneratoren angetrieben. Um ihren Energieverbrauch einzuschränken, entschied sich die NASA für eine systematische Außerbetriebnahme ihrer Instrumente. Im Jahr 1990 wurden die Kameras der Sonden abgeschaltet – aber nicht, ohne ein letztes Foto zu schießen: Die *Voyager 1* nahm ein »Familienporträt des Sonnensystems« auf. Der Astronom Carl Sagan nannte es »Pale Blue Dot« – »Blassblauer Punkt« –, denn das Bild zeigt die Erde kaum größer als ein Bruchstück eines Pixels.

Die Sonden hatten ihre Hauptaufgaben erfüllt, waren jedoch bis auf einige wenige Instrumente noch voll einsatzfähig, weshalb aus der Voyager-Mission nun die Voyager Interstellar Mission wurde. Ihr Ziel ist die Erkundung der Grenzen des Sonnensystems jenseits der äußeren Planeten bis ans Ende des Einflussbereiches der Sonne sowie potenziell auch des Raumes dahinter.

Im Jahr 2012 erreichte die *Voyager 1* den äußersten Rand des Sonnensystems und begann ihren Übergang in den interstellaren Raum zwischen den Sternensystemen unserer Galaxie. Je weiter sich die Sonden in das ferne Weltall begeben, desto mehr lässt der Wind unserer Sonne nach und umso stärker wird der interstellare, galaktische Wind. Sobald die Sensoren des Raumschiffes nur noch wenige Teilchen aus unserem Sonnensystem messen und eine Richtungsänderung des Magnetfelds erkennen, wird die NASA schließlich bekannt geben, dass die *Voyager 1* komplett in den interstellaren Raum eingetreten ist.

Um das Jahr 2025 wird die Energie, die die Raumschiffe antreibt, zur Neige gehen. Sie werden jedoch weiterhin durch das Weltall fliegen, und zwar auch dann noch, wenn alles, was die Menschheit je geschaffen hat und noch schaffen wird, schon lange verschwunden ist. Momentan sind die Sonden vier Lichtjahre von Sirius entfernt, dem hellsten Stern am Himmel. In nur 209 000 Jahren werden sie auch ihn erreichen.

*»Schauen Sie sich diesen Punkt noch einmal an. Das ist hier. Das ist unser Zuhause. Das sind wir. Darauf lebt jeder, den Sie lieben, den Sie kennen, jeder, von dem Sie je gehört haben. Alle Menschen, die es je gegeben hat, haben hier ihr Leben gelebt [...] auf einem Staubkorn, das in einem Sonnenstrahl schwebt.«*

CARL SAGAN IN SEINEM BUCH *PALE BLUE DOT*

# DIE AMERIKANISCHE FRONTIER

## Lewis und Clarks Expedition mit dem »Corps of Discovery«

*»Sie sammeln Wildfrüchte und Wurzeln, versorgen die Pferde oder helfen dabei. Sie kochen, gerben die Tierhäute und fertigen alle Kleidungsstücke an, sammeln Holz und machen Feuer. Sie stellen die Tipis auf und richten sie her, und wenn sie reisen, beladen sie die Pferde und kümmern sich um das ganze Gepäck. Kurz gesagt tut der Mann nicht viel mehr, als auf die Pferde aufzupassen, zu jagen und zu fischen.«*

MERIWETHER LEWIS ÜBER DIE ROLLE DER FRAU
BEI DEN SHOSHONEN, 19. AUGUST 1805

Halb erfroren, fußlahm und von Hunger geplagt standen sie auf dem Scheitelpunkt eines Kontinents. Hinter ihnen erstreckte sich in seiner vollen Länge der mächtige Strom, den sie sich sechzehn anstrengende Monate lang hinaufgequält hatten. Sie waren gepaddelt, gewandert und gerudert und hatten gehofft, dass sie – einmal oben angekommen – ein anderer fischreicher Fluss gemächlich hinunter bis zum Ozean tragen würde. Stattdessen erhob sich vor ihnen ein monströses, vereistes Gebirge. Für die Überquerung würden sie Pferde und Proviant für viele Tage benötigen, aber die einzigen Einheimischen, auf die sie getroffen waren, verweigerten ihnen jede Hilfe. Ihre Reise schien hier endgültig beendet und ihr Ziel für immer unerreichbar zu sein.

Dann trat die Frau nach vorn und das Schicksal der Gruppe sollte eine ganz andere Wendung nehmen.

Der französische Kaiser bereitete sich 1803 auf einen vermeintlich unabwendbaren Krieg mit Großbritannien vor. »Louisiana« – nicht der moderne US-Bundesstaat, sondern eine riesige Landfläche, die vierzehn der heutigen Bundesstaaten ganz oder teilweise umschloss – gehörte zu jener Zeit zum Überseeimperium der Franzosen. Für Frankreich war es schwierig, das Gebiet aus der Ferne zu kontrollieren und im Falle eines Krieges wäre es ins Visier der britischen Streitkräfte geraten, die Truppen aus ihren Territorien im heutigen Kanada geschickt hätten. »Warum verkaufen wir Louisiana nicht einfach an die Vereinigten Staaten?«, schlug Napoleons Finanzminister dem Kaiser vor. So würde Frankreich sowohl seine Kriegskasse auffüllen als auch einen teuren kolonialen Klotz am Bein loswerden können. Der US-Präsident Thomas Jefferson ließ sich das Schnäppchen nicht entgehen: Für 15 Millionen Dollar (rund 237 Millionen US-Dollar im Jahr 2015) – weniger als einem Cent pro tausend Quadratmetern – vergrößerte er die Fläche der Vereinigten Staaten von Amerika um mehr als das Doppelte.

Schon kurz nach dem sogenannten »Louisiana Purchase«, dem Kauf Louisianas, beschloss der Präsident, einen Erkundungstrupp in die bis dahin nahezu unbekannte Region zu entsenden. Um einen Expeditionsleiter zu finden, brauchte Jefferson nur einmal durch sein Büro zu gehen, denn seine Wahl fiel auf seinen persönlichen Berater Meriwether Lewis. Der war ein erfahrener Soldat und kannte den Wald wie seine Westentasche. Lewis wiederum bat seinen alten Heeresführer William Clark darum, ihn als seinen stellvertretenden Befehlshaber zu begleiten. Clark war ein ausgezeichneter Kartograf und Anführer und kannte sich zudem mit Flüssen aus.

Die beiden Freunde stellten ihr »Corps of Discovery« – ihren Entdeckungskorps – zusammen, ein Team aus Soldaten, die ihnen bei der Erreichung ihrer Ziele behilflich sein würden: das neue Gebiet zu erkunden und

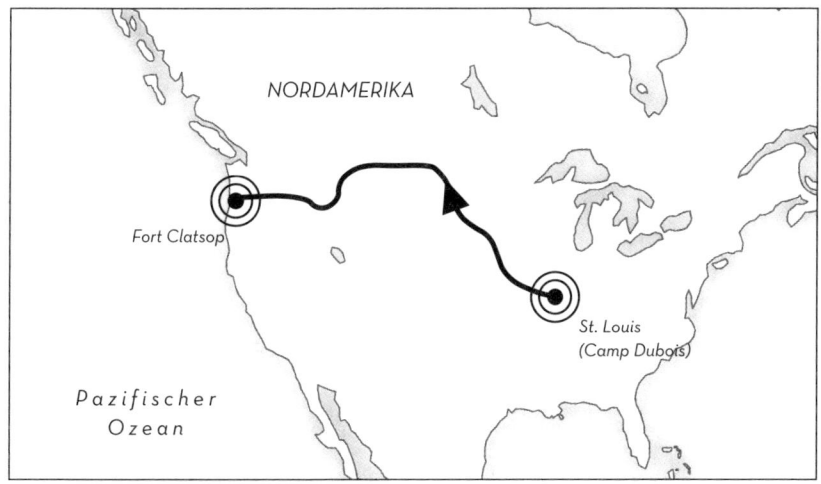

NORDAMERIKA

Fort Clatsop

St. Louis
(Camp Dubois)

Pazifischer
Ozean

zu vermessen sowie einen gangbaren Weg durch den weiten, unbekannten Westen bis zum Pazifik zu finden. Zudem beauftragte man die Männer mit der Sammlung von Tier- und Pflanzenarten. Obgleich die Gruppe mit den indigenen Bewohnern des Gebiets ausschließlich in freundlichen Kontakt treten sollte, trug man ihr auf, die Urbevölkerung davon zu unterrichten, dass sie fortan auf dem Land der Vereinigten Staaten lebten.

All diese Ziele dienten einem übergeordneten politischen Zweck. Die unabhängigen Vereinigten Staaten waren zu jener Zeit gerade einmal 27 Jahre alt und die Expedition ein Muskelspiel des jungen Landes. Gegenüber den britischen und europäischen Mächten, die gerade ihre Kolonialreiche ausweiteten, wollte es seine Vormachtstellung im Westen stärken. Lewis war 28 und Clark 33 Jahre alt. Sie trugen eine Menge Verantwortung auf ihren jungen Schultern.

Am 14. Mai 1804 um 16 Uhr verließ die Expedition ihre Basis Camp Dubois nahe des heutigen Wood River in Illinois. Ihr Plan war es, den breiten Missouri bis zu seinem Oberlauf hinaufzufahren und die kontinentale Wasserscheide zu überqueren, um anschließend über einen anderen Fluss hinunter zum Pazifik zu gelangen. Doch jeder Tag sollte zu einer zermürbenden Belastungsprobe werden. Die Gruppe hatte tonnenweise Proviant, Werkzeug, wissenschaftliche Geräte sowie Geschenke für die Urbevölkerung geladen. Wenn der Wind ungünstig stand, musste die Besatzung ihr

Boot staken, rudern oder treideln und dabei unaufhörlich gegen die volle Kraft des launenhaften Missouri ankämpfen.

Während die Bewohner der Vereinigten Staaten das Land nicht kannten, waren die Blackfoot, Cheyenne, Crow, Ponca und 170 weitere Ethnien zu Hunderttausenden dort beheimatet. Die mächtigsten und gefährlichsten von ihnen waren die Teton Sioux. Sie kontrollierten den Verkehr auf dem mittleren Abschnitt des Missouri und waren zahlreich und stark genug, um die Entdecker zu vernichten. Die erste Begegnung der Gruppen endete beinahe in einem blutigen Kampf und es folgten weitere angespannte Konfrontationen.

In den ersten fünf Monaten legte die Expedition um Lewis und Clark 2575 Kilometer zurück und verlor nur einen Mann, der an einer Blinddarmentzündung starb. Der erbarmungslose Präriewinter mit seiner klirrenden Kälte und der ständigen Bedrohung durch Hungersnot und Erfrierungen stand ihnen jedoch erst noch bevor und er näherte sich bereits mit großen Schritten. Unweit des heutigen Washburn in North Dakota schlugen sie ihr Winterlager Camp Mandan auf. Die Gegend muss der Truppe regelrecht wie eine Metropole vorgekommen sein: In den fünf Dörfern rund um ihr Lager lebten indigener Büffeljäger und deren Angehörige, die es insgesamt auf 4000 Bewohner brachten – mehr Menschen, als zu jener Zeit in St. Louis zu Hause waren.

Lewis und Clark wussten, dass sie im Frühjahr bei ihrer Ankunft im hochgelegenen Quellgebiet des Missouri auf die Hilfe einheimischer Stämme angewiesen sein würden, genauer auf die Shoshonen. Im Winter, den sie in ihrem Camp verbrachten, heuerten sie einen Trapper namens Charbonneau als Führer und Dolmetscher an. Charbonneau hatte zwei junge Ehefrauen, von denen eine, Sacagawea, als Zwölfjährige von den Shoshonen entführt worden war. Als sie Lewis und Clark kennenlernte, war sie erst 16 Jahre alt und hochschwanger. Nichtsdestotrotz willigte sie ein, sich den Entdeckern als Dolmetscherin anzuschließen. Im April verließ die Expedition Camp Mandan und der zwei Monate alte Jean-Baptiste Charbonneau wurde zum jüngsten Mitglied der Gruppe.

Die Expedition befuhr den immer schmaler werdenden Missouri in sogenannten Pirogen, schlanken Einbäumen. Die Strömung und der abnehmende Tiefgang des Flusses erschwerte ihnen von Tag zu Tag das Vorankommen.

Im Mai kenterte ein Boot in einem heftigen Sturm und Sacagawea reagierte schnell genug, um noch einige wertvolle Gegenstände vor den Fluten zu retten, darunter Lewis und Clarks Tagebücher. Ihr zu Ehren gaben sie dem Sacagawea River ihren Namen. Es war nicht das letzte Mal, dass die junge Frau ihre Fähigkeiten unter Beweis stellen sollte. Sie zeigte den Entdeckern essbare Pflanzen und Wurzeln und erkannte viele Orte aus ihrer Kindheit wieder, was der Gruppe bei der Einhaltung ihrer geplanten Reiseroute half. Der Expedition stand jedoch eine gefahrenvolle Bewährungsprobe bevor, die ihre ganze Kraft herausfordern würde.

Im heutigen Montana stürzt der Missouri über fünf gigantische Stufen 187 Meter in die Tiefe. Die Great Falls bezauberten die Entdecker mit ihrer Schönheit – und entmutigten sie gleichermaßen durch ihre schiere Größe. Es blieb ihnen nichts anderes übrig, als den Wasserfall zu umgehen. Das bedeutete, jedes einzelne Stück Ausrüstung 27 Kilometer steil bergan durch unwegsames Gelände zu schleppen. Dadurch verlor die Expedition einen ganzen Monat und die Männer konnten sich vor Schmerzen und Erschöpfung kaum mehr auf den Beinen halten. Ihre Kräfte waren nahezu am Ende, obwohl das eigentliche Gebirge noch vor ihnen lag.

Hinter den Great Falls war der Missouri stellenweise beinahe unpassierbar. Die Lebensmittelreserven der Gruppe gingen gefährlich zur Neige und ihre Mitglieder litten arg unter dem nasskalten Klima. Sie wussten nicht wirklich, wo genau sie sich befanden, und benötigten dringend Pferde und Vorräte. Statt auf Schritt und Tritt streitlustigen indigenen Stämmen zu begegnen, hatten sie genau das umgekehrte Problem: Sie fanden die Shoshonen nicht. Lewis und Clark mussten sich trennen. Lewis brach mit einem Erkundungstrupp auf, um nach den Einheimischen zu suchen, und Clark kämpfte sich mit den anderen weiter voran. Sollte Lewis bei seiner Mission erfolgreich sein, würden sie sich weiter oben am Flusslauf treffen. Es ging um alles oder nichts.

Lewis war begeistert, als er die Quelle des Missouri fand. Er hoffte, auf der anderen Seite der Wasserscheide einen Fluss zu entdecken, der nach Westen hin abfloss. Doch stattdessen erblickte er ein schneebedecktes

Gebirge – riesige Sägezahnberge, die viel größer waren als erwartet. Am folgenden Tag nahm er Kontakt mit den Shoshonen auf, aber nun lag das Schicksal der Gruppe in den Händen von Menschen, die noch nie zuvor eine hellhäutige Person gesehen hatten. Er konnte sich nicht mit ihnen verständigen und die Shoshonen schienen ihm auch nicht helfen zu wollen.

Als Clark und der Rest der Gruppe dazustießen, geschah jedoch ein Wunder: Trotz der vielen Jahre, die seit ihrer Entführung vergangen waren, erkannte Sacagawea den Häuptling der Shoshonen wieder. Er war ihr Bruder. Ihr Wiedersehen war sehr berührend und ein großes Glück – Lewis und Clark sollten letztendlich doch noch an ihre Pferde kommen.

Die Expedition erholte sich zwei Wochen bei den Shoshonen und machten sich dann gutgelaunt auf ihren Weg. Die Überquerung des Gebirges sollte allerdings zu einer weiteren fast unerträglichen Tortur werden. Es gab kaum Wild zum Jagen und den Abenteurern blieb nichts anderes übrig, als ihre Talgkerzen zu essen.

Schließlich entdeckte Clark einen Weg hinunter zu einem grünen, offenen Gelände. Ein gastfreundliches indigenes Volk half ihnen beim Bau von Kanus und zum ersten Mal in 17 Monaten ging es für die Entdecker flussabwärts. Sie befuhren den Columbia River, den mächtigsten Strom des amerikanischen Nordwestens. Nach anderthalb Jahren voller Entbehrungen erspähten sie schließlich ihr langersehntes Ziel: »Ozean in Sicht! O welch Freude!«

Nach den Strapazen in den Bergen mussten das Rauschen des Wassers und der Geruch der Brandung unbeschreiblich wohltuend gewesen sein. Die Entdecker schlugen ihr Winterlager auf und freundeten sich mit ihren einheimischen Nachbarn an, aber ihr Glück wurde vom harten Winter in Oregon gedämpft. In vier Monaten gab es nur zwölf regenfreie Tage. Im Frühjahr 1806 – fast zwei Jahre nachdem sie zu ihrer Expedition aufgebrochen war – machte sich die Gruppe auf den Rückweg flussaufwärts. Angetrieben von quälendem Heimweh und dank der von Clark angefertigten Landkarten dauerte ihre Rückreise nur sechs Monate.

In ihrer Heimat hielten die meisten Menschen Lewis und Clark für tot. Doch nach einer Odyssee von 28 Monaten und knapp 13 000 Kilometern erreichten die Pioniere endlich wieder St. Louis. Sie brachten 140 Karten von bis dahin ungesehenen Landstrichen sowie 178 Pflanzen- und 122 Tierarten mit, die die Wissenschaft noch nicht kannte. Präsident Jefferson schenkten sie sogar einen Präriehund. Lewis und Clark waren die ersten Amerikaner, die die kontinentale Wasserscheide überquert, die Yellowstone-Region durchreist und Montana betreten hatten. Ihre Landkarten lieferten die erste akkurate Darstellung der Flächenverhältnisse zwischen den Quellen des Columbia und des Missouri sowie der Rocky Mountains.

Rein physisch hatten Lewis und Clark erreicht, was von vielen als unmöglich erachtet worden war: Sie hatten unbekanntes Land überquert und waren lebend zurückgekehrt. Noch wichtiger war jedoch, dass sie die Vorstellung von den Vereinigten Staaten als Land gestärkt hatten, das sich nicht nur bis entlang des Atlantiks, sondern auch bis zum Pazifik erstreckte. Zudem hatten sie ihren Landsleuten den Westen erschlossen und dem Schicksal ihrer Nation den Weg gebahnt. Das Leben der indigenen Bevölkerung sollte jedoch nie wieder so sein wie vorher.

Obwohl man ihn zum Gouverneur von Upper Louisiana gemacht hatte, fiel Meriwether Lewis der Depression zum Opfer und nahm sich drei Jahre nach seiner Rückkehr das Leben. Clark wurde als Gouverneur des Missouri Territory berühmt, vergaß aber nie seinen engen Freund: Seinen Sohn nannte er Meriweather Lewis Clark.

*»Die ersten Weißen eures Volkes, die zu uns kamen, hießen Lewis und Clark. Sie brachten viele Dinge mit, die unser Volk noch nie gesehen hatte. Sie redeten ehrlich. Diese Männer waren sehr freundlich.«*

CHIEF JOSEPH

Lewis und Clark waren nicht die Ersten, die den nordamerikanischen Kontinent durchquerten. Der schottische Entdecker und Pelzhändler Sir Alexander Mackenzie hatte bereits 1793 das heutige Kanada auf dem Landweg bereist – zwölf Jahre bevor Lewis und Clark den Pazifik erreichten. Der Mackenzie, der zweitgrößte Fluss Nordamerikas nach dem Mississippi, wurde ihm zu Ehren benannt.

# KEIN EINZIGER MENSCH GING VERLOREN

Ernest Shackletons Flucht
aus der Antarktis

»Wenn ich mich an diese Tage zurückerinnere, habe ich keinen Zweifel
daran, dass wir von der Vorsehung geführt wurden – und zwar nicht
nur über die Schneefelder, sondern auch über die sturmweiße See, die die
Elephant Island von unserem Landeplatz in Südgeorgien trennte. Ich
weiß, dass ich auf diesem langen und qualvollen Marsch von 36 Stunden
[...] oft das Gefühl hatte, als wären wir zu viert, nicht zu dritt.«

ERNEST SHACKLETON, AUS *SHACKLETON'S EPIC* VON TIM JARVIS

Es hat wohl nie ein Schiff gegeben, das einen passenderen Namen trug als
Sir Ernest Shackletons *Endurance* (zu Deutsch: Ausdauer). Als es am
5. Dezember 1914 von Südgeorgien zur ersten Etappe der sogenannten
*Imperial Trans-Antarctic Expedition* aufbrach, war die Besatzung auf ein
waghalsiges Abenteuer eingestellt: Sie würden den Kontinent der Extreme
durchqueren. Zu jenem Zeitpunkt ahnten sie noch nicht, was für eine
Bewährungsprobe ihnen bevorstand und wie viele Heldentaten sie verrichten würden, um alle Kameraden wieder sicher nach Hause zu bringen.

Shackleton und seine Mannschaft waren auf dem Weg zur Vahselbucht,
dem südlichsten erschlossenen Punkt im Weddellmeer auf 77°49'S. Dort

sollten sie sich mit einer Landungstruppe auf die transkontinentale Überquerung vorbereiten. Doch bevor sie am Ziel waren, kam es zur Katastrophe. Je weiter sie nach Süden segelten, desto dicker wurde das Packeis und am 14. Februar 1915 war die *Endurance* in einem Schraubstock aus Eis gefangen. Den Männern blieb nichts anderes übrig, als abzuwarten und sich über die folgenden acht Monate zurück nach Norden treiben zu lassen. Am 27. Oktober hatte das Eis genug von seinem bösen Spiel mit der *Endurance* und zerquetschte das Schiff, das schließlich am 21. November sank. Die Männer blieben allein auf einer driftenden Scholle zurück.

> *»Wir wussten, dass uns das schwierigste Unterfangen*
> *überhaupt bevorstand, denn der antarktische Winter hatte*
> *bereits begonnen und wir waren im Begriff, eines der*
> *schlimmsten Meere der Welt zu überqueren.«*

ERNEST SHACKLETON

Sie hatten vorgehabt, die Antarktis zu durchqueren, aber das Abenteuer, das ihnen der Kontinent aufgezwungen hatte, sollte genauso atemberaubend werden wie ihre ursprünglich geplante Reise.

Von nun an ging es Shackleton nur noch darum, seine 27 Besatzungsmitglieder am Leben zu halten.

Theoretisch hätten sie einfach über das Packeis bis zum nächstgelegenen Festland und von dort aus zu einem Hafen weiterwandern können. Das Eis war jedoch zu brüchig und gefährlich, um eine Überquerung zu wagen. Die Gruppe errichtete auf einer flachen Scholle das »Patience Camp« (»Geduldslager«) und wartete darauf, dass die Strömung sie weiter nördlich in Richtung des offenen Meeres trug.

Es vergingen drei weitere Monate, bis das Eis am 8. April 1916 endlich so weit aufbrach, dass die Männer ihre drei Rettungsboote zur See lassen konnten. Sieben gefahrvolle Tage lang segelten und ruderten sie über das stürmische Meer vorbei an gefährlichen Eisbergen, bevor sie am 15. April die Elephant Island erreichten, ihre vorübergehende Zuflucht.

Zwar hatten sie wieder festen Boden unter den Füßen, aber ihre Zukunft sah düster aus. Keine Schifffahrtsroute führte an der Elephant Island vorbei, die zudem zu weit entfernt von Shackletons geplanter Strecke lag, um eine Rettung wahrscheinlich zu machen. Obwohl es auf der Insel Süßwasser und reichlich Robben und Pinguine als Nahrungs- und Brennstoffquelle gab, rückte der grausame antarktische Winter unaufhaltsam näher. Lediglich ein schmaler Streifen Kiesstrand diente der Gruppe als Zuhause, dieser wurde aber ohne Unterlass von Orkanen und Schneestürmen heimgesucht. Ein Zelt war bereits komplett zerstört worden, andere hatte der Wind umgerissen. Viele der Männer waren körperlich und geistig am Limit. Irgendwie musste Hilfe herbeigeholt werden.

Shackleton beschloss daraufhin, eine der waghalsigsten Seefahrten der Geschichte zu unternehmen: Ein Trupp würde mit dem am wenigsten versehrten Rettungsboot zu den Walfangstationen Südgeorgiens aufbrechen. Problematisch war jedoch, dass die Insel rund 800 Seemeilen (1500 Kilometer) entfernt im Südpolarmeer lag, einem der wildesten Gewässer der Welt.

Shackletons Männer wagten sich vor in eine von Stürmen gepeitschte Welt, in der ein unerbittlicher Wind meterhohe Wellen antrieb. Die sogenannten Cape Horn Rollers waren gefürchtet, brachten sie es doch regelmäßig auf 18 Meter.

> *»Unser Boot wurde nach oben gerissen und nach vorn geschleudert wie ein Korken in der Brandung.«*

Sie wählten das stabilste Rettungsboot, die *James Caird* (benannt nach einem Sponsoren der Expedition), und ließen es vom Schiffsschreiner noch hochseetauglicher machen. Er erhöhte die Seitenwände des 6,9 Meter langen Beiboots und versah es mit einem provisorischen Deck aus Holz und Segeltuch. Außerdem baute er einen Groß- sowie einen Achtermast mit Luggersegeln und einem Focksegel und versiegelte das Boot mit Ölfarben, Lampendocht und Robbenblut. Zum Schluss wurde eine Tonne Ballast geladen, um die Gefahr des Kenterns zu verringern.

Das Ziel der Männer war winzig klein und die Wahrscheinlichkeit, die Insel zu verfehlen, recht groß. Wenn sie Südgeorgien erreichen wollten, mussten sie sich auf die Orientierungskünste von Frank Worsley verlassen. Der Kapitän der *Endurance* war ein Neuseeländer, der seine Navigationsfähigkeiten als Matrose inmitten der winzigen, abgelegenen Inseln des Südpazifiks erworben hatte.

Am 24. April 1916 schoben Shackleton, Worsley und vier weitere Männer die *James Caird* in die dunkle raue See, die die Elephant Island umspülte. An Bord hatten sie Proviant für einen Monat, zwei 70-Liter-Fässer Wasser (von denen eins schon beim Beladen beschädigt wurde, woraufhin Meerwasser eindrang), zwei Primus-Kocher, Paraffin, Öl, Kerzen, Schlafsäcke und »ein paar Ersatzsocken«.

Der Wind wehte mäßig aus Südwesten, aber Shackleton wies Worsley zu einem nördlichen Kurs an, um die bedrohlichen Eisfelder hinter sich zu lassen. Je weiter sie sich ihren Weg vorwärts bahnten, desto höher wurden die Wogen. Bei Tagesanbruch waren sie 45 Seemeilen (83 Kilometer) von der Elephant Island entfernt und segelten bei schwerem Seegang und Windstärke 9.

Sie arbeiteten in zwei Drei-Mann-Schichten mit je einem Mann am Steuer, an den Segeln und am Schöpfeimer. Von Anfang an war es ein mühsames Unterfangen: Die Kleidung der Männer war für die trockene Kälte auf antarktischen Schlittenfahrten ausgelegt und nicht wasserfest. Das eisige Meerwasser schürfte ihnen die Haut auf. Ausruhen konnten sie sich nur dicht aneinandergedrängt in dem winzigen abgedeckten Bug des Boots.

Worsleys Aufgabe war extrem schwierig, ja beinahe unmöglich. Um mithilfe seines Sextanten exakt navigieren zu können, musste er die Sonne beobachten. Die war jedoch nur sehr selten zu sehen und wenn sie einmal schien, erschwerte das starke Schwanken des Bootes akkurate Messungen.

Nach zwei Tagen segelten sie Worsley zufolge 128 Seemeilen (237 Kilometer) nördlich der Elephant Island. Das Treibeis brauchten sie jetzt nicht mehr zu fürchten, dafür befanden sie sich inmitten der Drakestraße. Durch diese Meerenge bahnen sich hohe, rollende Wellen ungebremst von Landmassen ihren Weg um den Erdball. Shackleton schlug nun einen direkten Kurs auf Südgeorgien ein.

Nach fünf Tagen hatten sie 238 Seemeilen (441 Kilometer) zurückgelegt, aber dann verschlechterte sich das Wetter. Hoher Seegang drohte, das Boot volllaufen zu lassen, und nur durch ununterbrochenes Wasserschöpfen konnte der Untergang verhindert werden. Es wurde nun so kalt, dass die

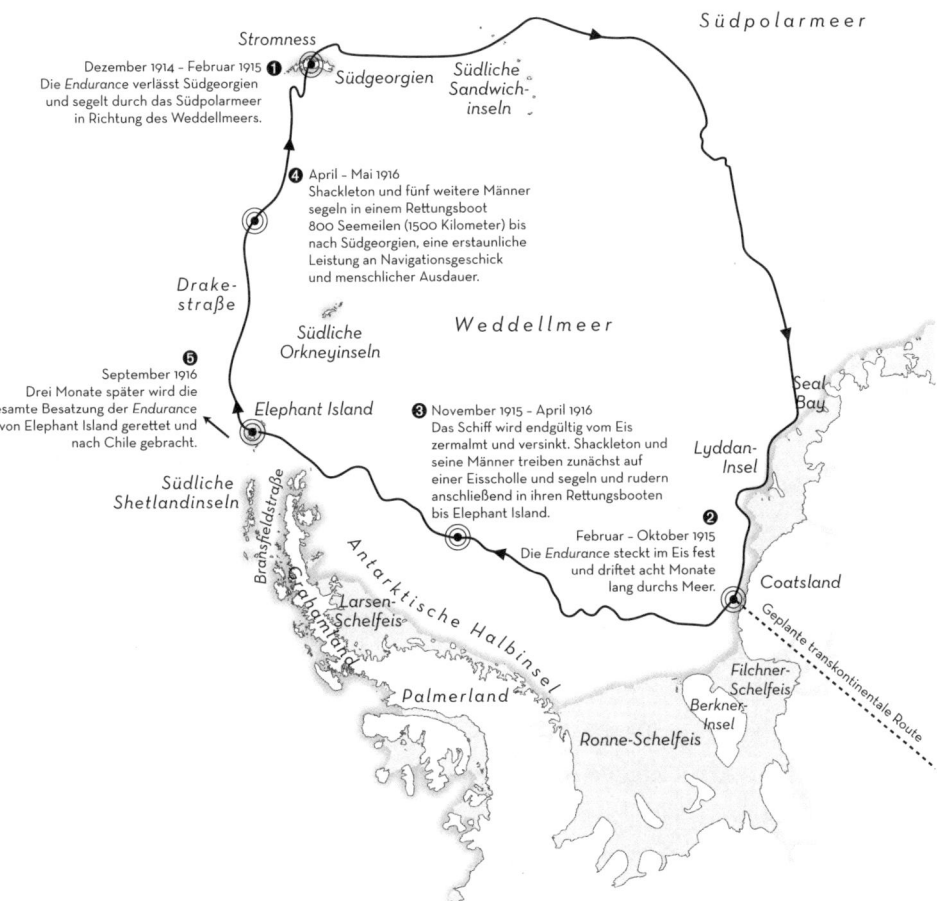

Stromness

Dezember 1914 – Februar 1915 ❶
Die *Endurance* verlässt Südgeorgien
und segelt durch das Südpolarmeer
in Richtung des Weddellmeers.

Südgeorgien

Südliche
Sandwich-
inseln

*Südpolarmeer*

❹ April – Mai 1916
Shackleton und fünf weitere Männer
segeln in einem Rettungsboot
800 Seemeilen (1500 Kilometer) bis
nach Südgeorgien, eine erstaunliche
Leistung an Navigationsgeschick
und menschlicher Ausdauer.

*Drake-
straße*

Südliche
Orkneyinseln

*Weddellmeer*

Seal
Bay

❺
September 1916
Drei Monate später wird die
gesamte Besatzung der *Endurance*
von Elephant Island gerettet und
nach Chile gebracht.

*Elephant Island*

❸ November 1915 – April 1916
Das Schiff wird endgültig vom Eis
zermalmt und versinkt. Shackleton und
seine Männer treiben zunächst auf
einer Eisscholle und segeln und rudern
anschließend in ihren Rettungsbooten
bis Elephant Island.

*Lyddan-
Insel*

Südliche
Shetlandinseln

❷
Februar – Oktober 1915
Die *Endurance* steckt im Eis fest
und driftet acht Monate
lang durchs Meer.

*Coatsland*

*Brahsfeldstraße*

*Antarktische Halbinsel*

Larsen-
Schelfeis

*Filchner-
Schelfeis*

*Palmerland*

Berkner-
Insel

*Ronne-Schelfeis*

Geplante transkontinentale Route

Gischt auf der *James Caird* zu gefrieren begann und das zusätzliche Gewicht des Eises das Kenterrisiko erhöhte. Die Männer krochen abwechselnd auf das Deck, um die Fläche und das Tauwerk mit einer Axt vom Eis zu befreien.

Zwei Tage lang war der Wind zu stark, um die Segel zu setzen. Die Mannschaft kämpfte sich nichtsdestotrotz weiter voran und war am 6. Mai nur noch 115 Seemeilen (213 Kilometer) von Südgeorgien entfernt. Zwei Wochen unerbittlicher Schwerstarbeit unter entsetzlichen Bedingungen hatten die Besatzung zermürbt. Zwei Männer waren besonders geschwächt und ein dritter war zusammengebrochen und konnte seine Arbeit nicht mehr verrichten.

*»Die tröstlichsten Augenblicke waren die, in denen
jeder von uns während der langen, harten Nachtwachen seine
einzige Tasse warme Milch bekam.«*

Am folgenden Tag glaubte Worsley, dem Ziel schon sehr nahe zu sein, teilte Shackleton aber mit, dass er sich um ein paar Meilen verschätzen könnte. Wären die Männer zu weit nördlich unterwegs gewesen, hätten die heftigen Südwestwinde sie an der Insel vorbeitreiben können. Doch schon bald entdeckten sie Algen und Vögel, darunter landliebende Kormorane, und am 8. Mai erspähten sie kurz nach Mittag endlich Land. Worsley hatte goldrichtig gelegen und eine der unglaublichsten Navigationsleistungen in der Geschichte der Seefahrt vollbracht. Obwohl sie dem Ende ihrer Reise so nah waren, machte der hohe Seegang ein unmittelbares Anlegen unmöglich. Ganze 24 qualvolle Stunden lang mussten sie vor der Küste ausharren, in »einem der schlimmsten Orkane, den wir je erlebt hatten«. Die teuflischen Wellen drohten, das Boot an das felsige Ufer Südgeorgiens oder an die ebenso gefährliche, acht Kilometer von der Küste entfernte Insel Annenkov zu treiben.

Am 10. Mai wurde Shackleton schließlich klar, dass die schwächeren Mitglieder seiner Besatzung keinen Tag länger im Boot aushalten würden. Die Mannschaft musste einfach an Land gehen, auch wenn die Bedingungen noch so gefährlich waren. Sie entdeckten die kleine Bucht Cave Cove nahe des Eingangs zur King Haakon Bay, die so geschützt lag, wie es hier nur möglich war. Nach mehreren beinahe tödlichen Versuchen gelang es ihnen schließlich, die *James Caird* an Land zu bringen. Die Gruppe befand sich an der unbewohnten Südwestküste, noch 150 Seemeilen (280 Kilometer) von den Walfangstationen auf der anderen Seite der Insel entfernt. Shackleton hatte geplant, am Ufer entlang dorthin zu segeln. Doch er wusste, dass weder das Boot noch zwei seiner erschöpften Männer so eine Fahrt überstehen würden. Nach ein paar Tagen Erholung beschloss er deshalb, die Insel zu Fuß zu durchwandern und in Stromness Hilfe zu holen. Allerdings hatte bisher noch kein Mensch das Landesinnere Südgeorgiens durchquert.

Früh am Morgen des 18. Mai verabschiedeten sich Shackleton, Worsley und der Matrose Tom Crean von ihren drei Kollegen, die unter im Schutz der umgedrehten *James Caird* auf einem Kiesstrand zurückblieben, und begannen ihren Marsch.

Da sie keine Landkarte besaßen, mussten sie eine Route über Gebirgsketten und Gletscher improvisieren. Sie hatten auch keine Zelte dabei und legten deshalb keine großen Pausen ein. Stattdessen liefen sie 36 Stunden ohne Unterlass, bis sie die Walfangstation in Stromness erreichten. Mittlerweile befanden sie sich am Rand der totalen Erschöpfung. Ihre Gesichter waren von Wind und Wetter gezeichnet, ihre Finger und Zehen taub und erfroren. Die norwegischen Seemänner müssen verdutzt geschaut haben, als – mit den Worten Worsleys – »ein entsetzliches Trio aus Vogelscheuchen« ihre Schlafbaracke betrat.

Später an diesem Tag, dem 19. Mai, schickten die Walfänger ein Motorboot zur King Haakon Bay, um die drei dort verbliebenen Männer abzuholen. Der antarktische Winter hatte bereits begonnen und es sollten noch drei weitere Monate vergehen, bis Shackleton auch die 22 Mitglieder seiner Mannschaft retten konnte, die auf der Elephant Island zurückgeblieben waren. Am 3. September 1916 erreichte die gesamte Besatzung der *Endurance* den sicheren Hafen von Punta Arenas in Chile.

Zwei Jahre später brach Shackleton zu einer weiteren Expedition in die Antarktis auf, starb aber plötzlich am 5. Januar 1922 auf Südgeorgien an einem Herzinfarkt.

Die *James Caird* hatte man bereits 1919 von Südgeorgien nach England zurückgeholt, wo sie auch heute noch im Dulwich College, Shackletons alter Schule, zu sehen ist.

# DER WAHRE INDIANA JONES

## Percy Fawcett: auf der Suche nach der Verlorenen Stadt aus Gold

>*»Ich vermute, dass die Ruinen von monumentaler Natur und noch älter als die ältesten Funde in Ägypten sind. Inschriften nach zu urteilen, die in vielen Teilen Brasiliens zu finden sind, verwendeten die Bewohner eine alphabetische Schrift, die mit etlichen alten europäischen und asiatischen Schriften verwandt ist. Außerdem gibt es Gerüchte über eine merkwürdige Lichtquelle in den Bauwerken, ein Phänomen, das die Indianer, die es gesehen haben wollen, mit Schrecken erfüllte.«*

> PERCY FAWCETT ÜBER DIE VON IHM GESUCHTE GOLDENE STADT
> IN EINEM BRIEF AN SEINEN SOHN BRIAN

Zu Beginn des 20. Jahrhunderts hatte die Welt viele ihrer Geheimnisse verloren. Die Expeditionen Amundsens, Scotts und anderer hatten die Aufmerksamkeit der Menschen auf den eisigen Süden gelenkt und Nordamerika war bereits größtenteils erschlossen und besiedelt worden. Sogar Afrika, von einigen damaligen europäischen Entdeckern als »dunkler Kontinent« bezeichnet, öffnete sich langsam umfangreicheren Erforschungsbestrebungen. Einer der letzten unbekannten und wirklich wilden Orte der Erde war das riesige Amazonasbecken. Die gigantische Region erstreckt sich beiderseits des Äquators und umfasst Abertausende Hektar dichten tropischen Regenwalds.

Christoph Kolumbus hatte im 15. Jahrhundert das südamerikanische Festland erreicht. Ihm folgten weitere europäische Eroberer, die fast die gesamten küstennahen Gebiete kolonisierten. Doch das grüne Herz des Kontinents blieb größtenteils unberührt. Dafür gab es verschiedene Gründe: Die majestätische Gebirgskette der Anden bildete ein riesiges natürliches Hindernis, das Reisen von Westen her extrem erschwerte, während die großen Entfernungen zwischen der Atlantikküste und dem Amazonasbecken schier unüberbrückbar waren. Hinzu kam die Sache mit der Durchquerung des Dschungels selbst. Im feucht-heißen Klima mussten Wege durch dichte Vegetation geschlagen werden, was nur schleppend voranging. Zudem verbreiteten sich Krankheiten. Die artenreiche Tierwelt der Region brachte weitere Probleme mit sich, die von ständig beißenden und stechenden Ameisen und Moskitos bis hin zu lebensgefährlichen Schlangen, Krokodilen und Großkatzen reichten. Überdies standen viele indigene Völker den Eindringlingen feindselig gegenüber. Angesichts der Erfahrungen, die die südamerikanische Urbevölkerung mit den europäischen Siedlern gemacht hatte, war ihre ablehnende Haltung nur allzu gerechtfertigt.

Colonel Percy Fawcett war sich all der Schwierigkeiten bewusst, denen sich ein Entdecker im Amazonasgebiet würde stellen müssen. Im reifen Alter von 39 Jahren unternahm er 1906 seine erste Reise nach Südamerika, um für die Royal Geographical Society einen Teil des Grenzlandes zwischen Bolivien und Brasilien zu kartieren. Die Aufzeichnungen seiner frühen Heldentaten in Amazonien sind sehr unterhaltsam zu lesen. Fawcett berichtet darin, eine außergewöhnlich große, über zwanzig Meter lange Anakonda gejagt und erlegt zu haben, genau wie eine Riesenspinne namens Apazauca, die mit ihren giftigen Fangzähnen die einheimische Bevölkerung terrorisiert haben soll. Seine Behauptungen wurden mit Argwohn betrachtet und auch nicht unbedingt durch seine unangefochtenen Forschungserfolge aufgewogen. So vermeldete er beispielweise die fast konkurrenzlose Entdeckung der Quelle des Rio Verde – ein Nebenfluss eines Nebenflusses eines Nebenflusses des Amazonas.

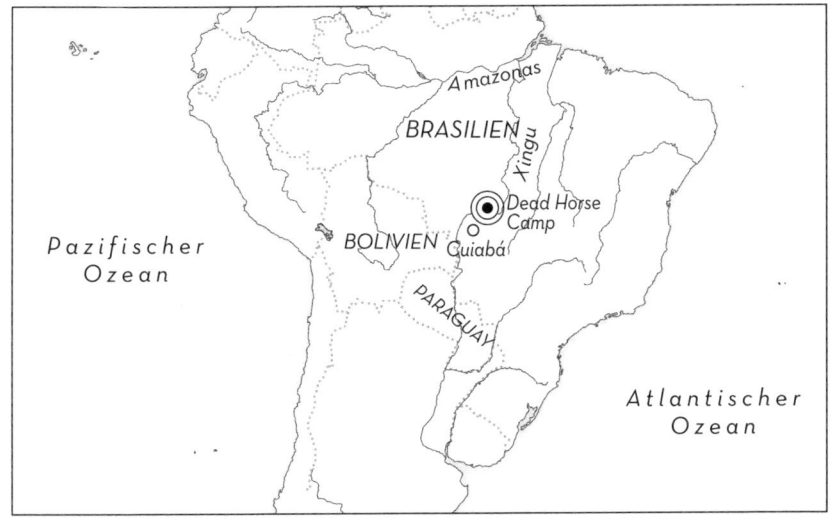

Die Bedeutung von Fawcetts frühen Erkenntnissen mag fraglich sein, doch seine Entdeckerleidenschaft und sein überaus großes Erzähltalent, mit dem er seine Abenteuer darlegte, waren unbestreitbar. Er war ein imposanter Mann mit stechend blauen Augen und einem Schnauzbart, der lebhaft und mitreißend von den Gefahren des Dschungels berichtete und die atemberaubende, paradiesische Schönheit des Amazonas beschrieb. So erzählte er Sir Arthur Conan Doyle von spektakulären Tafelbergen, die sich aus dem dichten Regenwald emporhoben, und inspirierte den Schriftsteller damit zu seinem Roman *Die vergessene Welt*. Eine der Hauptfiguren, Lord John Roxton, besitzt mehr als nur eine flüchtige Ähnlichkeit mit Fawcett. Die frühen Reisen des realen Abenteurers hatten in ebenjenem zweifellos den Drang geweckt, weitere unbekannte Regionen im Landesinneren Südamerikas zu erforschen. Doch aufgrund des Ersten Weltkriegs musste er jegliche Pläne vorerst auf Eis legen.

Fawcett hatte in der Königlichen Artillerie gedient, für die er sich zu Beginn des Krieges erneut verpflichtete und schließlich mit Auszeichnung an der Westfront im Einsatz war. Mit dem Ende der Kämpfe und der Unterzeichnung des Waffenstillstands wandte er sich wieder dem anderen Ende der Welt zu. Er war entschlossen, nach Amazonien zurückzukehren, und hatte dabei ein ganz bestimmtes Ziel vor Augen.

Fawcett war davon überzeugt, dass einer der größten Mythen, die unter der steigenden Anzahl europäischer Entdecker verbreitet wurde, tatsächlich der Wahrheit entsprach: die Legende von Eldorado, der Stadt aus Gold. Schon die ersten europäischen Abenteurer in Südamerika hatten Gerüchte mit in ihre alte Heimat gebracht, wonach tief im Dschungel eine Stadt verborgen lag, die unermessliche Schätze bereithielt. Den ersten Besuchern des Kontinents waren Erzählungen über eine Zeremonie im heutigen Kolumbien zu Ohren gekommen, bei der Stammesführer von Kopf bis Fuß in Goldstaub gehüllt wurden. Geschichten über diesen »vergoldeten König« weckten die Vorstellung, dass hier riesige Goldvorkommen zu finden sein müssten. Die spanischen Konquistadoren hatten bereits unfassbare Reichtümer von den Azteken und den Inkas geplündert und es schien, als ob noch weitere Kostbarkeiten darauf warteten, erbeutet zu werden.

Einer der ersten Glücksritter war Sir Walter Raleigh. Im Jahr 1595 erreichte er die Mündung des Orinoco mit dem Ziel, weiter südlich nach Eldorado zu suchen. Raleigh hatte verschiedene Beweggründe für seine Reise: Er war bei Königin Elisabeth I. in Ungnade gefallen, nachdem er heimlich eine ihrer Hofdamen geheiratet hatte. Um die Gunst der Monarchin wiederzuerlangen, hoffte er nun darauf, die sagenumwobene goldene Stadt zu finden, ihre Reichtümer an sich zu nehmen und somit Englands damaligem Erzrivalen Spanien ein Schnippchen zu schlagen.

Raleigh ließ den Großteil seines Expeditionskorps an der Orinoco-Mündung zurück und kämpfte sich mit einem Trupp aus hundert Mann auf Flößen und kleinen Booten zunächst gegen die starke Strömung flussaufwärts. Er verbündete sich mit einem örtlichen Stammeshäuptling namens Topiawari, der ihm von einem reichen Volk erzählte, das in den Bergen lebte. Raleigh drängte weiter, doch sein Enthusiasmus wurde schon bald vom wilden, durch schwere Regengüsse angeschwollenen Orinoco gedämpft. Die Männer sammelten noch Gesteinsproben, in denen sie auf Golderz hofften, und Raleigh bereitete die Heimfahrt vor. Die Nachricht über seine Eskapaden eilten ihm an den Königshof voraus und bei seiner Ankunft stellte er entsetzt fest, dass die Südamerika-Mission bereits als Misserfolg gehandelt wurde. Seine Überzeugung, dass der südamerikanische Dschungel ungeahnte Reichtümer und unbekannte Königreiche bereithielt, die es bloß zu entdecken galt, war jedoch durch nichts zu erschüttern. Er warb für weitere Erkundungsreisen und kehrte 1616, über zwanzig Jahre nach seiner ersten Expedition, nach Südamerika zurück.

Die Expedition war eine Katastrophe. Der inzwischen gealterte Raleigh erkrankte wie viele andere Reisende an der Ruhr und fünfzehn seiner Männer starben bereits vor den Kanarischen Inseln bei einem Angriff der Spanier. Als sie Südamerika erreichten, kam Raleighs Sohn – der ebenfalls Walter hieß – in der Kolonialstadt Santo Tomé in einer Auseinandersetzung mit spanischen Soldaten ums Leben. Der Erkundungstrupp der Expedition fand auch nach mehreren Monaten im Dschungel nur wenig Aufschlussreiches. Raleigh trat die lange Rückfahrt nach England an. Als er sein Heimatland 1617 verlassen hatte, war er für vierzehn Schiffe verantwortlich gewesen. Bei seiner Rückkehr ein Jahr später bestand seine Flotte nur noch aus genau einem Schiff – die anderen waren auf der Heimfahrt zur Piraterie übergegangen und hatten ihn seinem Schicksal überlassen. Raleigh, einer der größten englischen Seefahrer und Entdecker, wurde am 29. Oktober 1618 im Palace of Westminster hingerichtet.

Obgleich seine Expeditionen letztendlich gescheitert waren, trugen Raleighs tollkühne Unternehmungen zum ewigen Mythos von Eldorado bei. Rund dreihundert Jahre nach Sir Walters Tod war nun Percy Fawcett frisch von seinen Kriegsverpflichtungen befreit und bereit, die Suche fortzusetzen.

Fawcetts eigene Nachforschungen hatten ihn zu Schlussfolgerungen geführt, die in erheblichem Maße von den bisher verbreiteten Annahmen über Eldorado abwichen: Traditionell hatte man die goldene Stadt irgendwo im Norden Südamerikas vermutet und war davon ausgegangen, dass sie kulturelle und sozialen Verbindungen zu den alten, bekannten Zivilisationen der Region wie beispielsweise den Inkas aufwies.

Fawcett argumentierte jedoch, dass die Stadt aus Gold – die er »Z« nannte – viel weiter südlich lag, und zwar genau in der Mitte des Kontinents. In der brasilianischen Nationalbibliothek in Rio de Janeiro fand er Aufzeichnungen eines Portugiesen, der tief in der Region Mato Grosso eine prächtige Stadt im klassischen griechischen Stil dokumentiert hatte. Fawcett behauptete zudem, dass im Mato Grosso entdeckte Artefakte archäologischen Funden ähnelten, auf die man rund um einen möglichen Standort der verlorenen Mittelmeerstadt Atlantis gestoßen war. Ihm zufolge unterschied sich »Z« kulturell von anderen südamerikanischen Siedlungen und besaß stattdessen mehr Gemeinsamkeiten mit dem antiken Griechenland.

Seine Ansichten waren nicht sehr populär, aber Fawcett war felsenfest davon überzeugt. Nach mehreren Jahren Forschungsarbeit im Mato Grosso glaubte er schließlich, die Lage der verborgenen Stadt tief im brasilianischen Urwald ausfindig gemacht zu haben. Jetzt musste er nur noch dort hingelangen.

Fawcett brauchte drei Jahre, um ein Team für seinen Vorstoß in die Wildnis zusammenzustellen. Begleitet wurde er von seinem 21-jährigen Sohn Jack und dessen Freund Raleigh Rimell. Das Interesse an ihrem Abenteuer war groß. »Wir werden zurückkehren«, versicherte Fawcett Reportern bei einem Zwischenhalt in den Vereinigten Staaten, »und wir werden mitbringen, wonach wir suchen.« Zusammen mit zwei einheimischen Führern verließen die drei am 20. April 1925 die Stadt Cuiabá und machten sich auf in den Dschungel.

Fawcett Senior, der inzwischen 57 Jahre alt war, hatte eine genaue Vorstellung von der Richtung, die er einschlagen würde. Er legte ein Tempo vor, mit dem seine jüngeren Begleiter kaum mithalten konnten. Einmal war er ihnen so weit voraus, dass er allein die Nacht verbringen und auf sie warten musste.

Am 29. Mai erreichte die Gruppe das Dead Horse Camp (»Camp des toten Pferdes«). Fawcett selbst hatte dem Lager ein paar Jahre zuvor diesen ungewöhnlichen Namen verpasst, denn hier hatte er eines seiner Pferde erschießen und seine Mission wegen Erschöpfung und Unterernährung aufgeben müssen.

Das Skelett des armen Pferdes lag noch an Ort und Stelle, die Knochen von Ameisen und anderen Aasfressern blank poliert. Fawcett wies seine Führer an, nach Cuiabá zurückzukehren. Auch mit Rimell redete er unter vier Augen und schlug ihm ebenso vor, umzukehren. Der Fuß des jungen Mannes war durch Zeckenbisse und Mückenstiche fürchterlich angeschwollen. Percy Fawcett hatte außerdem Sorge darum, dass sich der

Freund seines Sohnes nicht in der geeigneten Verfassung befand, um die nun mit Sicherheit bevorstehenden Strapazen durchzustehen. Rimell weigerte sich jedoch und bestand darauf, mit seinen Kameraden weiterzulaufen. Fawcett gab den Führern einen Brief an seine Frau Nina mit, in dem er ihr schrieb:»Jack geht es gut, er ist fit und wird jeden Tag stärker. Du musst dir keine Gedanken um eine Niederlage machen.«

Es sollte das letzte Mal sein, dass jemand etwas von Colonel Percy Fawcett, seinem Sohn Jack oder Raleigh Rimell hörte – zumindest außerhalb des Amazonasdschungels.

Das lange Schweigen von Fawcetts Expeditionstrupp sorgte vorerst nicht für Besorgnis. Schließlich war die Gegend, die sie bereisten, komplett von der Außenwelt abgeschnitten und Fawcett selbst hatte bereits vorher gewarnt, dass es womöglich eine Zeit dauern würde, bevor er Nachrichten über ihre Unternehmung übermitteln könnte. Im Sommer 1927 wuchs jedoch die Sorge über das Schicksal der drei Männer. Fawcett hatte klare Anweisungen hinterlassen, dass im Falle seines Verschwindens keine Suchtrupps entsandt werden sollten.

Sein Wunsch wurde allerdings glattweg ignoriert, denn die Spekulationen über das Schicksal der Gruppe blühten. George Dyott von der Royal Geographical Survey führte 1928 einen Suchtrupp in den Dschungel. Es erleichterte seine Suche nicht gerade, dass Fawcett schon über Jahre hinweg immer wieder in der Gegend unterwegs gewesen war. Bei verschiedenen Einheimischen, denen er begegnete, fand Dyott einige von Fawcetts persönlichen Habseligkeiten, die jedoch von früheren Reisen stammten. Gleichermaßen hatten einige der Indigenen Fawcett zwar gesehen, waren sich aber nicht mehr sicher, zu welchem Zeitpunkt das gewesen war.

Dyott kam zu dem Schluss, dass Fawcett und seine Begleiter die Exkursion nicht überlebt hatten, hatte aber keine eindeutigen Beweise dafür. Über die Jahre wurden Percy Fawcett und seine Suche nach Eldorado selbst zu einem Mythos. Auf Dyotts Gruppe folgte ein Dutzend weiterer Suchtrupps, die den Dschungel nach dem Entdecker und seinen Kameraden durchkämmten.

An Theorien über Fawcetts Schicksal mangelte es nicht: So erzählte man unter anderem, dass er sich der Urbevölkerung angeschlossen habe, dass er und seine Begleiter von einem feindseligen Stamm angegriffen und getötet worden wären, und dass die Truppe verhungert, an einer Krankheit gestorben oder von wilden Tieren gefressen worden wäre. Einige glaubten sogar, dass Fawcett doch noch die verlorene Stadt entdeckt hatte und sein Leben im neoklassizistischen Luxus von »Z« ausklingen ließ. Ein Nachruf dieser Art wäre sicher ganz im Sinne von Colonel Percy Fawcett gewesen.

> *»Keiner weiß, was mit den Fawcetts – Vater und Sohn – und dem*
> *jungen Mr. Rimell geschah. Die Sümpfe und Dschungel des Mato*
> *Grosso sind in der Tat seltsame Orte, in denen nachweislich weiße*
> *Männer fünfundzwanzig oder dreißig Jahre lang von indigenen*
> *Völkern gefangen gehalten wurden und schließlich in die Zivilisation*
> *zurückkehrten. Es würde also niemand für unmöglich – wenn auch*
> *unwahrscheinlich – halten, dass Colonel Fawcett noch am Leben ist,*
> *vielleicht in den versteckten Winkeln der Weißen Berge oder im*
> *Hinterland der Serra do Roncador, und das noch heute,*
> *im Jahr 1945.«*

HAROLD WILKINS IN SEINEM BUCH
*MYSTERIES OF ANCIENT SOUTH AMERICA* (1947)

# GOLDFIEBER IM YUKON
## Der Klondike-Goldrausch

*»[...] Reisen sind lang und kostspielig und können nur im Sommer,*
*wenn das Eis geschmolzen ist, angetreten werden. Proviant ist sehr*
*knapp und teuer, sofern er überhaupt erhältlich ist [...]. Die Reisen*
*sind beschwerlich und aufwändig und niemand sollte erwägen, dorthin*
*zu gehen, der nicht stark genug ist und über die nötigen Mittel für die*
*Fahrt und Verpflegung verfügt. Auch sollte nur aufbrechen, wer einige*
*Erfahrung im Schürfen und mit dem harten Leben in wilden und*
*unbesiedelten Gebieten vorweisen kann. Allen anderen wird*
*eindringlich von solch einer Reise abgeraten.«*

THE TIMES, 29. JULI 1897

Im August 1896 beschloss ein Trio erfolgloser Goldsucher im kanadischen Yukon, seinen Lebensunterhalt fortan mit dem Lachsfang zu bestreiten. Als einer der Männer eines Abends im Fluss eine Pfanne wusch, fischte er einen Goldklumpen von der Größe seines Daumens aus dem Wasser. Es war der 16. August 1896 und George Carmack hatte gerade die Zündschnur des wahrscheinlich explosivsten Goldrausches der Geschichte entzündet.

Die Gegend um den Klondike River war jedoch so abgelegen, dass die Nachricht über den Goldfund vom furchterregenden Winter, der kurz darauf hereinbrach, zunächst unter Verschluss gehalten wurde. Erst als im Juli 1897 ein Dampfschiff aus Alaska in San Francisco anlegte, verbreitete sich die Neuigkeit, denn unter den Passagieren befand sich eine Gruppe Goldgräber, die den langen Winter in den finsteren Wäldern des Nordens verbracht hatte. Sie waren zwar schmutzig und voller Flöhe, aber in ihren verdreckten Taschen und Rucksäcken, in den verbeulten Kisten und Kaffeedosen, die sie ihr Gepäck nannten, trugen diese Männer pures Gold im Wert von mehr als 1,14 Millionen Dollar – eine Milliarde US-Dollar zum Goldpreis von 2010.

In den vorangegangenen vier Jahren hatte es zwei große Finanzkrisen gegeben und die Arbeitslosigkeit war hoch. Damals waren der US- sowie der Kanadische Dollar an den Goldstandard gebunden und ein Mangel des Edelmetalls hatte seinen Preis in die Höhe getrieben. Als nun die glücklichen Goldsucher ihre Schätze an Land brachten, war es, als ob sich ein Lauffeuer durch einen trockenen Wald fressen würde – und die Medien schürten die Flammen weiter an.

Auf einmal wollte jeder ein Goldgräber sein. Ein Viertel der Polizisten von Seattle gab seine Marken ab und brach zum Klondike auf. Ihnen schloss sich der Bürgermeister der Stadt an, der nicht nur seinen Job kündigte, sondern sogar ein Dampfschiff kaufte, mit dem er angehende Goldsucher in den Norden beförderte. Die Ereignisse hatten für solch Furore gesorgt, dass sich auch Fotografen und Schriftsteller (darunter der zukünftige Romanautor Jack London) der Abwanderungswelle anschlossen. In den folgenden zwei Jahren machten sich mindestens hunderttausend erwartungsvolle Seelen auf den Weg zu den Goldfeldern am Klondike River, aber nur wenige fanden dort den erhofften Reichtum und viele Tausende starben auf einer der tödlichsten Expeditionen der Geschichte.

Das Klima am Klondike ist der Inbegriff des Wortes »extrem«. Die kurzen Sommer sind sengend heiß und trocken, doch bereits im September kündigen heftige Schneestürme den Winter an. Noch vor Ende Oktober sind alle Flüsse vereist. Im tiefsten Winter sinken die Temperaturen bis auf −40 °C, gelegentlich sogar bis auf −50 °C, und der Boden ist bis in eine Tiefe von drei Metern über mindestens sieben Monate des Jahres gefroren.

Allein um den Klondike zu erreichen, musste man ein ganzes Jahr seines Lebens opfern und größtes Elend und Krankheiten auf sich nehmen – nur für die winzige Chance, in den Bergen ein Vermögen zu finden. Die erste gefährliche Etappe stellte bereits die Reise von San Francisco nach Seattle dar. Das Ausmaß des Massenansturms – 2800 Menschen nur aus Seattle in einer einzigen Woche – bedeutete, dass jede noch so alte Badewanne zum Boot umfunktioniert wurde. »Schwimmende Särge« hießen diese Kähne und machten ihrem Namen oft alle Ehre.

Die kanadische Regierung bestand darauf, dass jeder Goldsucher genügend Proviant für ein ganzes Jahr mit sich zu führen hatte. Auf diese Weise hoffte man, die Zahl derer einzudämmen, die unter den brutalen Bedingungen umkamen. Neben einem Lebensmittelvorrat für zwölf Monate mussten die künftigen Goldgräber eine Grundausrüstung aus Zelt, Kocher und Werkzeugen bei sich tragen. Insgesamt kostete die geforderte Ausstattung etwa 500 Dollar und wog fast eine Tonne. Das »Klondike-Fieber« grassierte in einem solchen Ausmaß, dass Tausende unerfahrener Reisender Betrügern zum Opfer fielen, die ihnen unter anderem »Klondike-Medizin«, »Klondike-Golddetektoren« und »Klondike-Fahrräder« verkauften.

Vermögende Goldsucher konnten direkt von Seattle oder San Francisco aus mit dem Schiff zur Westküste Alaskas fahren. Die Reise auf dem Seeweg umging zwar die Hindernisse der Überlandrouten, war aber 7600 Kilometer lang und wurde mit der Zeit immer teurer. In nur sechs Monaten stieg der Preis einer solchen Überfahrt von 150 auf 1000 (heute 4500 $ auf 27 000 $) US-Dollar. Doch auch die reichen Männer waren nicht vor Leid gefeit. Im Jahr 1897 kamen nur 43 von 1800 Schatzsuchern, die den Weg eingeschlagen hatten, rechtzeitig am Klondike an, bevor der Winter die Flüsse zufror. Ganze 35 von ihnen mussten umkehren, da sie sich in der Eile ihrer Ausrüstung entledigt hatten.

Nach einer Seefahrt auf engstem Raum wurde der Großteil der sogenannten »Klondiker« auf dem Watt bei Skagway im »Panhandle« – dem als »Pfannenstiel« bezeichneten Landzipfel im Südosten Alaskas – abgesetzt. Skagway war eine Stadt purer Anarchie, eine gesetzlose Welt voller Saloons, Schießereien und Halsabschneidern. Goldsucher mit dem nötigen Kleingeld konnten Träger dafür bezahlen, ihre Ausrüstung mit Maultieren, Pferden und Wagen von hier bis zu den Goldfeldern zu befördern. Sobald jedoch ein besseres Angebot winkte, warfen viele skrupellose Träger das

Gepäck ihrer Auftraggeber in den Schnee am Wegesrand und machten sich auf und davon.

Die Goldfelder lagen noch ganze 880 Kilometer von Skagway entfernt und die meistgenutzte Route dorthin führte über den berüchtigten White Pass. Trotz des vermeintlich gemächlichen Anstiegs war es ein fürchterlicher Weg. Auf den unteren Abschnitten gab es Sümpfe, in denen ein Maultier komplett versinken konnte. Oben in den Bergen war der Pfad stellenweise nur sechzig Zentimeter breit und darunter klaffte ein 150 Meter tiefer Abgrund.

Die Lastentiere waren alles andere als Vollblüter und die extremen Bedingungen rafften eins nach dem anderen dahin, weshalb die Strecke als »Dead Horse Trail« (»Weg des toten Pferdes«) bekannt wurde. Vielerorts zog man die verendeten Tiere nicht einmal an den Wegesrand, sondern lief einfach über sie hinweg und trampelte sie letztendlich in den Pfad ein.

*»Die Pferde starben beim ersten Frost wie die Fliegen, und zwischen Skagway und Bennett verrotteten sie in Haufen.«*

JACK LONDON, AUTOR VON *RUF DER WILDNIS*

Trotz des tiefen Schnees und der toten Pferde standen die Goldsucher unter enormem Druck, den Weg so schnell wie möglich hinter sich zu bringen. Hatten sie einmal die Wasserscheide überquert, mussten sie es noch bis zum Lake Bennett im Quellgebiet des Yukon schaffen, von wo aus sie zum Klondike hinabfahren konnten. Waren sie zu spät dran, begann der See bereits zu überfrieren und sie waren gezwungen, den ganzen Winter an seinem vereisten Ufer zu verbringen. Die Gewissheit, dass noch 800 Kilometer vor ihnen lagen, muss die Goldgräber zermürbt haben wie die Gletscher die Gebirgsfelsen. Für etliche von ihnen war dieser ganze schlammige, blutige Albtraum zu viel: Sie kehrten nach Skagway zurück, verkauften ihre Ausrüstung und traten mittellos und gebrochen die Heimreise an.

Skagways Nachbarort Dyea hatte seine eigene Route zum Klondike. Diese führte über den Chilkoot Pass. Die Strecke war für Lastentiere zu steil und wurde vor allem von den ärmsten Goldsuchern genutzt oder auch dann, wenn die Skagway-Route zugeschneit war. Ein Klondiker auf dem

Dyea Trail konnte entweder einen indigenen Träger anheuern und Wucher-preise zahlen oder seine Ausrüstung selbst schleppen. Wegen des großen Gewichts musste das in Etappen geschehen. Ein Mann schnallte sich 45 Kilogramm seines Gepäcks auf den Rücken und stapfte ein paar Kilo-meter den Weg hinauf, ließ seine Last fallen und lief zurück, um die nächs-ten 45 Kilogramm seiner tonnenschweren Ausrüstung an dieselbe Stelle zu befördern. Die 64 Kilometer lange Überquerung des Passes wurde so zu einer dreimonatigen Odyssee, bei der jeder Goldgräber den Weg dreißig oder vierzig Mal beschritt und 4000 Kilometer zurücklegte. Im Winter 1897 quälten sich in einem steten Strom 20 000 Glückssucher Tag und Nacht den bedrohlichen Chilkoot Pass hinauf und hinunter.

Als es am Bennett Lake Frühling wurde, mussten die Goldgräber noch den Yukon River bis zu seinem Zusammenfluss mit dem Klondike hinab-fahren. Wer sich kein Boot leisten konnte, war dazu gezwungen, in den Wald zu gehen, Bäume zu fällen, die Stämme zu Brettern zu verarbeiten und sich sein eigenes Wasserfahrzeug zu zimmern. Im Mai 1898 bahnte sich eine schäbige Flotte aus 7124 Flößen und Booten ihren Weg den Fluss hinab, den das Eis gerade erst wieder freigegeben hatte. Die unerfahrenen Steuermänner mussten kilometerlange Stromschnellen durchfahren, wobei viele Hunderte von ihnen ertranken.

Ihr Ziel war Dawson City, eine Boomtown, die scheinbar über Nacht am Zusammenfluss von Yukon und Klondike aus dem Erdboden geschossen war. Dawson hatte es im Sommer 1896 noch gar nicht gegeben, doch ein Jahr später gehörte sie mit 40 000 Einwohnern bereits zu den größten Städ-ten Kanadas. Für die Mehrzahl der Goldgräber war sie jedoch entgegen aller Erwartungen kein Eldorado. Die Glückssucher hatten eine gefährliche, von diversen Krankheiten überschattete Seefahrt sowie eine Wanderung durch feuchte, moskitoverseuchte Sümpfe überstanden und waren trotz Erfrierungen und Erschöpfung über Gletscher gewandert, nur um bei ihrer Ankunft zu erfahren, dass jeder Zentimeter des goldreichen Flusses bereits von anderen Suchern beansprucht worden war. Tausende Träume fanden in Dawson City ein jähes Ende.

Über hunderttausend Möchtegern-Goldsucher machten sich auf den Weg zum Klondike River. Etwa 70 000 von ihnen kehrten nach Hause zurück, ohne je eine Spitzhacke geschwungen zu haben. Von den 30 000, die es bis an den Fluss schafften, fanden nur 4000 Gold. Lediglich eine Handvoll von ihnen wurde wirklich reich und nur ein paar wenige behielten ihr Vermögen – der Rest vertrank sein Geld oder verlor es im Glücksspiel. Die Menschen, die am Klondike gute Geschäfte machten, waren diejenigen, die Lebensmittel oder Werkzeuge verkauften, Unterkunft oder Trägerdienste anboten oder mit Abbaurechten, den sogenannten Claims, handelten. So brachte etwa ein Händler während einer besonders schlammigen Eisschmelze Gummistiefel für 100 Dollar an den Mann und ein Träger mit 335 Maultieren nahm 5000 Dollar am Tag ein – weit mehr als die meisten Goldsucher je verdienten.

Im Jahr 1899 berichteten dieselben Zeitungen, die mit Pauken und Trompeten den Goldfund am Klondike verkündet hatten, von einer neuen Entdeckung in Nome, Alaska, wo das Gold leichter gefördert werden konnte. Fast über Nacht kehrten die Goldgräber dem Klondike den Rücken. Im August 1899 verließen 8000 Menschen Dawson City und der große Goldrausch war nur drei Jahre, nachdem er begonnen hatte, wieder vorbei. Aus den Boomtowns wurden Geisterstädte.

# DIE SCHWEIGENDE WELT
## Jacques Cousteau und die *Calypso*

*»Das Riff von Shi'b Sulaym war ein Intaglio-Gebilde*
*mit Korallenveranden, gewundenen Couloirs und unzähligen*
*engen Spalten, in denen es nur so wimmelte von Lebewesen,*
*die wie Statisten in einer Oper hinter der Bühne*
*auf ihren Auftritt warteten.«*

COUSTEAU ÜBER DIE SCHÖNHEIT DER RIFFE IM ROTEN MEER

Ein Mann und seine außergewöhnliche Expedition veränderten 1950 für immer die Meeresbiologie, die Populärwissenschaft und die Dokumentarfilmwelt: Jacques Cousteau und seine Reise auf der *Calypso*.

Gemeinsam mit einer Crew aus Taucherkollegen steuerte Cousteau sein außergewöhnliches Forschungsschiff *Calypso* auf einer zweijährigen Unterwasser-Odyssee durch das Mittelmeer, den Persischen Golf, das Rote Meer und den Indischen Ozean. Mit seinen revolutionären Unterwasserkameras, die er selbst entwickelt hatte, machte Cousteau umfangreiche Aufnahmen von den Wundern der Meere und brachte es dabei auf ganze 25 Kilometer Film. Aus diesem Material entstand die bahnbrechende TV-Dokumentation *Die schweigende Welt*, einer der ersten Farbfilme über die Tiefsee. Das Publikum war begeistert. Der Film gewann 1956 einen Oscar und die Goldene Palme von Cannes und sollte bis 2004 die einzige Dokumentation bleiben, der solch ein Doppelsieg gelang.

Jacques Cousteau wurde 1910 an der Westküste Frankreichs geboren und hatte schon immer eine Leidenschaft für das Meer. Er begann 1926 mit dem Tauchen und nutzte dafür ein gerade erst erfundenes Sauerstoffgerät. Vier Jahre später ging er zur französischen Marine. Nachdem ein Autounfall seiner Karriere in den Seestreitkräften ein jähes Ende setzte, verbrachte er immer mehr Zeit mit Entdeckungstauchgängen und führte gelegentlich auch Erkundungsmissionen für die Marine durch. Je öfter er tauchte, desto unzufriedener wurde er mit seinem Atemgerät, das ihm lediglich Tauchgänge von bis zu dreißig Minuten und in Tiefen von bis zu zehn Metern erlaubte.

In den finsteren Tagen des Zweiten Weltkriegs hielt sich Cousteau im deutsch besetzten Paris auf, als er mit dem Ingenieur Émile Gagnan bekannt gemacht wurde. Gagnan versuchte, dem in Frankreich während des Krieges herrschenden Kraftstoffmangel beizukommen, indem er die Leistungsstärke von Gasgeneratoren verbesserte. Dafür hatte er ein altes Unterwasser-Atemgerät in Miniaturform nachgebaut, das ihm als Selbstregler diente. Cousteau erkannte sofort den potenziellen Nutzen, den solch ein Regler für Taucher haben könnte. Indem man ihn an eine Druckluftflasche anschloss, würde sich die Länge eines Tauchgangs auf über eine Stunde mehr als verdoppeln lassen. Man würde zudem viel tiefer gehen können als bisher, was wiederum eine ausgedehntere Unterwasserforschung ermöglichen würde. Die zwei Männer patentierten das Gerät.

Im Jahr 1943 drehte Cousteau einen experimentellen Unterseefilm, bei dem seine revolutionäre Tauchausrüstung zum Einsatz kam. Nach dem Ende des Krieges gelang es ihm, seine Vorgesetzten in der Marine vom Nutzen seines Tauchgeräts, genannt Aqua-Lung, zu überzeugen, und Cousteau wurde zum Leiter der Unterwasser-Forschungsgruppe der französischen Marine. Die Einheit war für die Räumung von Minenfeldern vor der französischen Küste und im Mittelmeerraum, für die Ausbildung und Prüfung von Tauchern sowie für Unterwasser-Erkundungen zuständig. Cousteau und Gagnan begannen außerdem, ihre Aqua-Lung in größerer Stückzahl herzustellen und zu verkaufen. Die Erlöse daraus ermöglichten es Cousteau, eine bahnbrechende Unterwasser-Entdeckungsreise zu planen.

Große Seen &
Sankt-Lorenz-Strom
Dokumentarfilm, 1980

*Atlantischer
Ozean*

Karibisches Meer
Dokumentarfilm, 1984

Tunesien
Erforscht das
römische Schiffswrack
Mahdia, 1948

Griechenland
Entdeckt das Wrack
der *HMHS Britannic*,
1976

Dakar
Rettet gemeinsam mit
der französischen Marine
Auguste Picards Tiefsee-
tauchboot, 1949

Rotes Meer
Konstruiert »Conshelf«,
einen Forschungs- und
Lebensraum unter
Wasser, 1962

Einige von Cousteaus Abenteuern im Laufe seiner Karriere

Er verließ 1949 die Marine und begann im folgenden Jahr, ein altes britisches Minensuchboot – die *Calypso* – in ein wissenschaftliches Traumschiff umzubauen. Den Bug versah er etwa mit einer kugelförmigen Unterwassernase, die ihm drei Meter unter der Wasserlinie als Beobachtungskammer dienen sollte. Die *Calypso* verfügte außerdem über einen Hubschrauberlandeplatz und in ihrer Mitte befand sich ein Tauchbecken, durch welches die Taucher direkt ins Meer steigen und so bei schlechtem Wetter die Wellen umgehen konnten. Sie war zudem mit tauchenden Untertassen, Unterwasser-Scootern und winzigen U-Booten ausgestattet, die Cousteau alle selbst entworfen hatte. Das außergewöhnliche Wasserfahrzeug diente als schwimmendes Labor, Forschungsbasis, Filmstudio und Tauchstation und beherbergte 28 Besatzungsmitglieder. In den folgenden zwei Jahren nutzte es Cousteau für eine Expedition, bei der er die Ozeane bereiste und das Leben unter Wasser, diverse Schiffswracks und andere Meereswunder auf Film bannte.

Cousteaus 1953 erschienenes Buch über die Expedition, *Die schweigende Welt*, verkaufte sich fünf Millionen Mal und führte eine ganze Generation mit den Wundern der Meeresbiologie ein. Zu den vielen Highlights des Buches gehörte Cousteaus Hypothese über die Existenz einer Echo-ortung in Schweinswalen, die sich als korrekt herausstellte. Er hatte beobachtet, wie sich die Tiere stets entlang der optimalen Route durch die Straße von Gibraltar bewegten, und war zu dem Schluss gekommen, dass sie über eine Art Sonar verfügen mussten.

Der Erfolg der *Calypso*-Expedition gab Cousteau die nötige finanzielle Sicherheit, um sein Leben der Erforschung und Aufzeichnung der geheimnisvollen Wunder der Weltmeere zu widmen. Er drehte mehr als 120 Dokumentarfilme und schrieb über fünfzig Bücher.

Cousteau war die Verkörperung des stets neugierigen und charismatischen gelehrten Abenteurers, und seine bemerkenswerten Unterwasser-Entdeckungen fesselten das Publikum. Seine Erkundungsfahrten an Bord der *Calypso* stießen auf großes Interesse. Cousteaus Fernsehserie *Geheimnisse des Meeres* flimmerte von 1966 bis 1976 über die Bildschirme und brachte den Zuschauern auf der ganzen Welt nicht nur die Wunder der Meere näher, sondern auch die Wissenschaft selbst. Eine weitere Dokumentarfilmreihe, *Cousteau – Abenteuer Ozean*, lief von 1977 bis 1982.

Die Art und Weise, wie Cousteau das Fernsehen nutzte, um das Verständnis der Öffentlichkeit für die Wissenschaft zu fördern, war völlig neuartig. Einige Akademiker kritisierten ihn zu jener Zeit für die Popularisierung wissenschaftlicher Konzepte, aber viele Merkmale seines Stils und seiner Methoden sind heute Standard bei der Produktion und Veröffentlichung von Dokumentarfilmen.

Jacques Cousteau gilt als wegweisender Umweltschützer, der mit seinen Filmen auf den schädlichen Einfluss des Menschen auf die Meereswelt aufmerksam machte. Zudem war er ein bemerkenswerter Erfinder und Innovator. Die Aqua-Lunge ermöglichte es Cousteau und seinem Team, mehr Zeit unter Wasser zu verbringen, tiefer zu tauchen und interessantere Entdeckungen zu machen. Diese wurden mit Unterwasserkameras gefilmt, die Cousteau selbst entwickelt hatte. Eine davon war die Calypso, eine 35-mm-Filmkamera für den Einsatz im Wasser, die später vom Hersteller Nikon als beliebte Serie von Unterwasserkameras produziert und weiterentwickelt wurde. Cousteau hat ebenso die sogenannte »Tauchtasse« mitentworfen, die mit zwei Personen an Bord in eine Tiefe von bis zu 400 Metern hinabsteigen konnte und somit ideal für die Erkundung des Meeresbodens war.

Der Meeresforscher experimentierte sogar mit dem menschlichen Leben unter Wasser. Im Jahr 1962 konstruierte er vor der Küste des Sudan einen submarinen Lebensraum namens »Conshelf«. Einen Monat lang lebten hier zehn Meter unter der Wasseroberfläche des Roten Meeres jeweils sechs »Ozeanauten«. Zwischen den Tauchgängen aßen und schliefen die Wissenschaftler in einer Kapsel und atmeten eine spezielle Mischung aus Sauerstoff und Helium. Die NASA orientierte sich an diesen Experimenten bei der Entwicklung von Trainingsprogrammen für Astronauten.

Jacques Cousteau starb 1997 im Alter von 87 Jahren. Die Cousteau-Gesellschaft, die er 1973 gründete, zählt heute weltweit mehr als 50 000 Mitglieder und setzt seine einzigartige Erforschung der Ökosysteme fort. Cousteaus Arbeit hat dazu beigetragen, dass Millionen von Menschen die Verletzlichkeit des Lebens auf der Erde besser verstehen und zu schätzen gelernt haben.

*»Wenn ein Mensch, aus welchem Grund auch immer,*
*die Möglichkeit hat, ein außergewöhnliches Leben zu führen,*
*dann hat er kein Recht dazu, es für sich zu behalten.«*

JACQUES COUSTEAU

# DIE JAGD NACH DEM MENSCHENFRESSER

## Jim Corbett auf der Spur des menschenfressenden Leoparden von Rudraprayag

*»Das Wort ›Terror‹ wird so allgemein und universell
in Verbindung mit alltäglichen, trivialen Dingen verwendet,
dass es, sofern diese zugedacht ist, seine eigentliche
Bedeutung verfehlt.«*

JIM CORBETT

Im Sommer 1926 lebten die Bewohner einer abgelegenen Gegend im Norden Indiens in Angst und Schrecken. Mit dem Einbruch der Dunkelheit begann ein unaufhaltsamer Terror. Acht Jahre lang verriegelten die Menschen in der Region Garhwal ihre Türen, schlossen ihre Fensterläden und wagten sich nach Sonnenuntergang nicht mehr nach draußen. Schäfer und Ziegenhirten, die keine Zuflucht in Häusern suchen konnten, sicherten ihre Lager mit einem provisorischen Zaun aus Dornenbüschen. Reisende auf ihrem Weg zu den Hinduschreinen von Kedarnath und Badrinath drängten sich in Pilgerhütten aneinander und horchten auf jedes Geräusch, das einen bevorstehenden Angriff ankündigen könnte.

*»Keine Ausgangssperre wurde je so streng durchgesetzt und so*
*vorbehaltlos befolgt wie die, die der menschenfressende Leopard von*
*Rudraprayag verhängt hatte.«*

JIM CORBETT

Ihr Angreifer war ein einzelgängerischer Leopard, der im Vorgebirge des Himalaja über einen Zeitraum von acht Jahren mehr als einhundert Menschen jagte und tötete. Alle Versuche, das Morden zu stoppen, waren erfolglos und die traurige Berühmtheit des Tieres wuchs mit jedem Angriff. Mit der steigenden Zahl der Todesopfer geriet die britische Regierung zunehmend unter Druck, ihren Bürgern im äußersten Winkel des Empire zu helfen. Im Unterhaus wurden Fragen laut und die Regierung wurde zum Handeln aufgefordert. Man setzte schließlich eine Abschussprämie von 10 000 Rupien auf den Leoparden aus, was Jäger aus der ganzen Welt anlockte. Auch das Eliteregiment der Gurkha wurde entsandt. Letztendlich war es dem legendären Jäger Jim Corbett vorbehalten, die Großkatze aufzuspüren und zu erlegen. Seine unnachgiebige Verfolgung des Leoparden von Rudraprayag wurde zu einer der berühmtesten Jagdexpeditionen überhaupt.

Der Leopard von Rudraprayag war nicht der erste Menschenfresser, der eine Gemeinde auf dem Subkontinent terrorisierte. Im abgelegenen Bezirk Amora machte man ein außer Kontrolle geratenes Leopardenmännchen zwischen 1907 und 1910 für rund 450 Todesfälle verantwortlich und in der Region nördlich von Nagpur soll ein anderes Tier innerhalb von drei Jahren fast einhundert Menschen getötet haben, bevor es 1860 von einem Ziegenhirten erschossen wurde. Im Jahr 1902 erlegte wiederum ein Förster im Murhel-Tal einen Leoparden, der angeblich über dreißig Menschen auf dem Gewissen gehabt haben soll.

Doch die Ereignisse in Garhwal stellten alle bisherigen Vorfälle in den Schatten. Fortschritte in der globalen Kommunikation in Kombination mit den erschütternden Details einiger Angriffe und dem Talent des Leoparden, jeglichen Fangversuchen zu entgehen, sorgten für reißerische Schlagzeilen auf der ganzen Welt.

Das Massaker war womöglich das unbeabsichtigte Ergebnis einer Grippeepidemie, die 1918 in Indien grassierte. Die Krankheit forderte

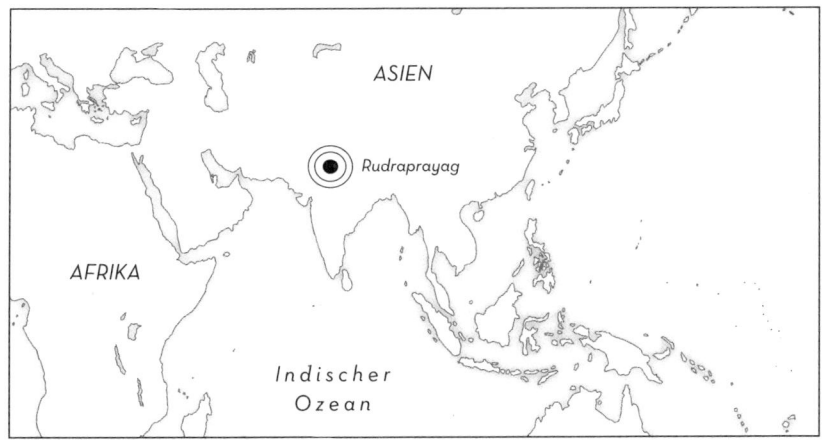

zwischen 14 und 17 Millionen Todesopfer, rund fünf Prozent der gesamten Bevölkerung. Das schiere Ausmaß des Sterbens machte eine Feuerbestattung der Toten, wie es im Hinduismus üblich ist, nicht immer möglich und viele der Leichen wurden in abgeschiedenen Schluchten und Schächten zurückgelassen. Man ging davon aus, dass der Leopard von Rudraprayag seine Vorliebe für Menschenfleisch in diesen schaurigen Ruhestätten entwickelt hatte.

Sein erstes lebendes Opfer holte sich der Leopard im Juni 1918 aus dem Dorf Benji und schon bald wurde das Tier zu einer unaufhaltsamen Naturgewalt. Pilger verschwanden auf offener Straße und der Leopard kratzte sich durch Stroh- und Lehmwände, um seine Opfer aus ihren Häusern zu holen. Bei einer Gelegenheit schnappte er sich geräuschlos einen Pfeife rauchenden Mann, während sein Begleiter nur ein paar Meter entfernt in der Rauchwolke saß.

Mehr als einmal schien es, als hätte man den Leoparden gestellt. Zwei britische Soldaten überwachten eine Fußgängerbrücke über dem Fluss Alaknada in dem Glauben, dass das Tier sie nutzte, um in eins der benachbarten Dörfer zu gelangen. Nach zwei Monaten trug ihre Nachtwache Früchte, als der Leopard erschien und sich über den wackeligen Steg schlich. Beide Männer schossen auf das Tier, das zurück über die Brücke in den Dschungel floh. Als sie den Schauplatz inspizierten, fanden sie zwar frisches Blut, aber auch nach einer ausgedehntes Suche keine Spur des

Killers. Ein anderes Mal jagte man den Leoparden nahe eines entlegenen Dorfes in eine Höhle. Die Dorfbewohner bauten mithilfe von Dornbüschen und Steinen eine Barrikade, damit das Tier nicht flüchten konnte, und warteten fünf Tage auf ein Lebenszeichen aus der Grotte. In der Annahme, dass er ihnen wieder einmal entwischt war, entfernten sie schließlich die stacheligen Äste und Felsbrocken. Da schoss der Leopard förmlich aus der Höhle und rannte an den Dorfbewohnern vorbei in Sicherheit.

In dieser Atmosphäre aus Angst und Hoffnungslosigkeit betrat Colonel Jim Corbett die Bühne. Auf die schriftliche Bitte des stellvertretenden Polizeipräsidenten der Region William Ibbotson hin reiste er im Sommer 1925 nach Garhwal. In den kommenden neun Monate sollte er einen taktischen Wettstreit mit dem Leoparden von Rudraprayag austragen. Corbett war zu jenem Zeitpunkt schon ein bekannter Jäger: Er wurde 1875 in Indien geboren und hatte in den vergangenen zwanzig Jahren menschenfressende Leoparden und Tiger auf dem gesamten Subkontinent verfolgt und erlegt.

Bevor er seine Arbeit aufnehmen wollte, stellte Corbett zwei Bedingungen: Erstens forderte er, dass alle Belohnungen für den Fang und die Tötung des Leoparden zurückgezogen werden sollten. Corbett begriff die Jagd des Tieres als eine lebensrettende Maßnahme und lehnte die Tötung von Tieren zu Sportzwecken und zur persönlichen Bereicherung ab. Zweitens verlangte er, alle sonstigen Jagdaktivitäten in der Gegend einzustellen, denn er vertraute anderen, weniger erfahrenen Scharfschützen genauso wenig wie dem menschenfressenden Leoparden.

Nachdem seinen Bitten stattgegeben worden war, begann Corbett, die Jagdgründe des Leoparden eingehend zu untersuchen. Es war eine mühsame Arbeit, denn Angriffe des Tieres waren auf einer Fläche von 1300 Quadratkilometern registriert worden. Das Land war hügelig und die Luft des Himalaja dünn. Corbett ging – gelegentlich in Begleitung seines Freundes Ibbotson – das Gelände ab, um einen Eindruck von dem Killer und dessen Gewohnheiten zu bekommen. Frühe Fangversuche scheiterten: So verteilte Corbett unter anderem Köder mit einem starken Gift, das der Leopard zwar fraß, aber das ihm erstaunlicherweise nicht schadete. Ein andermal war Corbett dem Menschenfresser nach einer aufreibenden Verfolgungsjagd quer durch den undurchdringlichen Dschungel dicht auf den Fersen, als ein zweiter Leopard seine Beute in die Flucht schlug.

In seinem Bericht über die Expedition beschreibt Corbett, was ihm eines Tages wiederfuhr, nachdem er nach einer ergebnislosen nächtlichen Suche in seine Unterkunft zurückgekehrt war. Als er sich am nächsten Morgen erneut auf den Weg machte, bemerkte er, dass auf seinen Fußspuren der vergangenen Nacht Abdrücke von Pfoten hinterlassen worden waren. Der Leopard war ihm bis nach Hause gefolgt.

Corbetts Suche endete am 2. Mai 1926. Die monatelange, sorgfältige Verfolgung hatte ein Verhaltensmuster des Tieres offenbart und Corbett schätzte, dass der Leopard als Nächstes in der Umgebung des Dorfes Golobrai zuschlagen würde. Er und Ibbotson versteckten sich im Geäst eines Mangobaums an einem einsehbaren Wegabschnitt und warteten. In der zehnten Nacht ihrer Wache hoch oben im Baum erschien der Leopard unter ihnen. Corbett nutzte eine Taschenlampe, um das Tier ins Visier zu nehmen, doch als er den Abzug seiner Waffe betätigte, versagte das Licht. Als die Jäger an die Stelle kamen, an der der Leopard zuvor gestanden hatte, war das Tier verschwunden. Nur ein paar Tropfen Blut deutete darauf hin, dass die Kugel ihr Ziel getroffen hatte. Am nächsten Morgen spürte Corbett den Leoparden ganz in der Nähe auf. Er war tot. Die Jagd war beendet.

Der berüchtigte Leopard von Rudraprayag und Corbetts erfolgreiche Odyssee sorgten weltweit für Schlagzeilen. Corbett war erleichtert, dass die Jagd nun vorüber war, zeigte aber auch Mitgefühl mit dem erlegten Tier: »Sein Verbrechen war gegen die Menschen, nicht gegen die Natur.«

Der Leopard, ein älteres Männchen, maß von der Nasenspitze bis zum Schwanz 2,3 Meter. An seiner Pfote war die Schusswunde zu erkennen, die er 1921 bei seiner Begegnung mit den Soldaten auf der Brücke über den Alaknada davongetragen hatte. Jedes Jahr findet in Garhwal am 2. Mai ein Fest statt, bei dem die Tötung des Leoparden von Rudraprayag gefeiert wird.

In seinen späteren Lebensjahren nutzte Corbett seinen Ruhm und sein Ansehen, um sich für die Großkatzen Indiens einzusetzen. Er plädierte unter anderem für Reservate, in denen sie in Sicherheit leben konnten. Corbett verachtete Jäger, die nur aus sportlichem Ehrgeiz töteten, und war sich bewusst, dass sich Konflikte zwischen Mensch und Tier nur durch Schutzprojekte eindämmen ließen. Seine Bemühungen wurden von der indischen Bevölkerung gewürdigt: Im Jahr 1956 benannte man den ersten Nationalpark des Landes ihm zu Ehren in Jim Corbett National Park um.

# ALLEIN IN DER LUFT
## Amelia Earhart: die Heldin
## des Transatlantikflugs

>>*Die Sterne schienen zum Greifen nah, und nie zuvor hatte ich*
*so viele gesehen. Ich habe schon immer vermutet, dass der Reiz*
*des Fliegens im Reiz der Schönheit liegt, aber in jener Nacht*
*war ich mir dessen ganz sicher.*<<

AMELIA EARHART

Die Pilotin wusste nicht genau, wo sie sich befand. Ein Blick auf die zerklüftete Küste unter ihr verriet ihr allerdings, wo sie nicht war, nämlich in
Paris, ihrem eigentlichen Ziel. Auch war sie sich nicht sicher, wie lange sie
noch munter bleiben könnte, denn sie befand sich bereits seit fünfzehn
Stunden ununterbrochen in der Luft. Ihr Flugzeug verlor zudem Treibstoff
und es galt jetzt, die Maschine zu landen, bevor sie vom Himmel fiel. Zu
ihrem Glück wich die felsige Küste schon bald grünen Feldern und sie setze
ihr Flugzeug ruckelnd und zuckelnd auf den Boden. Als sie ihre müden
Knochen aus dem Cockpit hievte, näherte sich ihr ein Mann in schlammigen Stiefeln.

>>Wo bin ich?<<, fragte die Pilotin.

>>Auf der Weide der Gallaghers<<, antwortete der Mann mit einem nord-
irischen Akzent und fügte hinzu: >>Sind sie von weit her gekommen?<<

Amelia Earhart lächelte: »Aus Amerika.«

Es war nicht Earharts erster transatlantischer Flug gewesen. Sie hatte den Ozean bereits vier Jahre zuvor erfolgreich überquert, allerdings als Passagierin in einem Flugzeug, das von Wilmer Stultz und Louis Gordan gesteuert wurde. Earhart selbst sagte einmal, dass sie auf jener Reise nichts weiter als »ein Sack Kartoffeln« gewesen war. Charles Lindberghs unglaublicher Soloflug über den Atlantik im Jahr 1927 hatte jedoch einen riesigen Medienrummel um die Luftfahrt ausgelöst und auch die Tatsache, dass eine Frau als Passagierin über den Ozean geflogen war, hielt man für berichtenswert. Earhart wurde berühmt. Scharfsinnig wie sie war, schlug sie aus ihrem Moment im Rampenlicht Kapital und schrieb ein Buch, gab einer Textilmarke ihren Namen und freundete sich mit der damaligen First Lady Eleanor Roosevelt an. Earhart war genauso prominent und glamourös wie die Stars aus Hollywood und ihr Ruhm half ihr dabei, die nötigen Mittel für eine Soloüberquerung des Atlantiks aufzutreiben.

Amelia Earhart war schon als Kind abenteuerlustig. Als Zehnjährige besuchte sie eine Flugschau und ihre Leidenschaft für Flugzeuge war entfacht. Mit 23 Jahren begann sie selbst mit dem Fliegen und jetzt, im Alter von 34, wollte sie aus eigener Kraft in die Fluggeschichte eingehen.

Ein Soloflug über den Atlantik war jedoch nicht gerade ungefährlich. Triebwerksausfälle stellten trotz Fortschritten bei der Verlässlichkeit der Motoren ein realistisches Risiko dar. Auch eine Vereisung – durch winzige Wolkentröpfchen, die auf die Vorderkanten der Tragflächen und des Hecks treffen und dort gefrieren – konnte extrem bedrohlich werden. Das Eis verändert nämlich den Luftstrom über diesen Flugzeugteilen, wodurch sich der Auftrieb verringert und es zu einem aerodynamischen Stillstand kommen kann. Ungünstiges Wetter war ein weiterer Risikofaktor. Ohne Satelliten, die die Winde kartieren und mögliche Stürme erkennen können, wusste niemand, welche teuflischen Sturmwinde mitten über dem Ozean lauerten. Würde nur einer dieser Faktoren eine Wasserlandung nötig machen, wäre Earhart dem Tod geweiht.

Hinzu kam die schiere Erschöpfung, die das Fliegen eines Flugzeugs mit sich brachte. Sich in einem engen Cockpit auf die Steuerele-

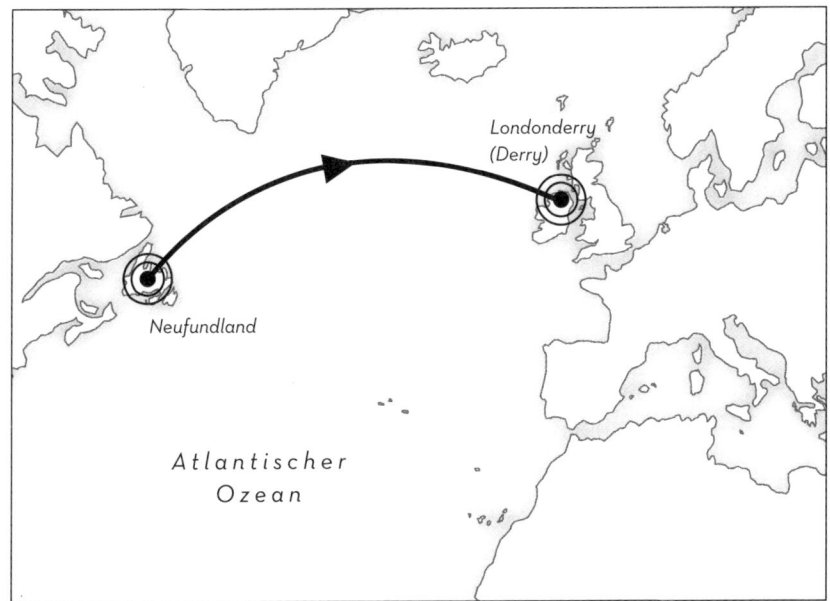

mente und äußeren Bedingungen zu konzentrieren, während alles um einen bebte und vom donnernden Brüllen des nur Zentimeter entfernten Motors erfüllt war, zehrte an den Kräften. Doch für eine Chance auf den großen Preis war Amelia Earhart bereit, all diese Strapazen auf sich zu nehmen.

Im Morgengrauen des 20. Mai 1932 – auf den Tag genau fünf Jahre nach Lindberghs Rekord-Überquerung – hob sie in ihrer scharlachroten Lockheed Vega von einem Rollfeld in Neufundland ab, drehte nach Osten ab und nahm Kurs auf Paris.

Doch kaum hatte sie das Festland verlassen, lauerten auch schon die ersten Gefahren. Heftige Winde verlangsamten sie und drohten, sie vom Himmel zu fegen. Der Rumpf ihres Flugzeugs vereiste tatsächlich und ihr Höhenmesser versagte. Nun kannte sie ihre genaue Flughöhe nicht mehr, was eine überaus gefährliche Situation für jeden Piloten darstellt. Treibstoff leckte ins Cockpit und aus dem Auspuff schossen Flammen.

Trotz allem behielt Amelia Earhart einen kühlen Kopf und landete auf jenem schlammigen Feld nahe Londonderry in Nordirland. Sie hatte in 15 Stunden und 18 Minuten 3241 Kilometer zurückgelegt und war die erste Frau – und der zweite Mensch überhaupt –, die den Atlantik im Alleinflug überquert hatte. Die Amerikaner verliebten sich aufs Neue in die mutige, bescheidene und glamouröse junge Pilotin. Earhart wurde vom Kongress der Vereinigten Staaten mit einem Distinguished Flying Cross, von der französischen Regierung mit dem Ritterkreuz der Ehrenlegion und von National Geographic mit der Goldmedaille ausgezeichnet.

In den folgenden fünf Jahren brach Amelia Earhart etliche weitere Rekorde, aus denen vor allem der erste Soloflug von Hawaii nach Kalifornien 1935 heraussticht. Im Juli 1937 näherte sie sich dem Ende einer spektakulären Weltumrundung, als sie und ihr Navigator Fred Noonan einfach über dem Pazifik verschwanden. Ihr Leichnam und ihr Flugzeug wurden nie gefunden. Dass ihr tollkühnes Wesen und ihre unbändige Lebenskraft so plötzlich ausgelöscht wurden, schockierte die Öffentlichkeit zutiefst, doch ihre Leistungen und ihre Geisteshaltung lebten weiter.

*»Das Schwierigste ist der Entschluss zu handeln, der Rest ist*
*reine Beharrlichkeit. Die Ängste sind Papiertiger. Du kannst alles tun,*
*wofür du dich entscheidest. Du kannst handeln, um dein Leben*
*zu verändern und es zu beherrschen, und dieser Vorgang,*
*dieser Prozess, ist die eigentliche Belohnung.«*

AMELIA EARHART

Amelia Earhart inspirierte eine ganze Generation von Pilotinnen, darunter auch Beryl Markham, eine mutige und glamouröse Luftfahrerin, die im September 1936 als erste Frau auf einem Soloflug den Atlantik von Osten nach Westen überquerte. Das war eine beachtliche Leistung, denn westwärts zu fliegen, bedeutet gegen die vorherrschenden Atlantikwinde anzusteuern, was mehr Treibstoff und Zeit kostet und den Piloten mehr Durchhaltevermögen abverlangt. Vor Markham war noch keine Frau allein nach Westen geflogen, aber viele waren bei dem Versuch gestorben.

Charles Lindbergh war als ein Niemand in Long Island, New York, abgehoben und als einer der berühmtesten Männer der Welt auf dem Flugplatz Le Bourget in Paris gelandet. Es war das Jahr 1927 und der 25-jährige

Pilot der US-amerikanischen Luftpost absolvierte als erster Mensch einen Soloflug über den Atlantik. In 33 Stunden und 30 Minuten legte er in seinem einsitzigen, einmotorigen Eindecker *Spirit of St. Louis* 5800 Kilometer zurück. Lindbergh war noch nie zuvor über Wasser geflogen.

*»Frauen müssen Dinge genauso versuchen wie Männer.*
*Wenn sie scheitern, dann sollte dieses Scheitern eine*
*Herausforderung für andere sein.«*

AMELIA EARHART

# IN DER TÖDLICHEN STADT

René-Auguste Caillié:
ein Außenseiter in Timbuktu

*»Es ist immer gefährlich, die Würde der Unwissenden zu verletzen.«*

RENÉ-AUGUSTE CAILLIÉ

Tanger, 7. September 1828. Ein verwahrloster Reisender taumelt bei Einbruch der Dunkelheit in den marokkanischen Hafen von Tanger. Seine Kleider sind nicht viel mehr als Lumpen und seine wettergegerbte Haut trägt die Spuren unzähliger Stunden unter der sengenden Sonne der Sahara. Sein ganzes Hab und Gut ist in einem Sack auf seinem Rücken und auf den unwilligen Schultern eines widerspenstigen Esels verstaut. Er kommt nur langsam voran. Auf Arabisch fragt er einen Passanten nach dem Weg zum französischen Konsulat. Den Anweisungen folgend schleppt er sich bis zum offiziellen Vertreter Frankreichs in der Stadt.

Die unscheinbare Gestalt ist René-Auguste Caillié. Der Franzose kehrt von einem Ort zurück, der europäische Reisende schon seit Jahrhunderten in seinen Bann zieht: der sagenumwobenen Stadt Timbuktu. Caillié hat sie nicht nur betreten, sondern obendrein lebend wieder verlassen – allerdings nur um Haaresbreite.

Monsieur Delaporte, der französische Konsul in Tanger, misstraut dem zerlumpten Besucher vor seiner Tür zunächst, aber in den kommenden

Tagen erkennt er in Caillié einen Mann, dessen Heldentaten seinem Heimatland große Ehre und hohes Ansehen beschert haben. Der Konsul hat
alle Hände voll zu tun mit seinem Gast. Caillié ist erschöpft und leidet an
lebensgefährlichem Skorbut. Er muss so schnell wie möglich nach Frankreich gebracht werden, doch es ist nicht gerade eine leichte Aufgabe, so
einen Transport zu organisieren. Als Muslim verkleidet war Caillié vier
Jahre lang durch das nordwestliche Afrika gereist, denn nur so konnte er
unbehelligt die Stadttore Timbuktus passieren. Hätte jemand herausgefun-
den, dass es sich in Wahrheit um einen Ungläubigen handelte, hätte er um
sein Leben bangen müssen.

Monsieur Delaporte schreibt an Edme-François Jomard von der Société
de Géographie in Paris. Jomard, der an Napoleons Ägyptenfeldzug teilgenommen hatte, steht der sensationellen Behauptung, dass mit Caillié ein
verhältnismäßig unbekannter Entdecker Timbuktu besucht haben soll,
zunächst skeptisch gegenüber. Doch Delaportes Briefe überzeugen ihn
davon, dass sich der Franzose als erster Europäer in der geheimnisvollen
Stadt das Preisgeld der Société von 10 000 Francs tatsächlich verdient hat.

»Ich habe Ihnen von dem französischen Reisenden Caillié erzählt«,
schreibt Delaporte am 3. Oktober 1828, »Er hat die brennenden Wüsten
Afrikas durchquert und ist dort an Skorbut erkrankt, der sich bis in die
Knochen seines Gaumens gefressen hat. Sofern Gott, der ihn behütet bis
nach Tanger gebracht hat, seine Gesundheit erhält, wird er in zwei bis drei
Monaten bei Ihnen eintreffen [...]. Er wird sich Ihnen mit authentischen
Zeugnissen vorstellen – mit Dokumenten und Materialien, die von jenem
Ort stammen – und Sie darum bitten, diese Sammlung zu überprüfen. Ver-
wehren Sie ihm Ihre Hilfe nicht. Für die Reise nach Timbuktu über Senegal
hat er sich die Belohnung verdient [...]. Es steht ihm überdies der Preis für
die wichtigste geografische Entdeckung zu, was seine Arbeit bezeugen wird.
Nichts davon darf ihm verweigert werden.«

Während er in Delaportes Obhut auf ein französisches Marineschiff aus
Cádiz wartet, auf dem er die Heimreise antreten soll, hat Caillié endlich
Zeit, um in aller Ruhe auf seine vierjährige Odyssee zurückzublicken.

Später schreibt er: »Nachdem ich dank des allmächtigen Gottes zurückgekehrt war, legte ich mich in ein gutes Bett und war froh über meine Flucht

aus einer Gesellschaft von Menschen, die durch Ignoranz und Fanatismus entwürdigt waren. Obwohl alle meine Bedürfnisse gestillt waren, konnte ich die ganze Nacht kein Auge zutun, so aufgewühlt war ich von der Erinnerung an die Gefahren, die ich bestanden hatte [...]. Es ist schwer, die Gefühle zu beschreiben, von denen ich durchdrungen war, als ich meine arabische Verkleidung für immer ablegte. Ich erinnerte mich an die Entbehrungen und die Erschöpfung, die ich durchlitten, und an die Länge des Weges, den ich in einem wilden Land im Angesicht von tausend Gefahren zurückgelegt hatte. Ich segnete den Herrn für meine Ankunft am Hafen, aber ich glaubte zu träumen, und fragte mich, ob es wirklich wahr sei, dass ich schon bald in mein Land zurückkehren würde, oder ob diese zarte Hoffnung nichts weiter war als Einbildung.«

Es war keine Einbildung, denn Caillié sollte schon in Kürze nach Hause zurückkehren. In Paris wurde er als Held empfangen und mit Reichtum und Ruhm überhäuft. Für einen Mann, dessen Leben unglücklich begonnen hatte, war dies eine unglaubliche Wendung des Schicksals.

René-Auguste Caillié wurde 1799 in Mauze, im Westen Frankreichs, in eine arme Familie geboren. Mit elf Jahren verlor er seine Eltern und mit 16 heuerte er auf einem Schiff an, das nach Saint-Louis in Französisch-Westafrika segelte. Sein Fernweh wurde eigenen Erinnerungen zufolge durch die Lektüre des Romans um Robinson Crusoe geweckt.

In den folgenden neun Jahren arbeitete er als Matrose auf Segeltörns zu verschiedenen Außenposten des französischen Kaiserreichs in der Karibik und in Westafrika, bevor er 1824 erneut in Saint-Louis landete und beschloss, eine Expedition zu unternehmen, die sein Leben verändern sollte.

Es gibt nur wenige Orte auf der Welt, die ein so eindrucksvolles Bild von geheimnisumwobener Abgeschiedenheit heraufbeschwören wie die westafrikanische Stadt Timbuktu. Die Metropole, schon seit über tausend Jahren eine Stätte der Bildung und ein Handelsknotenpunkt, war für die Europäer zu jener Zeit ein faszinierendes Mysterium. Schon seit Jahrhunderten spekulierte man über den Reichtum, der sich angeblich hinter den Mauern der entlegenen Stadt verbarg. Im Jahr 1350 war König Mansa Manu von Mali mit so viel Gold in Kairo eingetroffen, dass es den Preis des (bis dahin) seltenen Edelmetalls im Mittelmeerraum ein ganzes Jahrzehnt nach unten drückte.

Einer der wenigen Berichte über Timbuktu, die europäischen Lesern zur Verfügung standen, stammte von Leo Africanus. Der in Marokko geborene Entdecker hatte die Stadt im frühen 16. Jahrhundert besucht und schrieb über sie: »Die Bewohner sind sehr reich, insbesondere die Fremden, die sich im Land niedergelassen haben [...]. Doch mangelt es an Salz, denn dieses stammt aus Taghaza, das etwa 805 Kilometer von Timbuktu entfernt liegt. Ich war zufällig in der Stadt, als eine Ladung Salz für achtzig Dukaten verkauft wurde. Der König besitzt einen großen Schatz an Münzen und Goldbarren.«

Timbuktu war eine eiserne Hochburg des Islam und kein Ort für Ungläubige. Jegliche Versuche von Nichtmuslimen, in die Stadt einzudringen und ihre Geheimnisse zu enthüllen, wurden erbittert bekämpft. Im frühen 19. Jahrhundert weiteten Entdecker die Grenzen der »bekannten« Welt immer weiter aus und nahmen auch Timbuktu ins Visier.

Der britische Armeeoffizier Major Gordon Laing schaffte es 1826 in die geheimnisvolle Stadt und blieb fast einen Monat lang. An seinem Abreisetag wurde er ermordet.

Zum Zeitpunkt von Major Laings Tod hatte sich Caillié – der zwar Laings Schicksal nicht kannte, aber sich sehr wohl der Feindseligkeit bewusst war, die einen Europäer in Timbuktu erwartete – bereits zwei Jahre in die Kultur der Nomadenvölker der Sahara eingelebt. Er lernte Arabisch, kleidete sich wie die Einheimischen, schloss sich Handelskarawanen in der Wüste an und gab sich als ägyptischer Kaufmann aus, der von den Franzosen gefangengenommen worden war und sich nun auf dem Heimweg befand. Während eines Aufenthalts bei den Mauren von Brakna nahe des Flusses Senegal vertiefte er sich in die Gesetze und Gepflogenheiten des Islam.

Als sich Caillié sicher war, dass seine Tarnung die Bewohner Timbuktus überzeugen würde, machte er sich auf den Weg dorthin. Er war gerade nach Osten – in Richtung des Oberlaufs des Niger – unterwegs, als ihn ein Unglück ereilte: Ein schwerer Fall von Skorbut zwang Caillié dazu, fünf Monate in einem abgelegenen Dorf zu verbringen. Nach seiner Genesung setzte er seinen Weg entlang des Nigers fort und im Juli 1828 ergatterte er einen Platz auf einem Schiff, das Nüsse nach Timbuktu brachte. Nach einer dreijährigen Reise- und Vorbereitungszeit war er nun fast am Ziel.

Caillié war von dem, was er bei seiner Ankunft vorfand, alles andere als begeistert. Er beschrieb die Siedlung als eine »Ansammlung hässlicher, aus Erde gebauter Häuser«, in der es weder offensichtlichen Wohlstand noch irgendeine wirkliche Begründung für den Ruf der Stadt als »Athen der Sahara« gab. Caillié zeigte sich zudem enttäuscht darüber, dass ihm Major Laing zuvorgekommen war. Er dokumentierte so viel wie möglich, ohne dabei Verdacht zu erregen, und versuchte sogar herauszufinden, was mit dem bedauernswerten Laing passiert war. Daraufhin zeigte man ihm einen Kompass, der angeblich dem britischen Entdecker gehört hatte.

Nach zwei Wochen rieten ihm Vertraute, die mit ihm gereist waren, die Stadt zu verlassen. Das musste sich der Franzose nicht zweimal sagen lassen. Caillié schloss sich einer Handelskarawane an, die nach Norden durch die Wildnis der Wüste zog. Nach einer 3200 Kilometer langen Reise, die ihn an seine körperlichen Grenzen brachte, fand er sich schließlich vor den Toren der Hafenstadt Tanger wieder und damit auf dem Weg zu Ruhm und Reichtum.

Caillié war kein typischer Entdecker seiner Zeit, sondern eher ein Außenseiter, der allein und ohne großes Aufheben reiste. Seine Methode, die Gewohnheiten, Kleidung und Sprache seiner Mitreisenden anzunehmen, machte es ihm unmöglich, ausführlichen Aufzeichnungen anzufertigen. Er war von der Neugier getrieben, die Welt zu sehen, und er hatte nur wenig Interesse daran, die Flora und Fauna zu katalogisieren oder detailliert die Sitten und Bräuche der Menschen zu beschreiben, denen er unterwegs begegnete. Im Gegensatz zu anderen Abenteurern seiner Zeit, die dazu neigten, ihre Entdeckungen zu romantizieren oder aufzubauschen, war Cailliés Einschätzung von Timbuktu eher nüchtern und schnörkellos.

Nachdem er sich seine 10 000 Francs abgeholt hatte, zog sich Caillié in Frankreich auf das Land zurück, wo er heiratete und Vater zweier Kinder wurde. Für seine Leistungen erhielt er den Orden der französischen Ehrenlegion und (gemeinsam mit Major Laing) eine Goldmedaille von der Société de Géographie. Jedoch sollte er den Lohn für seine Strapazen nicht lange genießen können, denn nur zehn Jahre nach seinem kurzen Aufenthalt in Timbuktu starb René-Auguste Caillié 1838 im Alter von 38 Jahren.

*»[...] und sobald ich lesen und schreiben konnte, sollte ich ein Handwerk erlernen, was mir aber bald schon missfiel, denn die Lektüre von Reisegeschichten erfüllte jeden freien Augenblick. Insbesondere Robinson Crusoe beflügelte meine junge Fantasie: Ich konnte es nicht erwarten, genau wie er Abenteuer zu erleben; ja, ich spürte bereits den Ehrgeiz in meinem Herzen aufkeimen, mich selbst durch eine bedeutende Entdeckung auszuzeichnen.«*

RENÉ-AUGUSTE CAILLIÉ

# RETTET DIE WALE

## Greenpeace, der Kampf gegen den Walfang und die *Rainbow Warrior*

> »*Der Wal schaukelte regungslos im Netz über unseren Köpfen. Ich blickte hinauf, vorbei an den spitzen, fünfzehn Zentimeter langen Zähnen, in ein riesiges Auge, ein Auge so groß wie meine Faust, ein Auge, das Intelligenz ausstrahlte, ein Auge, das wortlos von Mitgefühl zeugte, ein Auge, das verriet, dass dieser Wal differenzieren konnte und verstand, was wir versucht hatten zu tun [...]. An diesem Tag wusste ich auf emotionaler und spiritueller Ebene, dass meine Loyalität in erster Linie dem Wal galt und nicht den Interessen der Menschen, die ihn töteten.*«

PAUL WATSON, FRÜHES MITGLIED VON GREENPEACE

Das Meer war eine wogende schwarze Masse mit gewaltigen, weißen Gischtkronen. Ein düsterer Himmel drohte, jeden Moment einen tosenden Sturm zu entfesseln. Die drei Aktivisten zurrten ihre Rettungswesten fester. Nacheinander kletterten sie über die Reling und stiegen die dürftige Strickleiter hinab, die immer wieder gegen den Rumpf des Schiffes schlug. Als sie unten ankamen, schauten sie auf das winzige Schlauchboot, das wie ein Korken in der Brandung tanzte. Der Reihe nach passten sie seine Bewegungen ab, atmeten tief durch und stiegen aus der relativen Sicherheit ihres

Schiffes auf das winzige Boot, das für den offenen Ozean nichts weiter als ein Spielzeug zu sein schien.

Damit war der einfache Teil geschafft. Nun mussten sie sich im Eiltempo einem riesigen Fabrikschiff in den Weg stellen und darauf hoffen, nicht erschossen zu werden.

Das war der Modus Operandi der Anti-Walfang-Mission von Greenpeace, den die Organisation bei ihrer außergewöhnlichen Expedition mit der *Rainbow Warrior* wählte. Das Schiff hieß früher *Sir William Hardy* und war ein vielgereister Trawler, den die britische Regierung 1977 zum Verkauf ausschrieb. Sieben Jahre zuvor hatten kanadische Umweltschützer Greenpeace mit dem Ziel gegründet, das Leben auf der Erde in seiner ganzen Vielfalt zu schützen. Der Walfang war eine Aktivität, für die die Gruppe unbedingt ein Verbot erwirken wollte, und der Kauf des Schiffes ermöglichte es ihnen, zu einer einzigartigen Seeexpedition aus Protest- und Behinderungsaktionen aufzubrechen.

Greenpeace verbrachte vier Monate damit, einen Kutter in ein Flaggschiff umzurüsten. Die *Rainbow Warrior* war imstande, Aktivisten zu den Schauplätzen umweltschädlicher Handlungen zu bringen. Sie wurde 1978 in Betrieb genommen und brach umgehend zu einer mehrjährigen Reise auf, die von vielen waghalsigen, gefährlichen und aufsehenerregenden Aktionen auf den Weltmeeren geprägt war. Die *Rainbow Warrior* sollte die Sichtweise der Welt auf viele wesentliche Problematiken verändern, bevor ihre siebenjährige Mission ein tragisches Ende fand.

Das erste Ziel der Expedition war der Nordatlantik. Dort wollte man den isländischen Walfängern entgegentreten. Einen Monat lang behinderte die *Rainbow Warrior* Walfangoperationen. Dabei kam es zu keinen ernsten Zwischenfällen, doch das sollte sich bald ändern.

Die Aktivisten begaben sich absichtlich in Gefahr, indem sie von der *Rainbow Warrior* herunter- und auf kleine, wendige Zodiac-Schlauchboote heraufkletterten und in Blitzesschnelle auf das Meer hinaus rasten, um sich den gigantischen Walfangschiffen in den Weg zu stellen. Sie positionierten ihre Boote zwischen die Walfänger und die Wale, damit die Schützen aus Angst, einen Menschen statt einen Wal zu treffen, seine Harpune nicht abschießen würde. Soweit die Theorie. Doch die Jäger feuerten gelegentlich direkt über die Köpfe der Aktivisten hinweg. Aufnahmen solch dramatischer Konfrontationen machten zu Beginn der 1980er-Jahren Schlagzeilen und die Walschutzbewegung – die unter dem Slogan »Rettet die Wale« berühmt wurde – drängte sich in das öffentliche Bewusstsein.

Im Juni 1980 brachte diese Taktik die Organisation in eine ernste Zwangslage. Ein Aktivistenteam der *Rainbow Warrior* legte sich mit dem spanischen Walfangschiff *Ibsa III* an, indem es sich ihm auf seinen aufblasbaren Schnellbooten in den Weg stellte. Die Aktion war bereits mehrere Stunden im Gange, als spanische Kriegsschiffe am Horizont erschienen und die Verfolgung der *Rainbow Warrior* aufnahmen. Marinesoldaten enterten schließlich das Schiff, verhafteten die Aktivisten und konfiszierten die *Rainbow Warrior*.

Der Kapitän wurde zu einer Geldstrafe von 142 000 US-Dollar verurteilt, weigerte sich jedoch, zu zahlen. Die *Rainbow Warrior* wurde in einen Militärhafen gebracht, wo man sie fahruntähig machte, indem man den Schubblock von ihrem Motor entfernte. Dann nahm die ganze Angelegenheit einige überraschende Wendungen, die aus einem Spionagekrimi stammen könnten: Die Crew, die das außer Gefecht gesetzte Schiff in Schuss hielt, suchte nebenbei insgeheim nach einem Ersatzschubblock. Als man einen aufgetrieben hatte, wurde er ins Land geschmuggelt und von Aktivisten, die Trunkenheit vortäuschten, unbemerkt am Wachpersonal vorbei auf das Hafengelände gebracht. Der Schubblock wurde eingebaut und die *Rainbow Warrior* fuhr eines dunklen Novembermorgens heimlich, still und leise aus dem Hafen. Bevor die spanischen Schiffe die Verfolgung aufnehmen konnten, erreichte das Schiff das sichere Jersey, wo ihm ein begeisterter Empfang bereitet wurde. Der Admiral der spanischen Marine trat daraufhin zurück.

Im Jahr 1982 entsandte Greenpeace die *Rainbow Warrior*, um die Aktivitäten eines peruanischen Walfangschiffes zu behindern. Aktivisten kletterten an Bord der *Victoria 7* und ketteten sich an die Harpunenkanone. Dort verharrten sie, bis sie peruanische Marinesoldaten am Folgetag aus ihren Ketten schnitten und verhafteten. Die *Rainbow Warrior* wurde erneut beschlagnahmt und den Aktivisten drohten Anzeigen wegen Piraterie. Massive Proteste der peruanischen Bevölkerung bewegten die Regierung jedoch dazu, die Greenpeace-Mitarbeiter auf freien Fuß zu setzen und die *Rainbow Warrior* wenige Tage später wieder freizugeben.

Zum Auftakt einer Kampagne gegen französische Atombombentests brach die *Rainbow Warrior* Anfang 1985 zum Pazifik auf. Im Mai half sie dreihundert Bewohnern der Marshallinseln, deren Heimat aufgrund früherer Atomversuche der Vereinigten Staaten eine gefährlich hohe Radioaktivität aufwies, bei der Umsiedlung. Anschließend fuhr sie nach Neuseeland, um die Auswirkungen von Atomtests zu überwachen, die auf dem Moruroa-Atoll in Französisch-Polynesien geplant waren. Die Aktivisten beabsichtigten, die Sperre der französischen Streitkräfte zu durchbrechen, um die Explosionen aus nächster Nähe zu beobachten. Was die Besatzung der *Rainbow Warrior* nicht wusste: Ein französischer Spion hatte sich als Freiwilliger ausgegeben, um Zugang zum Greenpeace-Büro in Auckland zu erhalten, und war an detaillierte Informationen über die Anti-Atom-Pläne der Organisation gelangt.

In der Nacht des 10. Juli schwammen französische Taucher im dunklen Gewässer des Hafens von Auckland zur *Rainbow Warrior* und befestigten zwei Haftminen an ihrem Rumpf. Kurz vor Mitternacht explodierte die erste Mine, riss ein Loch in den Rumpf und demolierte das Schiff. Die Besatzung blieb unverletzt und begann, die *Rainbow Warrior* zu evakuieren. Ein Crewmitglied, der Fotograf Fernando Pereira, eilte jedoch noch einmal unter Deck, um seine Kamera zu holen. Die zweite Mine detonierte zehn Minuten nach der ersten, versenkte das Schiff und Pereira ertrank. Die Mission der Franzosen lief unter dem Codenamen »Opération Satanique«.

Frankreich leugnete zunächst jegliche Verantwortung für den Anschlag und gab Terroristen die Schuld. Zwei französische Geheimagenten wurden jedoch festgenommen und die Wahrheit kam schon bald ans Licht. Im November 1985 bekannten sie sich des Totschlags und wurden zu einer Gefängnisstrafe von zehn Jahren verurteilt. Die französische Regierung legte die geplanten Atomtests auf Eis und zahlte Greenpeace letztendlich eine Entschädigung von 8,16 Millionen US-Dollar.

Im Jahr 1986 trat das lang erkämpfte Moratorium für den kommerziellen Walfang in Kraft. Heute kämpft die Umweltschutzorganisation vor allem gegen die Waljagd zu Forschungszwecken, wie sie nach wie vor von Norwegen, Island und Japan betrieben wird.

# UNGLÜCK IM OUTBACK
## Burke und Wills in Australien

*»Nur das größte Glück kann uns jetzt noch retten, und was*
*mich betrifft, so werde ich vielleicht noch vier oder fünf Tage leben,*
*wenn das Wetter warm bleibt. Mein Puls liegt bei achtundvierzig*
*und ist sehr schwach, und meine Arme und Beine sind fast nur noch*
*Haut und Knochen. Wie Mr. Micawber [eine Figur in Charles Dickens'*
*David Copperfield] kann ich nur darauf warten, dass ›sich etwas*
*ergibt‹, aber der Hungertod [...] ist keineswegs unangenehm,*
*abgesehen von der Schwäche, die man fühlt, und der*
*völligen Unfähigkeit, sich zu bewegen.«*

AUSZUG AUS DEM TAGEBUCH
VON WILLIAM WILLS, 26. JUNI 1861

Robert O'Hara Burke und William John Wills durchquerten Australien von
Süden nach Norden. Es war eine erstaunliche Leistung. Zu Fuß und unter
lebensgefährlichen Bedingungen wanderten die beiden Männer und ihre
Begleiter 3250 Kilometer durch karges, ödes Land und trotzten allen
erdenklichen Widrigkeiten. Sie kämpften sich durch die staubigen Wüsten
von Australiens unwirtlicher Mitte und durch den zähen Schlamm der tropischen Mangrovensümpfe im hohen Norden des Kontinents, um anschließend dieselbe Strecke zurückzugehen. Dabei überstanden sie Monsun-
bedingungen, sengende Hitze und bittere Kälte. Es war eine Leistung, die

auf reinem, unbeugsamen Willen beruhte, und die beiden Abenteurer gingen als Legenden in die australische Geschichte ein.

Die Geschichte der Expedition von Burke und Wills erzählt jedoch auch von Hunger, Inkompetenz und elendem Sterben. Burkes Führungsstil war durch schlechtes Urteilsvermögen und eine Reihe von Fehlentscheidungen gekennzeichnet, die schließlich zu seinem Tod in der australischen Wildnis führten.

Die beiden Entdecker brachen zu ihrer verhängnisvollen Reise auf, um eine Frage zu beantworten, die die europäischen Siedler bereits seit ihrer Ankunft in Australien beschäftigt hatte: Was lag jenseits der Eroberungsgrenze? Das australische Hinterland war ein riesiges, unbekanntes Terrain. Nicht viele Siedler wagten sich über die Küstenregionen des Kontinents hinaus und wer sich doch landeinwärts traute, der fand dort nur wenig Anreiz, um in die endlose, versengte Weite des unentdeckten Landes vorzudringen.

Im Jahr 1860 finanzierte die Royal Society of Victoria eine Expedition in das große Unbekannte. Ein Erkundungstrupp wurde zusammengestellt, um von Melbourne aus in nördliche Richtung durch das Outback bis zum Golf von Carpentaria zu wandern – eine Reise von etwa 3250 Kilometern. Die Zeit drängte, denn in Adelaide plante der schottische Entdecker McDouall Stuart ebenfalls eine Durchquerung Australiens von Süden nach Norden.

Die Gesellschaft entschied macht Burke zum Expeditionsleiter – eine unorthodoxe Wahl. Burke, ein irischer Einwanderer, war Polizist und ein ehemaliger Soldat, der nur über wenig Erfahrung mit der Erkundung neuer Gebiete und kaum über Überlebensfähigkeiten in der Wildnis verfügte. Auch die chaotische Planung des Unterfangens vonseiten der Royal Society of Victoria war wenig hilfreich. Die Route von Cooper Creek – dem letzten Zwischenstopp, bevor es ins Hinterland ging – bis zum Golf von Carpentaria wurde lediglich einen Monat vor Expeditionsbeginn festgelegt. Über die Ziele der Mission einigte man sich erst, nachdem Burke und seine Gruppe Melbourne bereits verlassen hatten. Ein Bote wurde entsandt, um Burke auf dem Weg einzuholen und ihm die relevanten Anweisungen zu übergeben.

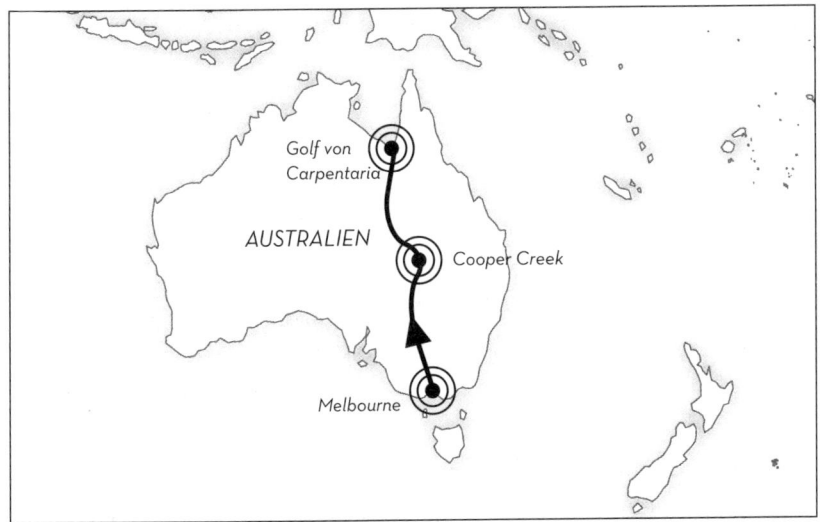

Trotz der rudimentären Planung der Expedition und der unzureichen-
den Kontrolle durch die Organisatoren fehlte es nicht an finanzieller Unterstützung. Die schätzungsweise 15 000 Menschen, die am 20. August 1860
die Straßen Melbournes säumten, um der Victorian Exploring Expedition
zum Abschied zuzujubeln, wurden Zeugen eines großzügig finanzierten
Unternehmens: Ein Kontingent aus 19 Männern, 26 Kamelen, 23 Pferden
und sechs Wagen, die genügend Proviant für zwei Jahre geladen hatten,
machte sich an diesem Tag auf den Weg.

Pech und fragwürdige Entscheidungen beeinträchtigten die Expedition
von Anfang an. Schon auf dem ersten Abschnitt – dem »einfachsten« der
ganzen Reise – kamen die Männer nur quälend langsam voran. Den Vor-
schlag, schwere Ausrüstung bis zum nächsten Zwischenstopp am Murray-
Darling River vorauszuschicken, lehnte Burke ab, da das Angebot von
Captain Francis Cadell stammte. Dieser gehörte der Royal Society of Victoria an und hatte gegen Burkes Ernennung zum Expeditionsleiter gestimmt.
So brach einer der Wagen bereits zusammen, noch bevor die Expedition
Melbourne verlassen hatte.

Für die 756 Kilometer bis nach Menindee am Darling River brauchte die
Gruppe fast zwei Monate. Zum Vergleich: Die regelmäßig verkehrende
Postkutsche legte dieselbe Strecke in gut einer Woche zurück. In Menindee

kam es zu einem weiteren Rückschlag, als George Landells – Kameltreiber und stellvertretender Expeditionsleiter – nach einem Streit mit Burke die Gruppe verließ. Er wurde durch William Wills ersetzt, einen Landvermesser mit ein paar Fähigkeiten und Kenntnissen, die für das Überleben im Busch von Nutzen waren. William Wright, ein Mann aus Menindee, wurde zum dritten Offizier ernannt – eine schlechte Wahl, wie sich später herausstellen sollte.

Beunruhigt über den langsamen Fortschritt der Expedition fällte Burke eine Reihe verhängnisvoller Entscheidungen. Er begleitete die Vorhut nach Cooper Creek und wartete dort auf die Ankunft der Hauptgruppe unter der Führung von William Wright. Die Warterei erhöhte jedoch Burkes Ungeduld und als sie fünf Woche ausgeharrt hatten, nahm er eine radikale Planänderung vor. Ein kleiner, sorgfältig zusammengestellter Trupp würde die Gruppe verlassen und zum Golf von Carpentaria aufbrechen. Die Männer würden Proviant für drei Monate, sechs Kamele und ein Pferd mitnehmen. Die restliche Vorhut würde in Cooper Creek warten, wo Wright mit den übrigen Vorräten zu ihnen aufschließen sollte.

Unter der Leitung von William Brahe ließ Burke seine Männer in Cooper Creek zurück. Er wies sie an, drei Monate zu warten und erst nach Menindee zurückzugehen, wenn Burke und seine Begleiter bis dahin nicht zurückgekehrt sein sollten. Burke rechnete damit, dass in der Zeit, die seine Gruppe für die Durchquerung Australiens und den Rückweg benötigte, William Wright mit vollen Taschen in Cooper Creek eingetroffen sein würde.

Es handelte sich um ein leichtsinniges Wagnis, das aus Frustration geboren, schlecht durchdacht und stümperhaft durchgeführt war. Burke, Wills und zwei weitere Männer – Charles Gray und John King – brachen am 16. Dezember 1860 in der größten Sommerhitze in Cooper Creek auf. Auf dem Weg nach Norden war den Entdeckern das Glück zum ersten – und vielleicht einzigen – Mal noch hold. Schwere Regenfälle hatten in der Sturtsteinwüste einen reichen Wasservorrat hinterlassen, sodass den Männern die zeitraubende Suche erspart blieb. Je näher sie ihrem Ziel kamen, desto mehr sollte sie jedoch das Glück verlassen. Gray, King und die Kamele kämpften sich durch die Hügellandschaft des australischen

Nordens. Wenige Kilometer vor ihrem Ziel fassten Burke und Wills den Entschluss, sich von ihren Begleitern zu trennen und den Endspurt bis zur Küste allein zurückzulegen. Salzwiesen und dichte Mangrovensümpfe versperrten ihnen den Weg zum Golf von Carpentaria, und die Tatsache, dass ihre Vorräte zur Neige gingen, zwang die beiden schließlich zur Umkehr. Bevor sie den Rückweg antraten, beobachteten sie, dass der Sumpf den Gezeiten unterlag – ein sicheres Zeichen dafür, dass sie die Nordküste erreicht hatten.

Auf dem zermürbende Rückmarsch sollte sich herausstellen, dass Burkes Plan von einer dreimonatigen Reise hoffnungslos optimistisch gewesen war. Schon allein bis zur Küste hatten sie knapp acht Wochen gebraucht. Es war ein gnadenloser Wettlauf gegen die Zeit, wenn sie nach Cooper Creek zurückkehren wollten, bevor die Gruppe um Brahe ihr Lager verlassen und den Rückweg nach Süden antreten würde. Stürmisches Wetter, die erbarmungslose Wüstenhitze und schwindende Vorräte erschwerten ihnen das Vorankommen und Hunger zwang die Männer dazu, ihre Tiere zu schlachten. Charles Gray, der an der Ruhr erkrankt war, wurde erwischt, als er Mehl aus den Vorräten stahl, und daraufhin von Burke verprügelt. Grays Gesundheitszustand verschlechterte sich und er starb am 17. April 1861. Burke, Wills und King verbrachten mehrere anstrengende Stunden damit, ihrem Kameraden ein Grab zu schaufeln, bevor sie weiterzogen.

Vier Tage später erreichten die drei überlebenden Männer mit zwei verwahrlosten Kamelen Cooper Creek, wo sie eine böse Überraschung erwartete. Brahe war einen Monat länger im Camp geblieben, weil er gehofft hatte, dass die Gruppe um Burke doch noch zurückkehren würde, aber schließlich wenige Stunden vor Ankunft der Männer nach Menindee abgereist. Die Glut des Lagerfeuers war noch warm. William Wright aber war es in der gesamten Zeit, die Burke und Wills für die Durchquerung des Kontinents benötigt hatten, nicht gelungen, seinen Unterstützungstrupp und den Großteil des Proviants die 645 Kilometer von Menindee nach Cooper Creek zu bringen. Brahe hatte so lange wie möglich ausgeharrt. Seine Lebensmittelvorräte gingen jedoch zur Neige und einige seiner Männer litten an Skorbut. (Vier Expeditionsmitglieder starben an der Krankheit. Den lebensrettenden Limettensaft hatte man weggeworfen, um Gewicht zu sparen.) Brahe vergrub eine Kiste mit Lebensmitteln unter einem Baum, ritzte zum Zeichen in die Rinde und machte sich mit seinen Männern und dem Rest der Vorräte auf den Weg in Richtung Süden.

Burke, Wills und King standen nun vor einer schwierigen Entscheidung. Brahes Proviant versorgte sie zwar einigermaßen mit Nahrung, würde aber nicht für die 645 Kilometer lange Rückreise nach Menindee ausreichen. Die nächste Siedlung lag 240 Kilometer entfernt in südwestlicher Richtung bei Mount Hopeless. Sollten sie Brahe nach Süden folgen oder die kürzere, aber unerschlossene Route nach Mount Hopeless nehmen? Wills und King schlugen vor, Brahe nachzugehen, aber Burke entschied sich für Mount Hopeless. Er traf damit, ohne dass er es ahnen konnte, eine weitere Fehlentscheidung.

Auf dem Weg nach Menindee vollzog William Brahe einen Sinneswandel. Nachdem er auf William Wrights Gruppe gestoßen war, beschloss er, nach Cooper Creek zurückzugehen und nach Burkes Truppe Ausschau zu halten. Fünfzehn Tage nachdem er das Camp verlassen hatte, traf er erneut dort ein und fand es genauso vor, wie er es zurückgelassen hatte. Nichts deutete darauf hin, dass Burke, Wills und King zurückgekehrt und zum Mount Hopeless aufgebrochen waren. Zwar hatte Burke eine Notiz hinterlassen, in der er seine Entscheidung erläuterte, und diese unter demselben Baum vergraben, unter dem Brahe die Lebensmittel versteckt hatte. Allerdings hatte er den Baum nicht markiert, um anzuzeigen, dass er dort gewesen war, und Brahe kam nicht auf den Gedanken, nach der Kiste mit dem Vorräten zu sehen.

Burke, Wills und King schleppten sich indessen weiter dahin. Sie befanden sich in einem erbärmlichen Zustand: Ihre Kleidung hing in Fetzen, sie tranken brackiges Bachwasser und aßen kaum genug, um nicht zu verhungern. Die Aborigines, die nahe Cooper Creek lebte, erbarmten sich der sterbenden Männer und gaben ihnen Fisch und Brot aus Samen. Ihr Wohlwollen nahm jedoch ein abruptes Ende, als Burke bei einer Auseinandersetzung seine Pistole in ihre Richtung abfeuerte. Und so verschwanden die letzten Menschen, die der geschwächten Gruppe hätten das Leben retten können, im Outback.

Auf ihrem aussichtslosen Fußmarsch zum Mount Hopeless kamen die drei Männer nur schwer voran. Als ihnen klar wurde, dass sie die 240 Kilometer lange Wanderung unmöglich schaffen würden, kehrten sie um in Richtung Cooper Creek. Wills starb als erster. In seinem letzten Brief schrieb er:»Es ist uns nicht gelungen, den Bach [Cooper Creek] zu verlassen. Beide Kamele sind tot und unser Proviant ist aufgebraucht [...]. Wir versuchen, so gut wie möglich zu leben [...], was aber sehr schwer ist. Unsere Kleider zerfallen zusehends. Schicken Sie so schnell wie möglich Vorräte und Kleidung. W. J. Wills.«

Burke und King setzten ihre Wanderung fort, aber bereits ein paar Tage später war der Expeditionsleiter zu schwach, um weiterzulaufen. Mit King an seiner Seite starb er an einen Baum gelehnt, die Pistole in der Hand.

King überlebte. Er wurde am 15. September 1861 von einem Rettungstrupp gefunden – fast fünf Monate nach seiner Rückkehr in das Lager von Cooper Creek. Die Aborigines, die Burke verscheucht hatte, waren zurückgekehrt und hatten ihm dabei geholfen, in der Wildnis zu überleben. Burke und Wills' sterbliche Überreste wurden geborgen und nach Melbourne gebracht, wo man die beiden Pioniere mit einem Staatsbegräbnis ehrte. Sie hatten das Hauptziel der Expedition erreicht und als erste Menschen das ausgedehnte Hinterland Australiens durchquert.

*»Es ist in unserer Lage zumindest ein großer Trost zu wissen, dass wir alles getan haben, was wir konnten, und dass unser Tod vielmehr das Ergebnis einer schlechten Führung anderer sein wird als das Resultat eigener unüberlegter Handlungen. Wären wir anderswo in Not geraten, hätten wir nur uns selbst dafür verantwortlich machen können. Doch wir sind nun hier, zurück in Cooper Creek, wo wir allen Grund hatten, nach Proviant und Kleidung zu suchen, und trotzdem den Hungertod sterben müssen, obwohl Mr. Burke klare Anweisungen hinterlassen hatte, dass der Versorgungstrupp auf unsere Rückkehr warten sollte [...].«*

AUSZUG AUS DEM TAGEBUCH
VON WILLIAM WILLS, 21. JUNI 1861

# REISE IN DEN ORIENT

## Marco Polo und das sagenumwobene Xanadu

*»Erklimmt man einen Berg nach dem anderen, gelangt man schließlich an einen Punkt, an welchem man die umliegenden Gipfel für die höchstgelegenen Länder der Welt halten könnte. Die Berge sind so hoch, dass in der Nähe ihrer Gipfel keine Vögel zu sehen sind.«*

MARCO POLOS BESCHREIBUNG SEINER ÜBERQUERUNG
DES PAMIR AUF DEM WEG NACH CHINA

Marco Polo war nicht der erste Abendländer, der nach China aufbrach. Als erster bekannter Reisender gilt der Syrier Alopen, ein christlich-nestoriani-scher Missionar, dessen Besuch in der Hauptstadt der Tang-Dynastie, Chang-an (heute Xi'an), im Jahr 635 auf einem kunstvoll gehauenen Stein dokumentiert wurde. Marco Polo war jedoch der erste Europäer, der (zwischen 1271 und 1295) nach China ging, das Land intensiv bereiste und von dort aus weitere Orte ansteuerte. Er war zudem der Erste, der seine Eindrücke auf Papier festhielt.

Marco Polo wurde um 1254 mit ziemlicher Sicherheit als Sohn einer Kaufmannsfamilie in Venedig geboren. Er wuchs in einer Zeit auf, in Óder die Lagunenstadt das wichtigste europäische Handelszentrum für den Warenverkehr mit dem Nahen Osten und darüber hinaus war. Nir-

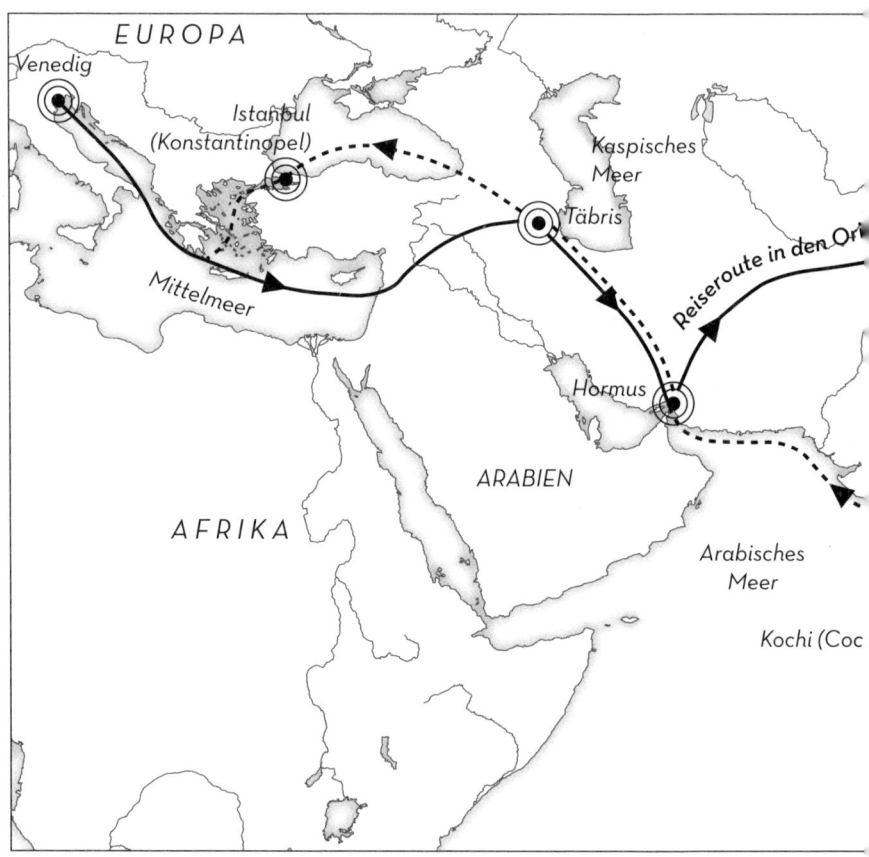

gendwo sonst ließen sich exotische Seide, duftende Gewürze und viele
weitere Produkte besser einkaufen als hier. Sechs Jahre nach Marcos
Geburt brachen sein Vater Niccolò und sein Onkel Maffeo zu einer Han-
delsmission auf, die sie zunächst an den westlichen Rand des Mongolischen Reiches und anschließend bis zur Wolga führte. Von dort aus reisten
sie weiter nach Buchara (heute in Usbekistan), wo sie zwischen die Fronten
eines Bürgerkriegs gerieten und sich einer Gruppe von Händlern anschlossen, die nach China unterwegs war – und so fliehen konnten. So kam es,
dass sie sich unbeabsichtigt in Dadu (heute Peking) wiederfanden. Die
Stadt war gerade erst von Kublai Khan, dem Enkel Dschingis Khans,
gegründet worden. Von hier aus regierte der Herrscher das kürzlich
eroberte China.

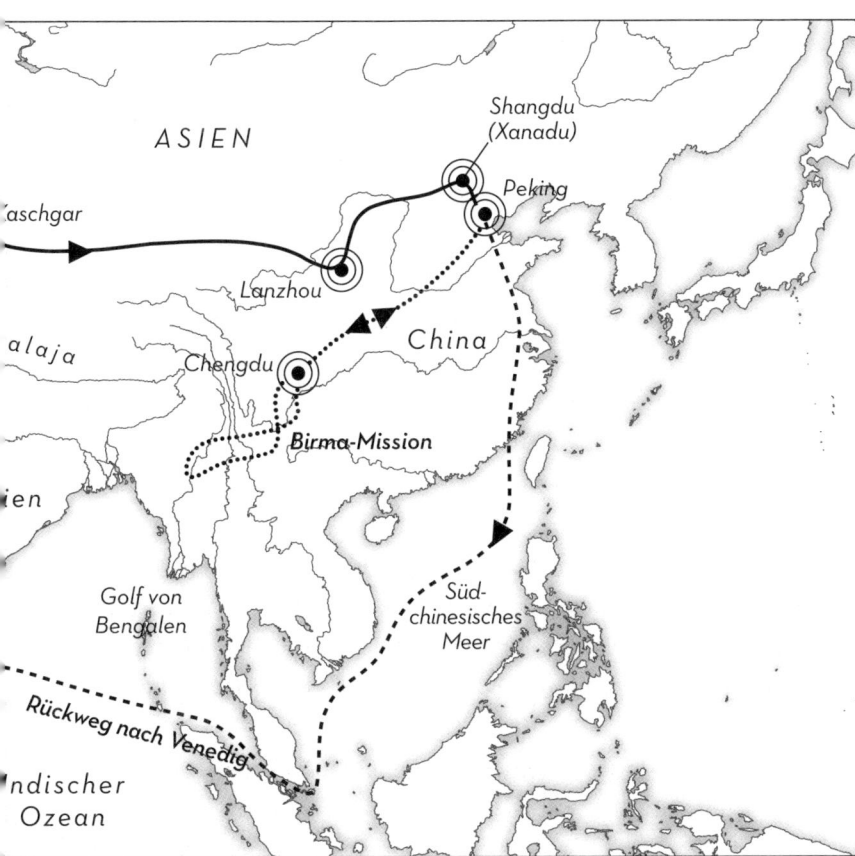

Nach einem Jahr in Dadu schickte Kublai Khan die zwei Venezianer als seine Botschafter zurück nach Europa, genauer zum Papst, dem sie einen Brief übergeben sollten. Darin bat Khan um hundert Männer »christlichen Glaubens [...], ausgebildet in den sieben Künsten und befähigt zu zeigen, dass Götzen Teufelszeug sind« sowie um heiliges Öl aus der Grabeskirche in Jerusalem.

Kublai Khan verfügte über ein weitreichendes Unterstützungssystem aus Pferden, Unterkünften und Führern, das die Venezianer nutzen durften und das ihnen ihre dreijährige Rückreise erheblich erleichterte. Sie waren so weit in den Osten vorgedrungen wie keine anderen Europäer vor ihnen.

Zwei Jahre später kehrten sie nach China zurück und diesmal war auch Niccolòs siebzehnjähriger Sohn Marco mit von der Partie. Im Jahr 1271 brachen sie von Venedig in Richtung Akkon auf und reisten von dort aus weiter bis nach Laiazzo (heute Yumurtalık in der Türkei, nahe der syrischen Grenze) an der Mittelmeerküste. Die Stadt war zu jener Zeit einer der wichtigsten Handelsposten am westlichen Ende der Seidenstraße. Die Venezianer trugen einen Brief von Papst Gregor X. und das heilige Öl aus Jerusalem bei sich, wurden aber nur von´ zwei Dominikanermönche begleitet, die schon bald Gründe fanden, umzukehren.

Ihr erstes Ziel war Hormus am Persischen Golf, von wo aus sie zunächst per Schiff weiterzufahren beabsichtigten. Um nach Hormus zu gelangen, reisten sie nach Layas und passierten den Ararat, die vermeintliche Ruhestätte der Arche Noah. Marco Polo schrieb: »Der Aufstieg ist nur schwer zu bewältigen, denn auf dem Gipfel liegt Schnee, der nie schmilzt, sondern mit jedem Fall weiter zunimmt.«

Er hörte Berichte über eine Ölquelle nahe Baku und darüber, wie beliebt das Öl für die Verwendung in Lampen sei (»Menschen kommen von weit her, um es sich zu beschaffen«). Die Gruppe reiste weiter Richtung Süden, durch Mossul und Bagdad, »die nobelste und weitläufigste Stadt in diesem Teil der Welt«.

Sie erreichten Hormus, fanden dort jedoch Schiffe »der schlimmsten Sorte« vor, die »die Überfahrt gefährden würden« und reisten deshalb erneut landeinwärts. Zuvor hatten sie noch etwas Handel betrieben, denn in Hormus kamen viele Waren aus Indien an (»Gewürze, Medizin, Edelsteine, Perlen, goldene Stoffe, Elefantenzähne«). Ihre Route führte sie durch mehrere Wüsten. Bei einer solchen Durchquerung notierte Marco Polo: »In den ersten drei Tagen ist nur wenig Wasser zu finden und das wenige ist mit Salz gesättigt und so grün wie Gras. Es ruft eine solche Übelkeit hervor, dass es niemand trinken kann.« Schließlich kamen sie nach Balch, im Norden Afghanistans, wo sie über ein Jahr blieben und sich von ihrer strapaziösen Reise erholten.

Nun begann der anstrengendste und einsamste Abschnitt ihrer Odyssee: die Überquerung des Pamir. Nach fast zwei Monaten erreichten sie die große Oasenstadt Kaschgar am westlichen Ende der Takla Makan, wo Marco Polo die Einheimischen missfielen. Er schrieb über sie: »In Wirklichkeit sind sie eine lüsterne, verkommene Rasse, die schlecht isst und noch schlechter trinkt.« Die Familie Polo setzte ihre Reise auf der viel bereisten Seidenstraße am südlichen Rand der Takla Makan fort, die sie schließlich um die Wüste Gobi herum führte.

Ihr Ziel war Shangdu, Kublai Khans Sommerpalast, der heute in der Inneren Mongolei liegt und dank Samuel Taylor Coleridges Gedicht *Kubla Khan* weltweit als Xanadu bekannt wurde. Vierzig Tage vor ihrer Ankunft in Shangdu wurden die Venezianer von Soldaten in Empfang genommen und feierlich zum Großkhan geführt. Bei ihrem ersten Treffen fielen sie vor dem Herrscher auf die Knie. Er war enttäuscht darüber, dass sie nicht mit hundert Christen zurückgekehrt waren, aber sehr erfreut über die Anwesenheit Marcos. Schon bald arbeiteten alle drei Mitglieder der Familie Polo für die Regierung Kublai Khans. Marco unternahm viele Reisen im neuen Kaiserreich und besuchte sogar Birma (Myanmar) und Vietnam. Seine Reiseerlebnisse schilderte er später dem Kaiser.

Im Jahr 1291 war Kublai Khan bereits über achtzig Jahre alt und die Polos machten sich Sorgen um ihren Status nach seinem Tod. Sie überzeugten ihn, sie an einer Marineexpedition teilnehmen zu lassen, bei der eine chinesische Prinzessin als neue Frau für Arghun – den verwitweten Großneffen des Khan und mongolischen Herrscher Persiens – nach Hormus gebracht werden sollte. Sie segelten mit einer Flotte von Viermastern und legten Zwischenstopps in Vietnam und auf Sumatra ein, wo sie wegen ungünstiger Winde fünf Monate bleiben mussten. Von Sumatra ging die Reise weiter nach Ceylon (Sri Lanka) und anschließend die indische Küste hinauf bis nach Hormus, das sie 1293 erreichten. Arghun war inzwischen gestorben (und die Prinzessin heiratete seinen Sohn) und als sie 1295 über Trapezunt und Konstantinopel in Venedig ankamen, hatte auch Kublai Khan das Zeitliche gesegnet.

Drei Jahre nach seiner Rückkehr wurde Marco Polo in einer Seeschlacht mit den Genuesen gefangengenommen und inhaftiert. Seine Zelle teilte er sich mit Rustichello da Pisa, einem Verfasser von Ritterromanen und Experten auf dem Gebiet der Ritterlichkeit. Marco diktierte ihm seine Abenteuer und da Pisa schrieb sie auf Franco-Italienisch nieder. Das daraus resultierende Buch ist unter dem Titel *Livre des Merveilles du Monde* bekannt – auf Deutsch als *Die Wunder der Welt* und auf Italienisch als *Il Milione* –, ein Beweis für Marco Polos Hang zur Übertreibung.

Das Werk war außergewöhnlich, denn es stellte den ersten detaillierten Bericht über ein Land dar, das sich ganz grundlegend von Europa unterschied. Marco Polo hat dabei vielleicht in einigen Punkten übertrieben. Viele der von ihm beschriebenen Orte und Sitten waren den Lesern so fremd, dass seine Erzählungen gelegentlich für nichts als Fantastereien gehalten wurden. Sicher verwundert, dass er weder die Chinesische Mauer noch den Brauch des Teetrinkens noch chinesische Kalligraphie erwähnt. Auch die Kompasse, die er und seine Kameraden zweifellos auf ihrer Rückreise benutzten, kommen in seinen Reisegeschichten nicht vor. Andererseits bemerkte er an seinem Lebensende im Jahr 1324, dass er noch nicht einmal »die Hälfte von dem, was ich gesehen habe«, erzählt hatte. Seine detaillierten Schilderungen von Handel und Transport sowie seine Begeisterung für die kaiserlichen Bauwerke und das Leben in China unterstreichen ohnehin seine vorrangigen Interessen. Zudem beschreibt er den Gebrauch von Papiergeld, die Fertigung von Porzellan, die Verbrennung von Kohle und die Asbestherstellung – alles bis dahin im Westen unbekannte Praktiken.

Marco Polo starb 1324 und wurde an einer nicht gekennzeichneten Stelle vor der Kirche San Lorenzo in Venedig begraben.

# ALLEIN IN AFRIKA

## Mary Kingsley: Reisen in das Herz eines unerforschten Kontinents

>*Die dichten dunklen Wälder Afrikas sind wie eine große Bibliothek,*
*in der ich bis jetzt nur die Bilder betrachten kann, obschon ich*
*fleißig das Alphabet ihrer Sprache lerne, damit ich eines Tages*
*lesen kann, was diese Bilder bedeuten.*«

MARY KINGSLEY

Mary Kingsley brach im Alter von dreißig Jahren zu ihrer ersten Expedition auf. Nur sieben Jahre später starb sie in einem südafrikanischen Krankenhaus an Typhus. Doch die Reisen, die sie in dieser Zeit unternahm, waren bahnbrechend.

Kingsley betrat in vielerlei Hinsicht Neuland: So nahm sie etwa Kontakt zu Einheimischen auf, die bei Außenstehenden als feindselig galten, und entdeckte Tier- und Pflanzenarten, die der europäischen Wissenschaft bis dato gänzlich unbekannt waren.

Ihre Leistungen brachten ihr den Ruf einer Entdeckerin ein; die Tatsache, dass sie als Frau allein unterwegs war, machte sie einzigartig.

Mary Henrietta Kingsley wurde 1862 in eine literarische Familie geboren. Ihre Onkel Charles und Henry Kingsley waren Romanautoren (Charles schrieb den beliebten Fantasyroman *Die Wasserkinder*) und ihr Vater

George war ein begeisterter Schriftsteller und unersättlicher Büchersammler. Im Haus der Familie im Norden Londons gab es eine stattliche Bibliothek. George Kingsley war Arzt und litt unheilbar an Fernweh. Als Mediziner reiste er auf verschiedenen Überseetouren rund um den Globus und schrieb über seine Erlebnisse in Australien, Neuseeland und den Inseln des Südpazifiks.

Marys Mutter war einst als Bedienstete im Haus der Kingsleys tätig gewesen, bevor sie Marys Vater vier Tage vor der Niederkunft heiratete. Später kam noch ein Sohn hinzu. Marys Mutter litt zeitlebens an verschiedenen Krankheiten und Mary übernahm als einzige Tochter den Großteil der Haushaltspflichten. Sie wurde zu Hause unterrichtet und profitierte von dem vielen Lesestoff, der ihr dort zur Verfügung stand. Als ihr Vater ebenfalls erkrankte, pflegte die pflichtbewusste Mary beide Elternteile. Doch sie wollte mehr und sehnte sich nach der weiten Welt, von der ihr ihr reiselustiger Vater erzählt hatte. Kingsleys Eltern starben 1892 innerhalb weniger Wochen und Mary wurde aus ihrer familiären Verantwortung entlassen. Mit ihrem beträchtlichen Erbe finanzierte sie ihren Entdeckerdrang.

Kingsley zog mehrere Reiseziele in Betracht, bevor sie sich für die Westküste Afrikas entschied. Mit großer Sorgfalt bereitete sich auf ihr bevorstehendes Abenteuer vor. Sie bestellte maßgefertigte Behälter für all die interessanten Pflanzen- und Tierarten, die sie beabsichtigte zu sammeln. Zudem lernte sie das Navigieren und begann, mit britischen Siedlern an der westafrikanischen Küste zu korrespondieren, darunter Missionare, Kaufleute, Regierungsbeamte und Militärgeistliche. Die Briefe vermittelten ihr einen Eindruck von den Landschaften, die sie bereisen, und den Menschen, denen sie begegnen würde. Vor allem erfuhr sie dadurch auch von den Waren der Einheimischen, die möglicherweise für Tauschgeschäfte in Frage kämen.

Im August 1893 kam Mary Kingsley an der Küste des heutigen Sierra Leone an. Sie reiste entlang der Küste bis in das weiter südlich gelegene Angola und kehrte anschließend nach England zurück.

Die Expedition war ziemlich erfolgreich. Kingsley hatte für das British Museum etliche bis dahin unbekannte Arten tropischer Insekten und Fische gesammelt, kleine Schmuckstücke mit indigenen Völkern getauscht, die zuvor nur wenig Kontakt mit Europäern gehabt hatten, und die Entbehrungen hingenommen, die das Reisen in Afrika mit sich brachte. Bei all ihren Abenteuern trug sie Kleider, die sich zu jener Zeit für eine unverheiratete Engländerin Anfang dreißig ziemten. Die konservative Kingsley dachte gar nicht daran, ihren Kleidungsstil den Gegebenheiten anzupassen und etwa ihren voluminösen Rock gegen Männerhosen einzutauschen oder ihr Korsett abzulegen. Eine Lady hatte, so ihre Meinung, »kein Recht dazu, in Afrika in Sachen herumzulaufen, für die sie sich in ihrer Heimat schämen würde.«

Für Kingsley war das nicht nur eine Frage viktorianischen Anstands. Sie war der Ansicht, dass die Menschen, auf die sie in Afrika traf, die gleiche sorgfältige Aufmachung verdienten wie die Menschen, denen sie in London begegnete.

Erste Berichte über eine allein reisende Frau in dem damals als »Schwarzer Kontinent« bezeichneten Afrika verschafften Mary Kingsley einen gewissen Bekanntheitsgrad, doch sie hatte nur wenig Interesse daran, sich in Großbritannien feiern zu lassen. Stattdessen schmiedete sie bereits Pläne für eine zweite, ehrgeizigere Expedition.

Diesmal würde sie auf der Suche nach der indigenen Bevölkerung Westafrikas weiter ins Binnenland vordringen. Besonders fasziniert war sie von einer mysteriösen Volksgruppe, die angeblich im Regenwald des damaligen Französisch-Kongo lebte: den Fang. Bisher hatten nur wenige Europäer Kontakt mit den Fang gehabt und während Kingsleys erster Westafrikareise waren ihr in den kolonialen Vorposten Geschichten über kriegerische Einheimische zu Ohren gekommen, die kannibalische Gelage veranstalteten. Die Entdeckerin nahm sich vor, bei ihrer Rückkehr nach Afrika mehr über die Völker der Region und insbesondere die Fang in Erfahrung zu bringen.

Kingsley verließ Liverpool im Dezember 1894 und kam Anfang 1895 im heutigen Gabun an. Sie heuerte eine Handvoll einheimische Führer an und stürzte sich geradewegs in den Dschungel. Die Expedition fuhr auf dem Fluss Ogooué stromaufwärts in unbekannte Gefilde. Kingsley vertrat die Ansicht, dass ein Missionar oder Kartograf von der Urbevölkerung als bedrohlich wahrgenommen werden könne, wohingegen es einem Händler, der interessante Ware mitbrachte, gelingen müsse, in Frieden durch das

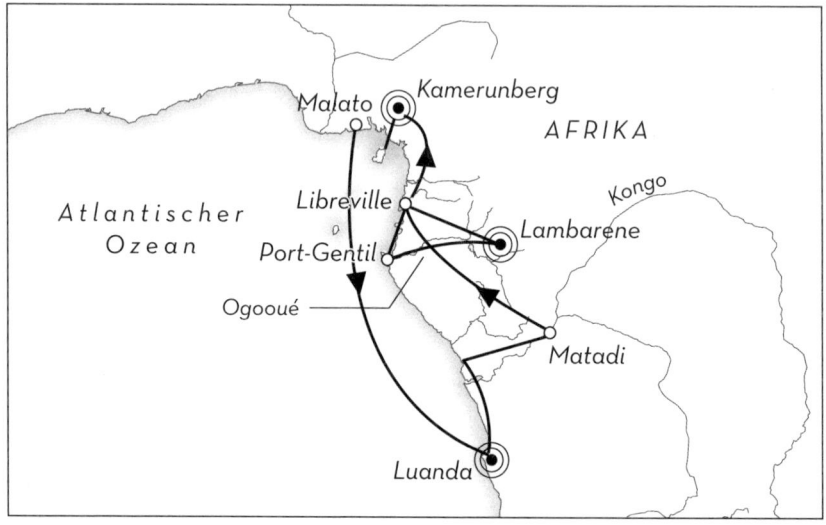

Land zu reisen. Es war eine Theorie, für die sie ihr Leben aufs Spiel setzte. Die Expedition kämpfte sich gegen die Strömung des Flusses nach Osten vor. Einmal wurde Kingsley in ihrem Kanu von einem Krokodil angegriffen – mit einem Paddelhieb auf die Schnauze jagte das Tier in die Flucht. Ein anderes Mal versteckte sie sich während eines Gewitters hinter einem Felsen. Als ein Blitz die Gegend erhellte, sah Kingsley, dass in weniger als einem Meter Entfernung ein ausgewachsener Leopard ebenso hinter dem Gestein Zuflucht gesucht hatte.

Ihre erste Begegnung mit den Fang fand am Ufer eines Nebenflusses des Ogooué statt und wandte sich für Kingsley dank eines großen Glücksfalls in letzter Minute zum Guten: Eine Schar waffenschwingender Fang stürmte auf das Kanu der Entdeckerin zu, blieb jedoch abrupt stehen, als einer von ihnen einen Mann in Kingsleys Gruppe erkannte, mit dem er vorher schon einmal Tauschgeschäfte gemacht hatte. Sie wurden einander vorgestellt und Kingsley durfte bleiben.

Die Fang straften das Urteil über ihre angebliche Feindseligkeit Lügen und erwiesen sich stattdessen als reizende Gesellschaft. Kingsley wurde eingeladen, in der Hütte eines Dorfhäuptlings zu übernachten, konnte aber wegen eines penetranten Aromas, das zwei an der Decke hängende Säcke verströmten, nicht schlafen.

»Ich wachte auf und bemerkte diesen üblen Geruch in der Hütte [...], der eindeutig organischen Ursprungs war«, schrieb sie. »[...] ich ging der Sache nach und verfolgte den Gestank bis zu diesen Säcken. Also nahm ich den größeren ab und merkte mir genau, auf welche Weise er verschnürt gewesen war, denn solche Dinge sind wichtig und oft von großer Bedeutung. Dann schüttete ich den Inhalt auf meinen Hut, da ich nichts Wertvolles verlieren wollte. Heraus fielen eine Menschenhand, drei große Zehen, vier Augen, zwei Ohren und andere Teile des menschlichen Körpers. Die Hand war frisch, die anderen Teile nicht mehr ganz so und schon zusammengeschrumpft.«

Daraufhin entschied sich Kingsley, in ihrem eigenen Zelt zu schlafen.

Die Expedition zog weiter durch den tiefen Dschungel, watete durch faulige Sümpfe und kämpfte sich durch dichtes Unterholz. Für eine Reisende ohne eine formale wissenschaftliche Ausbildung bewies Kingsley erneut großes Geschick beim Sammeln unbekannter Arten. So spürte sie eine neue Schlangenart und mehrere bis dahin unbekannte Flussfische auf.

Auf ihrem Rückweg zur Küste beschloss Kingsley, sich einer letzten, gewaltigen Herausforderung zu stellen. Mit 4095 Metern war der Kamerunberg der höchste Gipfel Westafrikas und sogar für geübte Bergsteiger ein anspruchsvoller Aufstieg. Kingsley verfügte über keine nennenswerte Hochgebirgserfahrung, aber dafür über jede Menge Entschlossenheit. Die Führer, die sie begleiteten, kehrten einer nach dem anderen um, da heftige Regenfälle, dichter Bewuchs und die dünne Luft in diesen Höhenlagen ihren Tribut forderten. Nur Kingsley schaffte es bis auf den Gipfel. Das war erst der dritte dokumentierte Aufstieg eines Menschen auf den Berg – und mit Sicherheit der erste einer Frau.

Fast ein Jahr nach ihrem Weggang kehrte Mary Kingsley nach Großbritannien zurück. Ihre Reise hatte zur Entdeckung mehrerer (zumindest für Europäer) neuer Arten geführt. Anhand ihrer Notizen und Betrachtungen über die indigenen Völker Westafrikas trug sie dazu bei, die weitverbreitete Vorstellung von den afrikanischen Urvölkern zu revidieren und zu zeigen, dass es sich bei ihnen um alles andere als »unkultivierte Wilde« handelte. Sie schrieb zwei erfolgreiche Bücher und Tausende Menschen besuchten Veranstaltungen, um ihren Geschichten zu lauschen. Bei einem dieser Vorträge in der Liverpool Geographical Society wurde Kingsley selbst zur Zuhörerin, als ein männliches Mitglied der Gesellschaft Passagen aus einem ihrer Bücher vorlas. Eine allein reisende Frau durfte sich zwar mit Kannibalen im unerforschten afrikanischen Regenwald anfreunden, doch vor Publikum in einem Herrenclub zu sprechen, schickte sich für sie offensichtlich nicht.

Ihre dritte Reise nach Afrika sollte Mary Kingsleys letzte überhaupt sein. Während des Burenkrieges ging sie nach Südafrika, um als Freiwillige verletzte Gefangene zu pflegen. Im Lazarett herrschten entsetzliche Bedingungen und es gingen Krankheiten um. Mary Kingsley infizierte sich mit Typhus und starb am 3. Juni 1900 im Alter von 37 Jahren. Ihren Wünschen entsprechend wurde sie auf See bestattet.

*»Es ist lediglich so, dass ich die Fähigkeit besitze, in meinen Mitmenschen – ob weiß oder schwarz – die Tugenden hervorzubringen, und zwar auf eine für sie ehrenvolle und für mich glückliche Weise.«*

EXPEDITION 24

# ABSTIEG INS INNERE DER ERDE

Norbert Casteret: dem Abgrund ganz nah am
Pierre Saint-Martin

> *»Kein Mensch vor uns ist in diese Tiefen hinabgestiegen. Niemand
> weiß, wohin wir gehen oder was wir sehen werden, noch nie zuvor hat
> sich uns eine so eigentümliche Schönheit offenbart und spontan stellen
> wir uns alle dieselbe Frage: Träumen wir?«*

ÉDOUARD-ALFRED MARTEL, »DER VATER DER MODERNEN
SPELÄOLOGIE« UND CASTERETS INSPIRATION

Pierre Saint-Martin, Französische Pyrenäen, 3. August 1954. Ein Mann
steht an einem abgelegenen Berghang auf 1800 Metern Höhe. Vor ihm liegt
eine etwa dreißig Meter tiefe Senke, an deren Fuß sich eine pechschwarze
Kluft auftut. Was sich darunter verbirgt, lässt sich von hier oben nicht erahnen. Am Eingang der Kluft steht ein Kreuz. Die schlichte Markierung ist
erst zwei Jahre alt, doch das raue Klima der Pyrenäen hat bereits den Großteil der aufgemalten Inschrift abgetragen. Der Name »Marcel Loubens« ist
gerade noch auf dem verwitterten Holz zu erkennen.

Der 29-jährige Loubens hatte zwei Jahre zuvor diesen windgepeitschten
Ort in den Bergen zwischen Frankreich und Spanien besucht, um das Höh-
lenlabyrinth im Herzen des Felsens zu erkunden. Er war der erste Teilneh-
mer jener Expedition, der sich Hunderte Meter tief in eine Welt völliger

ABSTIEG INS INNERE DER ERDE | 161

Finsternis abseilte. Vier Tage lang war er bis zur Erschöpfung durch das kalte Gestein gekraxelt, geklettert und gekrochen. Gerade wollte er sich mit seiner Seilwinde zurück an die Oberfläche ziehen, als plötzlich ein Klipp an seinem Gürtel zersprang und er auf den Boden der Höhle herabstürzte. Loubens wurde schwer verletzt. Seine Kletterkameraden versuchten, ihm zu helfen, doch er fiel in ein Koma. Ein Arzt wurde zu ihm herabgelassen und kämpfte verzweifelt um das Leben seines Patienten. Dabei gelang ihm in der Enge der Höhle sogar eine Bluttransfusion. Doch alles war vergebens und Marcel Loubens starb am 13. August 1952.

Zwei Jahre später stand der Mann, der die verhängnisvolle Expedition geleitet hatte, erneut am Eingang der Felsspalte. Norbert Casteret war mit hochfliegenden Ambitionen an den Abgrund zurückgekehrt: Zum einen wollte er Marcel Loubens' Leichnam bergen, damit ihn dessen Familie kirchlich beerdigen konnte, und zum anderen ließ ihn seine angeborene Abenteuerlust nicht los. Er wollte noch tiefer in die unbekannte Dunkelheit vordringen und die Geheimnisse der Höhle erforschen, die das Leben seines Kameraden gefordert hatte.

Ein Teil der Inschrift, die von Loubens' Holzkreuz verschwunden war, hatte gelautet »gefallen auf dem Schlachtfeld der Speläologie«. Es war ein Zusatz, der Casterets Einstellung zur Höhlenforschung widerspiegelte. Im Ersten Weltkrieg hatte er drei Jahre lang in den Schützengräben der Westfront gekämpft und die Schrecken bewaffneter Auseinandersetzungen hautnah miterlebt. Er bezeichnete die Speläologie – die Erforschung unterirdischer Räume – nicht leichtfertig als »Schlacht«. Als junger Mann war Casteret draufgängerisch und willensstark gewesen und hatte sich dank einer Expedition in die Höhle von Montespan im Jahr 1923 einen Namen in der Welt des Höhlenkletterns gemacht. Sein Weg zu dieser Entdeckung war, gelinde gesagt, kühn gewesen. Er war bis an das Ufer eines unterirdischen Sees hinabgestiegen und in der Zuversicht, unter Wasser eine Route zu weiteren Höhlen zu finden, in das eiskalte Gewässer gesprungen, wo er sich in das Unbekannte vorkämpfte. Casterets Wagnis zahlte sich aus, denn als er wieder trockenen Boden unter den Füßen hatte, entdeckte er etwas Besonderes: eine Reihe prähistorischer Zeichnungen an den Höhlenwänden.

Die Speläologie erwies sich als brutales Arbeitsfeld. Auch mit den Jah-

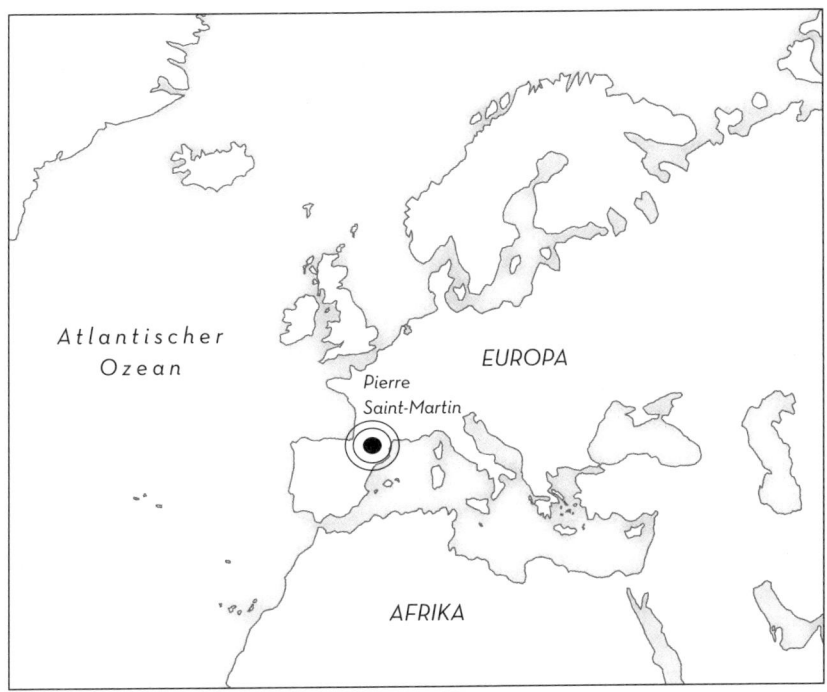

ren nahm Casterets Leidenschaft für diesen anspruchsvollen Forschungszweig nicht ab – trotz des hohen Tributs an Menschenleben, den dieser forderte. Loubens war nur einer von vielen Kameraden, die Casteret unter Tage verlieren sollte. Die Enge und die ständige Gefahr durch Steinschlag stellten konstante Bedrohungen dar, und eine Verletzung, die die Beweglichkeit des Höhlenkletterers beeinträchtigte, konnte eine Rückkehr an die Erdoberfläche unmöglich machen. Zudem war es ein schwieriges Unterfangen, die nötige Rettungsausrüstung zu dem Verwundeten nach unten zu schicken.

Casteret kletterte immer tiefer und machte ständig neue Entdeckungen. Jeder größere Durchbruch bedeutete für ihn einen weiteren »Sieg« gegen die Höhle. Zusammen mit seiner Frau Élisabeth erkundete er die Höhlen bei Cigalère bis in eine Tiefe von 400 Metern und mit Marcel Loubens stieg er in die »Henne Morte« (»tote Frau«) hinab, wobei die beiden in eine Tiefe von 446 Metern vordrangen.

Der Höhlenkomplex am Pierre Saint-Martin hatte jedoch ganz neue

Dimensionen. Von der schmalen Öffnung hoch oben in den Pyrenäen reichte ein Abgrund mehrere Hundert Meter tief bis zu einem verschlungenen Labyrinth aus großen Höhlen und tiefen Becken. Eine dieser Höhlen, die heute den Namen La Verna trägt, hat einen Durchmesser von 250 und eine Höhe von 194 Metern und ist eine der größten unterirdischen Kammern der Erde. Für Speläologen wie Casteret und Loubens lag ein unwiderstehlicher Reiz darin, die Höhle ein weiteres Mal zu bezwingen.

10. August 1954. Casteret und seine fünf Kletterkameraden sind erschöpft. Sie haben Marcel Loubens' Körper gefunden und in einen Sarg gelegt, um diesen mithilfe einer Seilwinde mehrere Hundert Meter bis an die Erdoberfläche zu ziehen.

Offizielles Ziel der Expedition war es gewesen, Marcel Loubens' sterbliche Überreste zu bergen und sie nach Hause zu ihrer letzten Ruhestätte zu bringen. Doch Casteret hatte von Anfang noch eine andere Absicht: Er wollte abermals gegen die Höhle antreten. Es war eine Frage der Ehre.

Er schrieb:»Man hatte uns grundsätzlich verboten, weiter zu forschen, und wir sollten uns ausschließlich auf die Bergung von Loubens' Leichnam konzentrieren. Schon von vorherein hatten wir diese Anweisungen als einen unberechtigten Autoritätsmissbrauch betrachtet und keine Vereinbarung unterschrieben. Aus diesem Grund beschloss ich leichten Gewissens und eigenverantwortlich, sie zu ignorieren [...]. Der Pierre Saint-Martin gehörte im wahrsten Sinne des Wortes uns und nach Hause zu gehen, ohne zu erkunden, was weiter stromaufwärts lag, wäre ein kläglicher Verzicht auf unsere Rechte gewesen.«

Casteret blieb bei Loubens' Sarg, während drei seiner Kameraden auf Erkundungstour gingen. Bei ihrer Rückkehr berichteten sie von weiteren Öffnungen, die bis tief in den Fels führten. Es wurde entscheiden, sie am nächsten Tag zu erkunden.

Die Gruppe brach um acht Uhr morgens auf und kam zunächst nur schleppend voran. Die Höhlenkundler nutzen Leitern und Kletterausrüstung, um steile Felswände zu bezwingen, sie banden sich aneinander, um einen reißenden unterirdischen Fluss zu durchqueren und sie zwängten sich in der Dunkelheit durch enge Gesteinsspalten. Heftige Winde überzeugten die Männer davon, dass sie sich einer größeren offenen Fläche näherten, und nach stundenlanger Schwerstarbeit fanden sie tatsächlich, wonach sie gesucht hatten.

Casteret schrieb: »[...] wir kamen am oberen Ende einer Anhöhe an, die wir mithilfe einer Stahlkabelleiter herabklettern mussten. Dieses Manöver führte uns heraus aus dem Labyrinth und in eine kolossale Kammer, die so weitläufig und gewunden war, dass wir weder ihre Größe noch ihre Form ausmachen konnten. Sie war vollkommen überwältigend, überstieg alle vorstellbaren Dimensionen und übertraf bei Weitem jede menschengemachte Architektur.«

In den folgenden Tagen erkundete Casterets Team weiter die Naturwunder von Pierre Saint-Martin, bevor die Männer mit ihrem gefallenen Kameraden Marcel Loubens an die Erdoberfläche zurückkehrten. Ein Priester war ebenso hinabgestiegen und hatte eine Messe gehalten – bis heute die am weitesten unterhalb der Erdoberfläche abgehaltene aller Zeiten.

Dank seiner Mission am Pierre Saint-Martin ging Norbert Casteret als einer der ganz großen Höhlenforscher in die Geschichte ein. Das Höhlensystem, bei dessen Erschließung er mitgeholfen hatte, gilt heute als eines der größten der Welt. Es verfügt über mehr als 435 Kilometer erschlossene Tunnel und mindestens dreizehn unterirdische Flüsse. Casteret setzte seine Forschungsarbeit über die folgenden 33 Jahre fort und berichtete immer wieder auf anschauliche Weise von seinen Entdeckungen. Seine schriftlichen Werke inspirierten eine neue Generation von Höhlenforschern und zeigten der Welt, dass unter der inzwischen größtenteils bekannten Oberfläche unseres Planeten ganz neue Wege darauf warteten, beschritten zu werden.

*»Als wir in absoluter Dunkelheit in unsere Schlafsäcke
gehüllt im schwachen, vermeintlichen Schutz unserer Stoffzelte
lagen, erteilte uns das Wissen um unsere eigene Schwäche und
Hilflosigkeit angesichts einer derartigen Machtdemonstration
eine eindrucksvolle Lektion in Sachen Demut.«*

# EINE EINSAME STIMME IN DER WILDNIS

John Muir: tausend Meilen für die Rettung
der wilden Orte

>>*Ich war nur zu einem Spaziergang aufgebrochen und*
*beschloss letztendlich, bis zum Sonnenuntergang draußen*
*zu bleiben, denn ich erkannte, dass hinauszugehen in*
*Wirklichkeit bedeutete, einzukehren.*«

JOHN MUIR

Gekonnt bearbeiteten die Hände des jungen Mannes das Holz, schnitzten die Rundung heraus und glätteten die Oberfläche. Als er fertig war, hatte er ein weiteres Stück Rohholz in ein elegantes Wagenrad verwandelt. Obwohl der junge Mann seine Arbeit gut machte und dafür anständig bezahlt wurde, mochte er seinen Job nicht besonders. Sein Herz, seine Seele und sein Geist sehnten sich nach dem Leben im Freien, das er seit seiner Kindheit inbrünstig liebte. Bei der Arbeit schweiften seine Gedanken von dem Holz in seinen Händen zu seinen geliebten Bäumen, von denen sein Arbeitsmaterial stammte. Und dann passierte es. In einem einzigen unkonzentrierten Moment rutschte sein Werkzeug ab und glitt von der Oberfläche des Holzes. Der Mann kippte vornüber und rammte sich das scharfe Metall in die Augen. Blind und blutend ging er zu Boden.

Die Wunde nahm ihm vorübergehend das Augenlicht auf beiden Seiten. In den folgenden sechs Wochen saß er in einem abgedunkelten Raum und fragte sich, ob er seine geliebten Wälder und Berge je wiedersehen würde. Quälend langsam hob sich der graue Nebel von seinen Pupillen und seine Sehkraft kehrte zurück. Für den jungen Mann war es ein Geschenk Gottes. Er schwor sich, von nun an »sich selbst treu zu bleiben« und seinen Traum, auf Entdeckungstouren zu gehen und die Pflanzenwelt zu erforschen, zu verwirklichen. Dazu schrieb er: »Dieses Leiden hat mich zu den süßen Früchten geführt. Gott muss uns manchmal fast umbringen, um uns eine Lektion zu erteilen.«

Der Mann hieß John Muir. Im Jahr 1867 brach er zu einer Expedition auf, die nicht nur seinem Leben einen anderen Kurs geben, sondern auch das Leben von Millionen von US-Amerikanern – und auf lange Sicht noch unzähligen mehr – bis in die ferne Zukunft verändern sollte.

John Muir wurde im schottischen Küstenstädtchen Dunbar geboren, bevor er 1849 im Alter von elf Jahren mit seiner Familie nach Wisconsin in die Vereinigten Staaten umzog. Sein Vater war streng religiös und legte großen Wert auf eiserne Disziplin. Diese autoritäre Erziehung prägte Muir sein Leben lang. Schon als Kind faszinierte ihn die Natur, wobei es ihm besonders die Flora und Fauna der Vereinigten Staaten angetan hatten.

Während er mit seinem Vater auf dem familieneigenen Bauernhof arbeitete, brachte er sich selbst Mathematik, Geometrie, Literatur und Philosophie bei. Nach seinem Studium an der Universität war er als Erfinder für die Industrie tätig, bis ihm im März 1867 mit 29 Jahren der furchtbare Unfall passierte. Während seiner Genesung schmiedete er Pläne, um »so viel wie möglich von der Schöpfung zu sehen«. Im September 1867 brach Muir zu einer 1600 Kilometer (1000 Meilen) langen Wanderung von Kentucky bis nach Florida auf.

Zu behaupten, dass Muirs Vorbereitungen auf sein großes Abenteuer minimalistisch ausfielen, ist eine glatte Untertreibung: Er packte nicht viel mehr als seinen Kompass und ein paar Bücher zusammen, darunter *Das verlorene Paradies*, die Gedichte des schottischen Poeten Robert Burns, die Bibel und ein Sachbuch über Pflanzenkunde. Statt eine Reiseroute auszuarbeiten, hielt er sich an sein Motto, »den wildesten, grünsten und am

wenigsten begangenen Weg, den ich finden konnte« einzuschlagen. Seine Wanderung führte ihn über die Cumberland Mountains und weiter in südliche Richtung nach Georgia und Florida, bis er schließlich den Golf von Mexiko erreichte.

Muir hatte kein Gewehr dabei, jagte nicht und schien sich ausschließlich von seinem mitgebrachten Brot und den wilden Beeren zu ernähren, die er auf dem Weg fand. Ein paar Tage ohne ordentliche Nahrung auszukommen, war für ihn nichts Neues. Er sagte einmal, dass er als Kind selten genug zu essen bekommen und in ständigem Hunger gelebt hatte.

Dies war keine Wanderung, bei der es darum ging, neue Orte zu entdecken oder die weißen Flecken auf einer Landkarte zu füllen. Stattdessen handelte es sich um eine Pilgerreise, die die Fesseln seiner religiösen Erziehung sprengen und seinen Geist befreien sollte, damit er die Welt aus einer neuen Perspektive betrachten konnte. Unterwegs wurde ihm allmählich bewusst, dass die Menschen den anderen Lebewesen auf der Erde keineswegs überlegen waren. Statt im Zentrum der Natur zu stehen, stellte die Menschheit lediglich ein kleines Teil im gigantischen Puzzle der Schöpfung dar. Noch wichtiger war die Erkenntnis, dass dies kein Grund war, sich zu fürchten oder zu verzagen.

Anschließend machte sich Muir auf nach Westen, in Richtung Kalifornien, und kam 1868 mit dem Schiff in San Francisco an, wo er sich bei einem einheimischen Tischler nach dem schnellsten Weg aus der chaotischen Stadt erkundigte. Der Tischler fragte ihn, wo er denn hin wollte, worauf Muir antwortete: »Wo immer es wild ist.« So begann seine Wanderung nach Osten in Richtung der Sierra Nevada. Sein Weg führte ihn durch Wildblumenwiesen und zum ersten Mal auch ins Hochland.

Im Juni erreichte er Yosemite, wo ihn der Anblick des majestätischen Tals mit seinen donnernden Wasserfällen, gigantischen Felsen und uralten Mammutbäumen in Staunen versetzte. Muir verliebte sich auf den ersten Blick in die Landschaft. Zu jener Zeit stand das etwa zwölf Kilometer lange Haupttal bereits unter staatlichem Schutz, doch es gab auch schon eine Siedlergemeinschaft, als Muir dort ankam. Er fand Arbeit in einem Sägewerk und baute sich seine eigene Hütte. In seiner Freizeit erkundete er so ausgiebig wie möglich das Tal und die weitere Umgebung.

Mit der Zeit wurde er zu einem der bekanntesten Bergsteiger der Vereinigten Staaten, wobei seine eigene Sicherheit für ihn nie an erster Stelle stand. Er kletterte ohne richtige Ausrüstung und ging ständig Risiken ein. Während einer nächtlichen Kletterpartie am höchsten Wasserfall des Tals – den Yosemite Falls, die stufenweise über eine Höhe von der Größe des Eiffelturms in die Tiefe rauschen – kletterte er beispielsweise hinter das Wasser, um den Mond durch die Kaskade hindurch zu betrachten. Fatalerweise änderte sich die Windrichtung und das Wasser stürzte auf Muir ein. Er hatte jedoch Glück und konnte sich festhalten und unter dem Wasser hervor in Sicherheit kriechen. Auch bei der ersten bekannten Besteigung des Mount Ritter kam er noch einmal glimpflich davon. Als er dem 4006 Meter hohen Gipfel schon sehr nahe war, lähmte ihn plötzlich die Angst und er konnte weder weiter hoch- noch herunterklettern. Darüber schrieb er später:

*»Nach einiger Zeit, als ich bereits eine Höhe von etwa*
*12 800 Fuß [3900 Metern] erreicht hatte, fand ich mich auf der*
*Lawinenbahn, der ich gefolgt war, am Fuße eines steilen Abhangs*
*wieder, der ein weiteres Vorankommen absolut zu verunmöglichen*
*schien [...]. Nachdem ich einen Punkt etwa auf halber Höhe*
*bis zum Gipfel erreicht hatte, kam ich plötzlich mit ausgebreiteten*
*Armen und an die Felswand gepresst zum Stehen. Ich konnte*
*meine Hände und Füße weder nach oben noch nach unten*
*bewegen. Mein Schicksal schien besiegelt. Ich würde herunterfallen.*
*Es würde einen Moment der Irritation geben, gefolgt von einem*
*leblosen Rumpeln den Abgrund herab bis zum*
*Gletscher in der Tiefe.«*

Glücklicherweise stürzte Muir nicht ab. Über mehrere Minuten klammerte
er sich krampfhaft fest, bis sich seine Nerven in einem klaren Moment –
den er dem Besuch eines Schutzengels zuschrieb – beruhigten, die Kraft in
seine Muskeln zurückkehrte und er sich auf einer sicheren Route seinen
Weg bis zum Gipfel bahnen konnte.

Mittlerweile korrespondierte er regelmäßig mit seiner Bekannten
Jeanne Carr, der Ehefrau seines alten Dozenten an der Universität. In seinen Briefen schilderte er ihr wortgewandt und detailreich die von ihm
bereisten Landstriche sowie die Tier- und Pflanzenwelt und insbesondere
die gigantischen Mammutbäume, von denen einige bis zu viertausend Jahre
alt waren. Wenn es einzelne Exemplare auf so ein hohes Alter brachten,
fragte sich Muir, wie lange gab es wohl die ganze Art? Vermutlich mehrere
Millionen Jahre. Er untersuchte das Gestein im Tal und lernte etwa zu jener
Zeit das Konzept der Vergletscherung kennen.

Muir fühlte sich immer intensiver von der High Sierra angezogen und
seine Ausflüge wurden um 1871 immer länger, je weiter er in die Berge vordrang. In jenem Jahr entdeckte er am östlichen Ende des Tals einen aktiven
Gletscher. Daraufhin verfasste er für eine New Yorker Zeitung einen Artikel, in dem er beschrieb, wie die Gletscher allmählich das Yosemite-Tal
geformt hatten. Bis dahin war man davon ausgegangen, dass es durch Erdbeben entstanden war.

Muir hatte jetzt eine Mission. Sein Ziel war es, die Sichtweise der Amerikaner auf die Wildnis grundlegend zu verändern. Sie sollten erleben, was er erlebt hatte, anstatt sich nur von der Arbeit und dem unerbittlichen wirtschaftlichen Fortschritt vereinnahmen zu lassen. Also zog er 1873 nach Oakland und begann, für eine Lokalzeitung und andere Publikationen zu schreiben, was ihm langsam zu einem beträchtlichen Ansehen verhalf. In dieser Zeit bestieg er allein den Mount Whitney, den höchsten Berg der zusammenhängenden Vereinigten Staaten (das heißt ohne Hawaii und Alaska), und war der erste Mensch, der nachweislich die östliche Route für den Aufstieg einschlug. Diese Leistung war nur eine von Muirs vielen Premieren.

Um 1875 schrieb er für mehrere nationale Zeitschriften. Zu jener Zeit befanden sich insbesondere die Mammutbäume in der High Sierra in Gefahr, denn dank ihrer Größe waren sie der Traum der Holzwirtschaft. Muir bombardierte den US-Kongress mit Briefen, in denen er ihren Schutz forderte. In den folgenden vier Jahren schrieb, reiste und erkundete er weiter und besuchte sogar Alaska im hohen Norden der USA. Auf einem späteren Trip absolvierte er eine zehntägige Solomission mit Hundeschlitten auf dem Gletscher, der heute seinen Namen trägt: Muir Glacier.

Im Jahr 1880 heiratete er die Tochter eines erfolgreichen Obstbauern. Er hatte sie bereits ein paar Jahre zuvor kennengelernt, als er mit einem selbstgebauten Floß über vierhundert Kilometer die Flüsse Merced und San Joaquin bis nach Martinez nahe San Francisco hinuntergefahren waren. Später schrieb er ihr Folgendes:

*»Nur wenn man allein, schweigend und ohne Gepäck loszieht,*
*kann man wirklich bis in das Herz der Wildnis vordringen.*
*Alle anderen Formen des Reisens sind nichts als Staub und Hotels*
*und Gepäck und Geschwätz.«*

Das Paar bekam Kinder und Muir half bei der Verwaltung der Obstplantage in Martinez. Ein Jahrzehnt lang schieb er nichts. Er liebte seine Familie, sehnte sich jedoch nach der Wildnis. Im Jahr 1889 nahm Robert Underwood Johnson, Herausgeber des Magazins *Century* mit einer millionenstarken Leserschaft, Kontakt zu ihm auf. Er wollte Muir wieder zum Schreiben bewegen und um ihn zu überzeugen, kehrten die beiden in das Yosemite-Tal zurück, das inzwischen stark bedroht war. Man hatte Felder gepflügt und große Schweinezuchtanlagen gebaut, und es gab Gerüchte über Versuche, einige der Wasserfälle umzuleiten. Muir war entsetzt und ihm wurde klar, dass der Schutz durch den Bundesstaat hier nicht ausreichen würde.

Sechzehn Jahre zuvor war in Yellowstone in Wyoming der erste Nationalpark der Vereinigten Staaten geschaffen worden und Muir und Johnson strebten den gleichen Status für Yosemite an. Muirs Schreibstil traf den Nerv der Öffentlichkeit wie kein anderer Journalist seiner Zeit und 1890 wurde auch Yosemite zum Nationalpark erklärt, was zu einem Großteil Muirs Lobbyarbeit zu verdanken war. Muir forderte zudem den Schutz von 3100 zusätzlichen Quadratkilometern Land im Umkreis des Haupttals. Innerhalb eines Monats verabschiedete der US-Kongress ein entsprechendes Gesetz. Auch die riesigen Mammutbäume der Sierra – die Sequoien – wollte er retten. Sein Einfluss war inzwischen so groß, dass ihm der US-Präsident Benjamin Harrison persönlich auf sein Anliegen antwortete und landesweit 53 000 Quadratkilometer Wald in Schutzgebiete umwandelte. Um dieselbe Zeit wurde der Sequoia-Nationalpark eingerichtet.

Anschließend gründete Muir den Sierra Club mit und wurde Vorsitzender auf Lebenszeit. Heute zählt der Club rund 2,5 Millionen Mitglieder und ist die wichtigste Basis-Umweltorganisation der Vereinigten Staaten.

Nach der Jahrhundertwende besuchte Theodore Roosevelt, der eine Wiederwahl anstrebte, Muir in Yosemite und die beiden verbrachten drei Tage im Tal, in denen sie campten, wanderten und sich austauschten. Nachdem er 1904 erneut zum Präsidenten gewählt wurde, erklärte Roosevelt in den gesamten Vereinigten Staaten über 800 000 Quadratkilometer Landfläche zu Nationalparks und rief 18 National Monuments ins Leben. Entscheidend war, dass 1905 das Haupttal des Yosemite endlich unter gesamtstaatliche Kontrolle gestellt und in den Park integriert wurde.

John Muir wollte die Vereinigten Staaten davon überzeugen, die Wildnis nicht als profitable Ressource, sondern als schützenswertes Gut zu betrachten, das für zukünftige Generationen erhalten werden sollte. Er starb 1914, doch der Sierra Club gründete auch nach seinem Tod weitere Nationalparks und schuf ein Nationales Wildnis-Schutzsystem. John Muir inspiriert bis heute Umweltaktivisten auf der ganzen Welt und ist in den USA als »Vater des Nationalparksystems« in die Geschichte eingegangen.

> *»Die meisten Menschen befinden sich lediglich ›auf‹ der Welt,*
> *nicht in ihr – haben keine bewusste Sympathie für oder Beziehung*
> *zu ihrer Umgebung. Sie sind unvermischt, abgeschottet, und so*
> *allein wie Murmeln aus poliertem Stein, die sich zwar berühren,*
> *aber doch isoliert sind.«*

AUS MUIRS TAGEBÜCHERN

# FAIR TRADE IM FERNEN OSTEN

## Zheng He auf Schatzsuche
## in Asien und Afrika

>> *Wir haben über einhunderttausend Li riesiger Wasserflächen*
*überquert und im Ozean gewaltige Wellen gesehen, die wie Berge*
*in den Himmel ragten. Wir haben ferne, barbarische Regionen*
*erblickt [...] und die wilden Wogen durchquert, als wären*
*sie öffentliche Verkehrswege.*«

INSCHRIFT EINER VON ZHENG HE IM JAHR
1433 ERRICHTETEN GEDENKSTELE

Zheng He war ein chinesischer Admiral, der zwischen 1405 und 1433 sieben Expeditionen chinesischer Schatzflotten anführte. Die Schiffe drangen bis nach Malindi in Kenia vor und machten unter anderem Station im Roten Meer, dem Persischen Golf, Südindien, Sri Lanka und Südostasien. Zusammengenommen bildeten diese Seereisen eine kulturelle Expedition auf überdurchschnittlichem Niveau. Doch trotz des gigantischen Ausmaßes des Unternehmens blieben Zheng Hes unglaubliche Leistungen jahrhundertelang vor dem Rest der Menschheit verborgen, da sich China kurz darauf von der Welt abwandte.

Um 1371 wurde Ma He nahe Kunming in der Provinz Yunnan – im Landesinneren Südwestchinas – in eine Familie muslimischer Hui-Chinesen geboren. Es war eine turbulente Zeit in der chinesischen Geschichte, als nach dem Zusammenbruch der mongolischen Yuan-Dynastie die neue Ming-Dynastie an die Macht kam. Mas Vater verlor 1381 während der Eroberung Yunnans – das der Yuan-Dynastie treu geblieben war – sein Leben. Ma wurde gefangengenommen, kastriert und als Eunuch an den Hof von Zhu Di, Prinz von Yan und Sohn des Kaisers, geschickt.

Ma He wuchs zu einer imposanten Gestalt heran – wenn auch nicht zu dem 2,10 Meter großen Riesen, den manche Geschichten aus ihm machten – und hatte eine »Stimme wie eine Glocke«. Er stieg im Dienste des Prinzen auf und wurde für sein militärisches und diplomatisches Geschick bekannt. Als der Vater seines Gebieters – der Hongwu-Kaiser – 1398 starb, krönte man nicht den Prinzen, sondern dessen Neffen zum Jianwen-Kaiser. Der Prinz war empört, stürzte ihn kurzerhand vom Thron und avancierte 1402 zum Yongle-Kaiser. Ma war inzwischen zu einer Vertrauensperson des neuen Herrschers geworden und nach seinem Sieg in einer Schlacht bei Zhenglunba nahe Peking verlieh ihm der Kaiser den Ehrentitel Zheng He.

Im Rahmen seines Plans zur Machtfestigung der Ming-Dynastie beabsichtigte Yongle, die maritime Vorherrschaft Chinas in den als »Westliche Ozeane« bezeichneten Meeren zu stärken. Er machte Zheng He zum Leiter des Unternehmens, dessen Ausmaße alles bislang Dagewesene in den Schatten stellen sollten. Zheng He erhielt den Auftrag, kaiserliche Briefe an die Herrscher der Länder der Westlichen Ozeane zu übergeben und ihnen Geschenke aus Porzellan, Seide, Gold und Silber zu überreichen. Im Gegenzug sollte er Tributgüter aus den Ländern mitbringen, die er besuchte.

Auf ihrem Höhepunkt umfasste Zheng Hes Flotte rund dreihundert Schiffe mit 28 000 Besatzungsmitgliedern, unter denen sich nicht nur Seeleute und Matrosen, sondern auch Soldaten, Astrologen, Dolmetscher, Händler, Ärzte und viele weitere Berufsgruppen befanden. Die größten Wasserfahrzeuge der Flotte waren die gigantischen Schatzschiffe, von denen mehr als sechzig gebaut worden waren. Sie hatten neun Masten sowie fünf oder sechs Decks, waren über 122 Meter lang und wogen mindestens 1500 Tonnen (zum Vergleich: Kolumbus' *Santa María* war 26 Meter lang und wog rund 100 Tonnen). Im Frachtraum der Ozeanriesen befanden sich Trennwände, dank derer beschädigte Bereiche des Schiffes wasserdicht

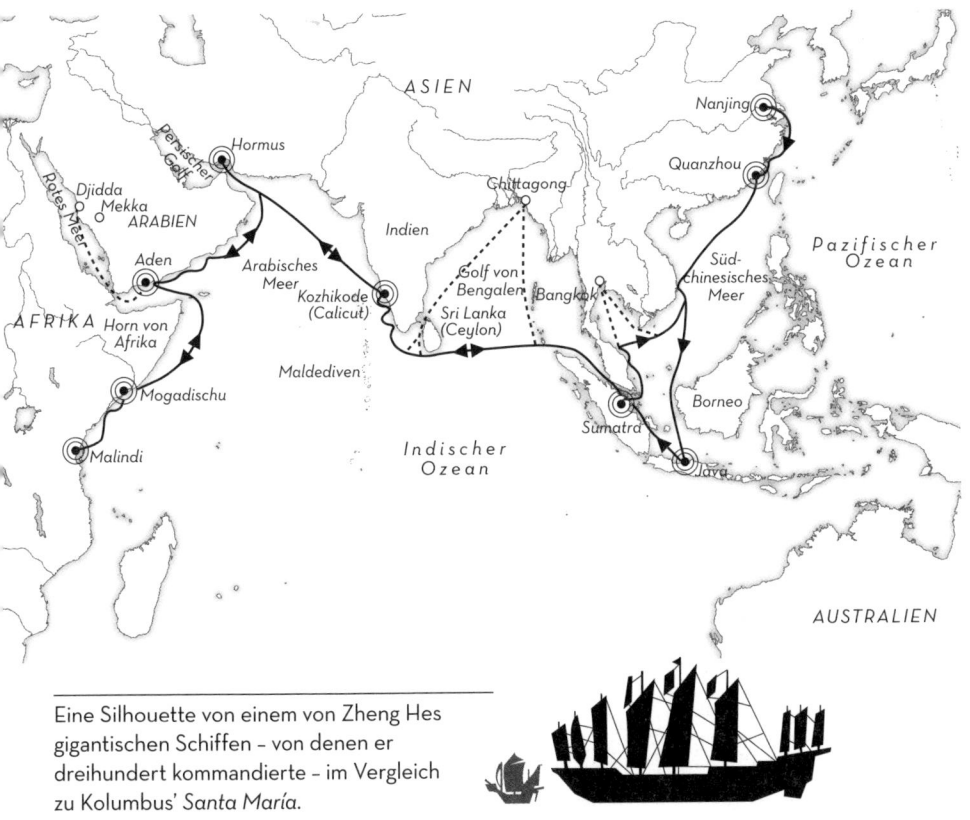

Eine Silhouette von einem von Zheng Hes gigantischen Schiffen – von denen er dreihundert kommandierte – im Vergleich zu Kolumbus' *Santa María*.

verschlossen werden konnten – eine Sicherheitsvorkehrung, die im westlichen Schiffsbau erst im 19. Jahrhundert Einzug hielt.

Die erste Flotte unter Zheng Hes Kommando legte im Herbst 1405 in Nanjing ab und kehrte 1407 zurück. Sie segelte die chinesische Küste entlang bis nach Vijaya, dem Haupthafen des Königreichs Champa in Südvietnam, wo sie ihren ersten größeren Zwischenstopp einlegte. Von dort aus ging es weiter nach Java, Malakka (auf der Malaiischen Halbinsel) sowie Sri Lanka und schließlich – über den Golf von Bengalen anstatt die Küste entlang – bis nach Calicut in Südindien. Einige von Zheng Hes Schiffen legten auch auf den Andamanen und Nikobaren an. Zheng He war hauptsächlich diplomatisch aktiv. So tauschte er Geschenke mit den Herrschern der jeweiligen Länder aus und erlaubte den Kaufleuten in seiner Flotte den Handel. Die zweite Fahrt (1407–1409) folgte fast derselben Route und ihr

Hauptzweck bestand darin, der Krönung des neuen Königs von Cochin in Calicut beizuwohnen. Auch die dritte Reise (1409–1411) führte die Flotte in ähnliche Gefilde, doch diesmal unterwarf Zheng He einen König auf Sri Lanka, der sich gegen ihn aufgelehnt hatte, tötete viele seiner Anhänger und brachte den Herrscher als Gefangenen mit nach China. Auch Siam besuchte er. Die vierte Reise (1413–1415) weitete den Radius seiner Erkundungsfahrten um einiges aus, denn er gelangte bis nach Hormus am Persischen Golf. Auf seiner fünften Expedition (1417–1419) erreichte er sogar die Küste Ostafrikas und das weiter südlich gelegene Malindi im heutigen Kenia. Seine sechste Reise (1421–1423) führte entlang einer ähnlichen Route.

Je weiter sich Zheng He von China entfernte, umso exotischer wurden auch seine Präsente für den Yongle-Kaiser. Von seiner Reise nach Hormus brachte er »Löwen, Leoparden mit goldenen Flecken und große westliche Pferde« mit. Aus Aden stammten ein »Qilin [ein glückbringendes chinesisches Fabelwesen], das die Einheimischen Culafa [Giraffe] nennen sowie das langhörnige Tier namens Maha [Oryx]« und die Stadt »Mogadischu schenkte Huafu Lu [Zebras] und Löwen. Das Land Barawa [Somalia] überreichte Kamele, die eintausend Li rennen, und Kamelvögel [Strauße]«. Man kann nur vermuten, dass die regelmäßig anlegenden Schatzschiffe auch begannen, die örtlichen Herrscher zu bestechen. Deren Gaben und Huldigungen wurden Berichten zufolge immer extravaganter: »Sie alle wetteiferten darum, die prächtigen Gegenstände, die in den Bergen und den Meeren verborgen lagen, und die herrlichen Schätze, die im Sand begraben oder an das Ufer gespült worden waren, zu verschenken.«

Zheng He war nach wie vor ein praktizierender Muslime (und besuchte womöglich auf einer seiner Reisen Mekka). Er huldigte zudem Tian Fei, die Göttin und Beschützerin der Seeleute, die sicher viele seiner Besatzungsmitglieder verehrten. Während die Flotte 1433 in Changle, in der Provinz Fujian, vor Anker lag, errichtete Zheng He eine Gedenkstele, die (seinen Berichten zufolge) Tian Fei würdigte und von seinen Reisen erzählte.

Der Yongle-Kaiser starb 1424 und sein Nachfolger, der Hongxi-Kaiser, ordnete ein Ende der Entdeckungsreisen an. Seiner Meinung nach hatte es China nicht nötig, über die eigenen Grenzen hinauszuschauen. Seine Herrschaft war jedoch nicht von Dauer und sein Sohn, der als Xuande das Land regierte, gestattete Zheng He 1431 eine weitere Fahrt. Wieder segelte dieser nach Hormus und einige Schiffe seiner Flotte fuhren die somalische Küste hinab, während andere die Malediven und Djidda (um Mekka zu besuchen) erreichten.

Zheng He starb 1433 auf dem Rückweg nach Calicut und wurde entweder dort oder auf See bestattet. Die Hauptflotte kehrte daraufhin nach China zurück und die Chinesen unternahmen keine weiteren bedeutenden Erkundungsfahrten. Im späten 15. Jahrhundert begannen kaiserliche Beamte, die Aufzeichnungen über die Reisen zu vernichten, und über die nächsten fünf Jahrhunderte erinnerte sich niemand mehr an Zheng Hes Abenteuer.

Heute wird der Entdecker in China wieder verehrt und man spekuliert ausgiebig darüber, welche Erdteile er eventuell noch bereist haben könnte. So wird gemutmaßt, dass chinesische Schiffe das Kap der Guten Hoffnung umrundet und Nord- und Südamerika erreicht, die Magellanstraße entdeckt, den Pazifik überquert und sogar bis nach Australien gelangt sein könnten. Doch auch ohne solche Spekulationen stellen Zheng Hes Expeditionen eine maritime Glanzleistung dar, die – im Gegensatz zu den Entdeckungsreisen der Europäer, die im 15. Jahrhundert dieselben Orte erreichten – nicht zur rücksichtslosen Ausbeutung der besuchten Länder führte.

EXPEDITION 27

# MIT KAMEL UND KOMPASS
## Gertrude Bell und ihre Reise nach Ha'il

>>Von einem kleinen Felsen oberhalb meines Zeltes aus habe
ich das Land ausgekundschaftet und die Türme und Gärten von
Hayyil [Ha'il] erspäht. [...] Ich fühle mich wie auf einer Art
Pilgerfahrt, bei der ich heilige Orte besuche. Und je mehr
ich von diesem Land sehe, umso bewusster wird mir, was für
ein Erfolg diese Reise war.<<

GERTRUDE BELLS TAGEBUCHEINTRAG VOM 24. FEBRUAR 1914

Gertrude Bell war Entdeckungsreisende, Bergsteigerin, Archäologin und
Arabistin. Mit ihrer Expedition von Damaskus durch die Wüste bis nach
Ha'il (heute im Norden Saudi-Arabiens) gewann sie 1918 die Goldmedaille
der Royal Geographical Society. Mit ihrer Arbeit für das sogenannte Arab
Bureau – das >>Arabische Büro<< des britischen Geheimdienstes in Kairo –
ab 1916 trug sie zur Gründung des irakischen Staates bei und wurde zur
Beraterin seines ersten Herrschers, König Faisal I.

Gertrude wurde 1868 im Nordosten Englands in eine wohlhabende
Familie geboren, die durch Geschäfte in der Eisen- und Chemieindustrie
reich geworden war. Ihre Intelligenz zeigte sich schon früh und sie studierte
an der Universität von Oxford, die sie nach nur zwei Jahren mit einem erst-
klassigen Abschluss in Neuerer Geschichte verließ. Nach ihrem Studium
reiste sie ausgiebig und machte sich einen Namen als Bergsteigerin. Zwi-

schen 1899 und 1904 feierte sie auf dem Gebiet etliche Erfolge, darunter die Besteigung des Mont Blanc und des Matterhorns.

Es war jedoch die arabische Welt, die es ihr seit einem Besuch Persiens 1892 angetan hatte. Im Jahr 1900 unternahm sie ihre erste Reise durch die Wüste und besuchte Petra, Palmyra und Baalbek. Das erste Jahrzehnt des 20. Jahrhunderts verbrachte sie größtenteils als Archäologin in Anatolien und Mesopotamien. Zur selben Zeit informierte sie sich über die aktuelle politische Lage der der Region und gab ihre Beobachtungen inoffiziell an die britische Regierung weiter. Nach einem kurzen Aufenthalt in England 1913 kehrte Gertrude im November in den Nahen Osten zurück und plante eine Reise in die Arabische Wüste. Am 21. November erreichte sie Beirut, wo ihr Gepäck unkontrolliert den Zoll passierte (»Ich hätte meine Patronen nicht in meinen Stiefeln verstecken müssen!«), und am 25. November war sie in Damaskus. Sie vergewisserte sich, dass es im Nadschd – jene Wüstenregion, die sie bereisen wollte – ruhig war und zwischen seinen Völkern Frieden herrschte. Erst dann heuerte sie einen erfahrenen Führer an und legte sich 17 Kamele für ihre Wüstendurchquerung zu.

Nur in Begleitung ihres Führers und der Kamelreiter brach sie am 16. Dezember auf. Die Reise begann im Regen, und sowie die Gruppe in der Wüste angekommen war, litt sie unter den kalten Winternächten und dem frühmorgendlichen Frost. Gertrude fühlte sich in der Wüste erneut heimisch: »Schon jetzt bin ich wieder in die Wüste eingetaucht, als ob sie mein Zuhause wäre. Stille und Einsamkeit umhüllen einen hier wie ein undurchdringlicher Schleier.«

Die Gruppe bahnte sich ihren Weg durch die Wüste und erkundete gelegentlich antike Ruinen. Einmal wurden sie von drusischen Viehhirten angegriffen, bekamen ihre Gewehre und Habseligkeiten jedoch wieder zurück, nachdem zwei Drusenscheiche Mitglieder der Expedition wiedererkannt hatten. Anfang Januar trafen sie auf türkische Beamte, die sie seit ihrer Abreise aus Damaskus aufzuhalten versuchten. Gertrude löste das Problem, indem sie nach Amman reiste und ihren Einfluss geltend machte, um ihre Tour fortsetzen zu können.

Kurz darauf befanden sie sich erneut in der öden Wüste: »Heute gab es den ganzen Tag fast nichts zu sehen, woran man sich hätte orientieren kön-

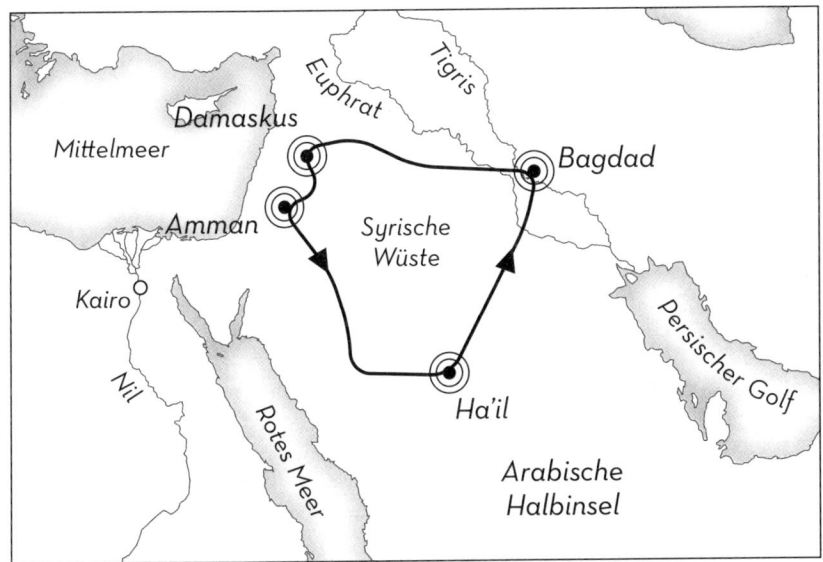

nen – außer den Ohren meines Kamels, die kein guter Anhaltspunkt sind.«
Mitte Februar erreichten sie den Nadschd, ein Gebiet aus Sandhügeln, dessen Durchquerung über eine Woche dauern würde. Im Sommer herrscht
dort Gluthitze; Gertrude wusste also, dass der Januar der bessere Reisezeit-
punkt sein würde: »Alle Pflanzen grünen und blühen so prächtig wie nie
und unsere Kamele fressen den ganzen Tag, während sie laufen. Allerdings
kommen wir nur sehr langsam voran und es geht endlose Hügel aus wei-
chem blassgelbem Sand herauf und hinunter.«

Am 25. Februar ritt Gertrude in Ha'il ein. Der Emir befand sich auf
einem Jagdausflug und sein Onkel, der zwischenzeitlich die Aufsicht über-
nommen hatte, hielt sie in einem der Sommerpaläste seines Neffen fest. Sie
verbrachte viel Zeit mit Turkiyyeh, einer Tscherkessin, die man dem Groß-
onkel des Emirs geschenkt hatte: »Unter ihrem dunklen purpurnen Mantel
trug sie leuchtend rote und violette Baumwollgewänder und um ihren Hals
hingen Ketten aus unbearbeiteten Perlen. Wie ich jetzt weiß, ist sie ihr
Gewicht in Gold wert.« Nach mehreren erfolglosen Verhandlungen durfte
Gertrude schließlich am 8. März die Stadt verlassen, um nach Bagdad zu
reisen. Während ihrer Zeit in Ha'il dokumentierte sie das alltägliche Leben
am Hof und im Harem des Emirs in Aufzeichnungen und Fotografien:

»Außer mir gab es dort nichts, was nicht ins mittelalterliche Asien gepasst hätte.«

Nachdem sie erfahren hatte, dass eine Weiterreise nach Süden nicht sicher war, überzeugten sie Hofbeamte davon, nach Westen zu gehen und sich mit dem Emir zu treffen. Ihre Vermutung, dass es wohl kaum zu einer solchen Zusammenkunft kommen würde, bestätigte sich, und ein paar Tage später brach sie in Richtung Nadschaf auf. Auf dem Weg dorthin durchquerte die Gruppe weitere Wüsten. Von Nadschaf aus fuhr Gertrude weiter nach Bagdad, wo sie am 29. März eintraf.

Nach dem Besuch einiger Orte rund um Bagdad reiste sie weiter nach Falludscha, wo sie sich mit ihren Kamelen und Bediensteten traf. Als kleiner Kameltrupp machten sie sich auf den Weg durch die Syrische Wüste bis nach Damaskus. Dabei waren sie täglich neun bis zehn Stunden auf den Beinen – und das in einem Klima, dass viel heißer war als zu Beginn ihrer Reise. Auf einem Weg, der knapp an Palmyra vorbeiführte, erreichten sie schließlich am 1. Mai Damaskus, wie Gertrude in ihrem Tagebuch schildert: »Und heute durch Weinberge und Obstgärten nach Damaskus. Ich kann kaum beschreiben, wie sie im hellen Morgenlicht für Augen aussahen, die müde vom Anblick der Wüste waren. Man muss es sich so vorstellen: rauschendes Wasser und sattgrünes Getreide, die grauen Schatten der Olivenbäume und das Rascheln süß duftender Kastanienblätter, die blassen Damaszener-Rosen.«

Nach einer kurzen Erholungspause, in der sie ihre Kamele verkaufte, brach sie nach Beirut und Konstantinopel auf und kehrte noch vor Ende des Monats nach Großbritannien zurück. Sie wollte ihre Reise in einem Buch niederschreiben, doch der Erste Weltkrieg durchkreuzte ihre Pläne. Ihre Tagebücher und Briefe geben jedoch einen wertvollen Einblick in das Leben in der Wüste vor dem Zusammenbruch des Osmanischen Reiches und die von ihr gesammelten Daten und gezeichneten Landkarten dienten den britischen Militärstrategen als nützliche inoffizielle Informationsquelle.

Zu Beginn des Ersten Weltkriegs arbeitete Gertrude Bell für das Rote Kreuz, doch bereits im November 1915 kehrte sie nach Kairo zurück, um den britischen Militärgeheimdienst zu unterstützen. Sie wurde Teil des Arab Bureau und war 1916 als stellvertretende politische Offizierin in der

Mesopotamian Expeditionary Force in Basra tätig. Nach der Eroberung Bagdads 1917 zog sie dorthin um und wurde für den Kontakt mit der lokalen Bevölkerung zuständig. Sie war maßgeblich an den Diskussionen über die Regierungsform des neuen irakischen Staates beteiligt und als Beraterin für Faisal ibn Hussein beschäftigt, der 1921 zum ersten König des Irak wurde. Auch in der weiteren Entwicklung des Landes (darunter die Festlegung der Grenzen zu Jordanien, Saudi-Arabien und der Türkei) spielte Gertrude Bell eine wichtige Rolle, doch ihr Einfluss nahm nach den Verfassungsänderungen von 1924 ab. Sie gründete das sogenannte Antiquitäten-Museum und wurde zur »Direktorin antiker Kulturgüter«. Gertrude Bell starb in der Nacht des 11. Juli 1916 in Bagdad im Schlaf an einer Überdosis Schlaftabletten.

# SCHAMLOSE BEREICHERUNG

## Francisco Pizarro: der Plünderer, der eine ganze Zivilisation auslöschte

>*»Diese Stadt ist die größte und schönste, die wir jemals in diesem Land,*
*ja im ganzen Kolonialreich gesehen haben [...]. Wir können Eurer*
*Majestät versichern, dass ihre Herrlichkeit und die Pracht ihrer Bauten*
*sogar in Spanien Aufsehen erregen würden.«*

FRANCISCO PIZARRO

16. November 1532. Eine erhabene Gestalt in zeremoniellem Ornat wird auf einer prächtig geschmückten Sänfte in das Zentrum der peruanischen Stadt Cajamarca getragen. Sie glänzt vor Gold und Juwelen und ist von Tausenden Untertanen umgeben, die ihr zu Ehren Lobeshymnen anstimmen. Die Gestalt ist Atahualpa, Herrscher der Inkas. Er hat vor Kurzem seinen Bruder in einem blutigen Bürgerkrieg besiegt und damit die Nachfolge seines Vaters als Herrscher über das Königreich angetreten. Auf dem Weg zu seiner Krönung in der antiken Stadt Cusco macht er in Cajamarca Halt, um sich mit einer kleinen Gruppe spanischer Entdecker zu treffen.

Atahualpa fühlt sich sicher. Seine mehrere tausend Mann starke Armee kampiert außerhalb der Stadtmauer und sein Gefolge trägt – mit der Ausnahme von Lassos und zeremoniellen Dolchen – keine Waffen bei sich. Er lässt sich auf dem Hauptplatz der Stadt nieder und wartet darauf, dass sich seine europäischen Gäste nähern.

Ein spanischer Priester tritt aus einem der Steinbauten am Rande des Platzes hervor. Der Dominikaner Vicente de Valverde unterhält sich mithilfe eines Dolmetschers mit Atahualpa. Er überreicht dem Herrscher ein Buch mit den Grundsätzen des katholischen Glaubens. Atahualpa lehnt es ab und wirft das Buch zu Boden. Dann bricht die Hölle los.

Vier kleine Kanonen, die man zuvor an strategischen Punkten auf dem Platz versteckt hatte, werden aufgefahren und abgefeuert. Es folgen Musketenfeuer und ein schwertschwingendes Kavalleriekommando in schwerer Rüstung. Tausende Inkas sind auf der Plaza von Cajamarca eingeschlossen. Ihre Lederrüstung bietet keinen Schutz gegen Gewehrkugeln, Stahl und Kanonenschüsse. Sie werden regelrecht abgeschlachtet. Atahualpa gerät in Gefangenschaft.

Schätzungsweise 5000 Menschen wurden am 16. November 1532 in Cajamarca von 160 Konquistadoren niedergemetzelt. Das Massaker begann mitten am Nachmittag und dauerte bis zum Einbruch der Dunkelheit. In dieser kurzen Zeitspanne wurde eine uralte Zivilisation mit äußerster Brutalität dem Tode geweiht.

Der Architekt jener Zerstörung ist ein Mann von bescheidener Herkunft, der uneheliche Sohn eines Soldaten, ohne nennenswerte formale Bildung. Er ist in den Reihen der Konquistadoren aufgestiegen und steht kurz davor, Schätze und Reichtümer von ungeahntem Ausmaß an sich zu reißen. Sein Name ist Francisco Pizarro.

Pizarro wurde in Trujillo in der kastilischen Region Extremadura geboren. Die Angaben über sein Geburtsjahr gehen auseinander, doch man nimmt an, dass er bei seiner ersten Reise nach Amerika – als Soldat auf einer Kolonisierungsexpedition im Jahr 1502 – in seinen Zwanzigern gewesen sein muss.

In den folgenden zwanzig Jahren machte sich Pizarro einen Namen unter den Konquistadoren – Berufskrieger von der Iberischen Halbinsel, die große Teile Zentral- und Südamerikas für die spanische Krone eroberten. Sie werden oft als »Entdecker« bezeichnet, obwohl sie eigentlich Kolonisatoren waren. Bereits im frühen 16. Jahrhundert begannen spanische

Siedler mit der Gründung von Ortschaften in der Karibik und breiteten sich von dort aus unaufhaltsam nach Westen bis auf das zentralamerikanische Festland aus.

> *» Wir Spanier kennen einen Kummer des Herzens,*
> *welches nur Gold zu heilen vermag.«*

HERNÁN CORTÉS

Hernán Cortés, ein ferner Verwandter Pizarros aus der Extremadura, war einer der Haupträdelsführer bei der Eroberung Mexikos. Die indigenen Zivilisationen, denen er begegnete, hatten gegen die modernen Waffen der Konquistadoren keine Chance. Durch eine Kombination aus geschickten Bündnissen mit einheimischen Völkern und brachialer Gewalt gelang es Cortés und seiner Armee, die Reichtümer der Region für Spanien zu erobern.

Auch Pizarro war an den Machenschaften der Konquistadoren in Mexiko beteiligt und wurde zu einer prominenten Figur auf dem Vormarsch der spanischen Siedler in Richtung Süden. Er war bei der Gründung des heutigen Panama-Stadt zugegen und als die Siedlung mit der Zeit zu einer wichtigen Hafenstadt avancierte, wurde er zu einem wohlhabenden Mann. Doch er wollte mehr.

Pionierreisende berichteten bei ihrer Rückkehr nach Panama von einem Land im Süden, in dem ungeheure Reichtümer existierten und eine zivilisierte Kultur herrschte. Sie nannten es »Viru«, woraus später »Peru« wurde. Pizarro bereitete sich auf ein neues Abenteuer vor.

Er fand zwei Verbündete, mit denen er eine Expedition nach Südamerika leiten würde. Diego de Almagro – ebenso Konquistador – hatte die Aufgabe, Männer für das Unternehmen zu rekrutieren und für eine gesicherte Versorgung mit Vorräten und Soldaten zwischen Panama und dem Expeditionstrupp zu sorgen. Hernando de Luque war eigentlich Priester, übernahm auf der Reise nach Südamerika jedoch eine weltlichere Rolle: Als Vermittler trug er die Verantwortung für den effizienten Einsatz der Sponsorengelder.

Die erste Expedition brach 1524 auf und war ein Desaster. Den Männern gelang es nicht, sich durch das Watt und die Mangrovensümpfe der kolumbianischen Küste bis ans Ufer durchzukämpfen. Obendrein ging ihr Proviant zur Neige und es kam zu gewaltsamen Auseinandersetzungen mit feindseligen Urvölkern, bei denen Almagro durch einen Pfeil ein Auge verlor. Die Konquistadoren humpelten nach Hause, aber Pizarros Entschlossenheit war ungebrochen. Er wandte sich an die örtlichen Behörden und erhielt die Erlaubnis für eine zweite Expedition, die 1526 den Hafen verließ.

Mehrere Monate umschiffte Pizarro die Westküste Südamerikas. Es war kein einfaches Unterfangen. Die Besatzung hatte Schwierigkeiten, die schwindenden Vorräte aufzufüllen und wurde von Krankheiten geplagt. Ihr erster wirklicher Vorstoß gelang den Männern, als sie ein Floß der Inkas kaperten. Große Mengen an Gold, Silber und Juwelen, die die einheimischen Seefahrer mit sich führten, deuteten auf eine fortschrittliche und wohlhabende Zivilisation ganz in der Nähe hin. Auf einer weiteren Erkundungsfahrt an der Küste erspähten die Spanier Siedlungen von beträchtlicher Größe sowie Hinweise auf verhältnismäßig hochentwickelte Kulturen. Pizarro beabsichtigte, zu bleiben und bis ins Landesinnere vorzudringen, doch Berichte über das schleppende Vorwärtskommen der Mission hatten Panama erreicht und der Gouverneur ordnete das Ende der Expedition an. Francisco Pizarro wollte davon nichts wissen.

An einem Strand zeichnete er eine Linie in den Sand und sagte: »Dort liegt Peru mit seinen Reichtümern, hier Panama mit seiner Armut. Wähle jeder, was sich für einen mutigen Kastilier besser ziemt. Ich für meinen Teil gehe nach Süden.« Seine Worte zeigten nur wenig Wirkung. Gerade einmal dreizehn Besatzungsmitglieder entschieden sich zu bleiben, der Großteil kehrte nach Hause zurück. Pizarro folgte ihnen innerhalb von ein paar Monaten. Mehr Glück hatte er bei König Karl von Spanien, den er von einer dritten Expedition nach Peru überzeugte.

Pizarro und seine Konquistadoren erreichten das Kernland der Inkas im Mai 1532. Schnell wurde klar, dass sie ein Kriegsgebiet betreten hatten. Huayna Cápac, der oberste Inka-Herrscher, war nach einer Krankheit gestorben und seine Söhne Atahualpa und Huáscar kämpften um die Kontrolle über das Königreich. Atahualpa gewann. Er konnte jedoch nicht ahnen, dass sein Sieg nur von kurzer Dauer sein würde.

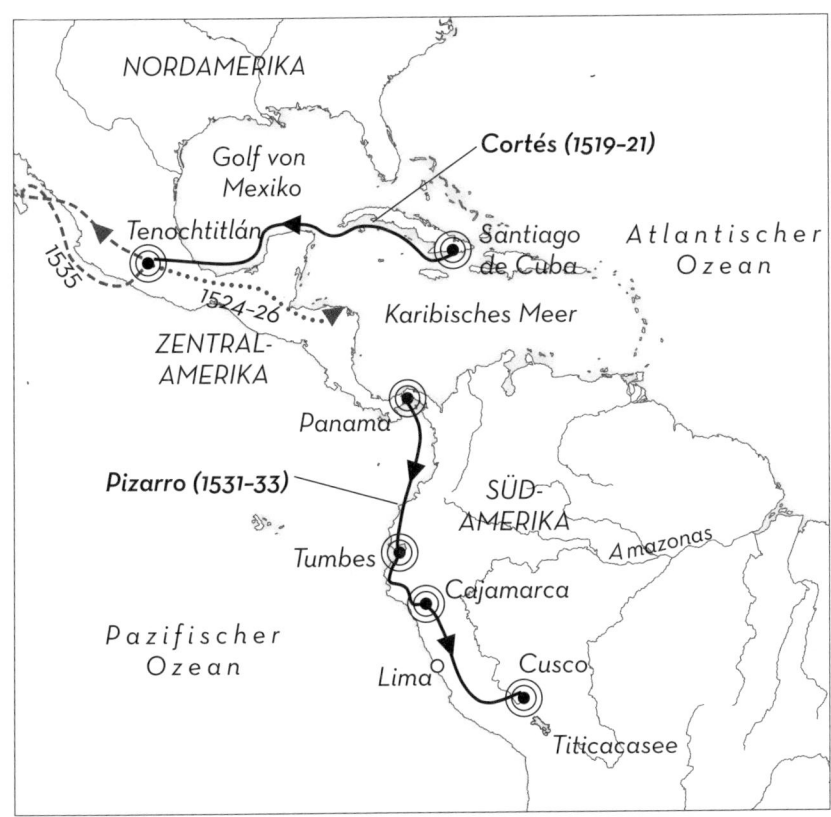

NORDAMERIKA

Golf von
Mexiko

Tenochtitlán

1524-26

1535

ZENTRAL-
AMERIKA

Cortés (1519-21)

Santiago
de Cuba

Karibisches Meer

Atlantischer
Ozean

Panamá

Pizarro (1531-33)

Tumbes

Pazifischer
Ozean

Lima

SÜD-
AMERIKA

Cajamarca

Amazonas

Cusco

Titicacasee

Im Vergleich zu Atahualpas Armee war die spanische Truppe irrwitzig
klein. Etwa 160 Konquistadoren, darunter sechzig Reiter, bahnten sich auf
der Spur der Inka-Schätze ihren Weg durch Peru nach Süden. Sie nahmen
Kontakt mit Atahualpas Männern auf und verabredeten sich zu Gesprächen
in Cajamarca, wo Pizarro sein abgekartetes, blutrünstiges Spiel wagte und
das Gemetzel anordnete.

Das Massaker in Cajamarca war ein riskantes Manöver, aber hinter Piz-
zaros Überlegungen steckte eine gewisse Logik. Die Konquistadoren waren
Atahualpas Truppen zahlenmäßig hoffnungslos unterlegen und aus einer
direkten Konfrontation oder einer längeren Schlacht wären sie als Verlierer
hervorgegangen. Die Inkas kannten allerdings weder Waffen noch die
Kriegstaktiken der Spanier und Neuerungen wie kämpfende Reiter waren
ihn gänzlich fremd. Atahualpa hatte seine Truppen als Zeichen seines guten

Willens angewiesen, vor den Stadtmauern zu warten. Ein Überfall aus dem Hinterhalt konnte also funktionieren. Pizarros Optionen waren begrenzt. Sein Wagnis gelang jedoch und erstaunlicherweise wurde kein einziger spanischer Kämpfer verletzt.

Auch Atahualpa überlebte das Blutbad und wurde von Pizarros Leuten entführt und festgehalten. Die Inkas kamen zu dem Schluss, dass die Konquistadoren mit Edelmetallen gekauft werden konnten, und ihr Herrscher schlug einen Handel vor: Das »Lösegeld des Königs« sollte der Stoff sein, aus dem die Träume der Spanier gemacht waren. Atahualpa zeigte seinen Geiselnehmern eine 6,70 Meter lange und 5,20 Meter breite Kammer. Als Gegenleistung für seine Freiheit wollte er in dem Raum bis zur Höhe seines erhobenen Armes – etwa 2,40 Meter – Gold anhäufen. Außerdem bot er ihnen an, die Kammer auf ähnliche Weise zweimal mit Silber zu füllen. Pizarro war sprachlos und stimmte dem Angebot zu.

Die Inkas brauchten acht Monate, um ihre Schätze heranzuschaffen. Pizarro und seine Männer nahmen Atahualpa beim Wort und stellten sicher, dass jeder Winkel der Kammer mit Kostbarkeiten gefüllt wurde. Als sie die abgemachte Höhe erreicht hatten, schmolzen die Konquistadoren ihre Beute ein – ganze 15 Tonnen Gold und Silber.

Die Spanier hatten bekommen, was sie wollten, und Atahualpa war ihnen nicht länger nützlich. Er wurde des Hochverrats angeklagt – angeblich hatte er eine Armee zu seiner Rettung zusammengestellt – und nach einem kurzen Prozess mit der Garrotte hingerichtet.

>»Der Tod Atahualpas erregt unseren Unmut, weil er ein Monarch war und vor allem, weil er im Namen der Gerechtigkeit getötet wurde.«*

KÖNIG KARL IN EINEM BRIEF AN PIZARRO

Die achtmonatige Verzögerung hatte für Pizarro auch etwas Gutes, denn sie ermöglichte es ihm, weitere Verstärkung aus Panama anzufordern. Obendrein gab sie ihm die Gelegenheit, Bündnisse mit Gruppen zu schließen, die im Bürgerkrieg der Inkas zu den Verlierern gehört hatten. Die Eroberer marschierten auf Cusco, die Hauptstadt der herrscherlosen Inkas. Pizarro schickte eine Einheit mit vierzig Soldaten zu Pferd voraus, die von seinem

Bruder Juan angeführt wurde und jeglichen Widerstand im Keim ersticken sollte. Prompt bezwangen sie eine Gruppe von Inkas, die ihnen an den Stadttoren aufgelauert hatte.

Die Kolonisten häuften so viel Gold und Silber an, wie sie nur finden konnten, schmolzen es ein und verschifften es. Die Inkas lehnten sich auf, wurden aber im Handumdrehen von den spanischen Truppen niedergeschlagen. Ihre Herrschaft war zu Ende.

Es ist vielleicht ganz passend, dass der Reichtum, den die Spanier unter solch blutigen Umständen erbeutet hatten, zur Wurzel allen Übels für die Sieger werden sollte. Pizarro hatte die Expedition geleitet und beanspruchte deshalb den Löwenanteil von Atahualpas Schätzen – sehr zum Missfallen seines langjährigen Partners Diego de Almagro. Pizarro richtete an der peruanischen Küste einen neuen kolonialen Regierungssitz – das spätere Lima – ein und überließ die alte Hauptstadt Cusco seinem Bruder Hernando.

Diego de Almagro war über seinen Anteil an der Beute enttäuscht und brach auf der Suche nach weiteren Zivilisationen, die er erobern konnte, zu einer neuen Expedition auf. Er reiste in südliche Richtung bis nach Chile, fand dort aber nichts, was sich mit den Reichtümern Perus vergleichen ließ. Schließlich schloss er sich mit dem jungen Inka-Herrscher Manco zusammen und heckte einen Plan zur Eroberung Cuscos aus, der jedoch misslang. Diego de Almagro wurde gefangengenommen und 1538 von Hernando Pizarro hingerichtet. Sein Tod sollte nicht ohne Vergeltung bleiben. Auf Befehl von Almagros Sohn stürmte eine Gruppe bewaffneter Männer am 26. Juni 1541 Francisco Pizarros Residenz in Lima und erstach den alternden Konquistador.

# REISE NACH LHASA

## Alexandra David-Néels Wanderung über den Himalaja

> »Die erste weiße Frau hat das verbotene Lhasa betreten
> und den Weg gewiesen. Mögen weitere folgen und mit Liebe
> im Herzen die Tore des Wunderlandes öffnen, ›für das Gute,
> zum Wohle vieler‹, wie es in den buddhistischen Schriften heißt.«

DIE LETZTEN WORTE AUS *MY JOURNEY TO LHASA*,
ERSCHIENEN 1927

Geschichten über Tibet machten in der westlichen Welt ab dem 17. Jahrhundert die Runde. Besucher Chinas berichteten, was sie über die Region gehört hatten, und eine Handvoll christliche Missionare absolvierte dort kurzlebige Missionen. Bis zur Mitte des 19. Jahrhunderts blieb das Land den wenigen Reisenden, die es gern besucht hätten, jedoch verschlossen. Später wurde Tibet unwillentlich zur Schachfigur im »Großen Spiel«, dem Wettstreit Russlands und Großbritanniens um die Vorherrschaft in Zentralasien. Um 1900 schien es, als würde Russland in Lhasa die Oberhand gewinnen, woraufhin Großbritannien unter dem Kommando von Colonel Francis Younghusband im Dezember 1903 tausend Soldaten nach Tibet schickte. Mit britischer Unterstützung blieb das Land auch weiterhin von der Außenwelt abgeschottet.

Ende des 19. Jahrhunderts wuchs im Westen die Faszination für die sogenannte »Weltferne« Tibets und zog auch Alexandra David-Néel in ihren Bann. Sie wurde 1868 als Tochter des französisch-protestantischen Lehrers Louis David und seiner katholischen belgischen Ehefrau Alexandrine in Paris geboren. Im Jahr 1837 zog die Familie nach Belgien um, wo Alexandra aufwuchs. Sie war ein unkonventioneller Freigeist und riss im Jugendalter aus ihrem lieblosen Elternhaus aus, um zu reisen und neue Denkweisen zu erkunden. Sie selbst vermerkte hierzu: »Ich träumte von wilden Hügeln, weiten menschenleeren Steppen und unwegsamen Gletscherlandschaften!«

Sie hatte eine helle Sopranstimme und nahm Gesangsunterricht am Königlichen Konservatorium in Brüssel. Nebenbei probierte sie sich in etlichen alternativen Ideologien aus. In den 1890er-Jahren reiste sie nach Indien und Südostasien und 1900 lernte sie den französischen Ingenieur Philippe Néel in Tunis kennen, als sie im dortigen Opernhaus als Sängerin auftrat. Sie heirateten 1904. Alexandra war jedoch zu selbstbestimmt, um in einer konventionellen Ehe glücklich zu werden, und das Paar lebte schon bald getrennt, blieb jedoch sein ganzes Leben lang eng verbunden. Im Jahr 1911 brach sie nach Indien auf und kehrte erst 1925 wieder nach Europa zurück.

David-Néel studierte in einem buddhistischen Kloster in Sikkim und traf 1912 den Dalai Lama, der zu jener Zeit im nordostindischen Kalimpong im Exil lebte. Sie war eine der ersten Europäerinnen, die ihm begegnete, und die Zusammenkunft hinterließ einen tiefen Eindruck bei ihr. Sie konzentrierte sich von nun an auf das Erlernen der tibetischen Sprache und ihr Studium wurde immer intensiver und asketischer. Alexandra freundete sich mit dem jungen Mönch Aphur Yongden an, den sie später als ihren Sohn adoptierte. Zusammen unternahmen sie 1916 einen geheimen (und, was die britische Verwaltung betraf, auch illegalen) Ausflug nach Tibet, bei dem sie bis nach Shigatse gelangten, wo sie den Panchen Lama trafen. Bei ihrer Rückkehr wurde Alexandra von den Briten aus Sikkim und Indien ausgewiesen.

Die folgenden Jahre verbrachte sie größtenteils in China, drei davon im Kloster Kumbum in der Provinz Qinghai nahe der tibetischen Grenze. Sie

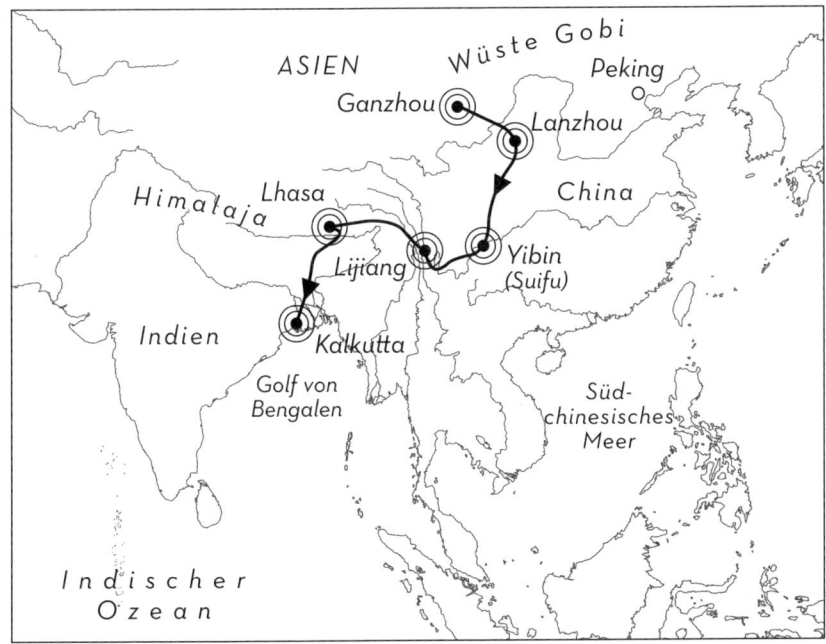

begann mit dem Gedanken zu spielen, gemeinsam mit Yongden heimlich nach Lhasa zu reisen: »Was mich dazu bewog, nach Lhasa zu gehen, war vor allem das absurde Verbot, das Thibet [ihre bevorzugte Schreibweise] abriegelt.«

Unter dem Vorwand einer botanischen Exkursion brachen die beiden im Herbst 1923 von einer französischen Missionsstation in Lijiang, im Nordwesten der Provinz Yunnan bei Tibet, aus auf. Sie wurden zunächst von zwei Kulis begleitet, entledigten sich ihrer jedoch innerhalb von zwei Tagen, verkleideten sich und machten sich auf den Weg zum Dokar-Pass. Er war ihr Eingangstor nach Tibet und der Beginn ihrer Reise nach Lhasa.

Sie waren als Bettelpilger – Yongden als Mönch und David-Néel als seine Mutter – auf einer religiösen Wallfahrt unterwegs, ein vertrautes Bild in Tibet. Als Pilger würde man von ihnen nicht erwarten, dass sie großes Gepäck bei sich trugen oder in Begleitung reisten. David-Néel musste sich maskieren: Sie kleidete sich in tibetische Gewänder, setzte sich einen Hut auf und »rieb mir mit einem feuchten Stab chinesische Tinte ins braune Haar. Ich legte mir riesige Ohrringe an, die mein Aussehen veränderten.

Am Ende puderte ich mein Gesicht mit einer Mischung aus Kakao und zerstoßener Holzkohle, um einen dunklen Teint zu erhalten.« Verborgen unter ihrer Kleidung trugen die beiden Kompasse, zwei Pistolen und Geldgürtel.

Als sie den Dokar-Pass überquert hatten, »hieß uns ein Windstoß willkommen – der heftige, eisige Kuss des strengen Landes, dessen spröder Charme mich schon so lange verzauberte und in das ich immer wieder zurückkehre.«

David-Néel hielt ihre Reise in ihrem Buch *My Journey to Lhasa* fest (aus dem hier zitiert wird). Darin erzählt sie, wie sie von Leoparden geweckt wurde, wie sie der extremen Kälte und den Schneestürmen auf den Bergpässen im Winter trotzte, sowie davon, wie das Duo mit seinen Pistolen und buddhistischen Flüchen Banditen in die Flucht schlug. Immer präsent war auch die Angst, entdeckt und ausgewiesen zu werden. Mit der Zeit fühlten sich die beiden in ihren Rollen als Pilger immer wohler. Sie reisten am Tag und Yongden vollzog für Bauern und andere Einheimische oft Riten, für die er mit Unterkunft und gelegentlich auch Geschenken belohnt wurde.

Im Februar 1924 näherten sie sich nach einer viermonatigen Wanderung Lhasa. »Das Wetter war klar, trocken und kalt, der Himmel strahlte. Im rosigen Licht der aufgehenden Sonne erspähten wir den Potala, den riesigen Palast des lamaistischen Herrschers. Schon aus der Ferne sah er majestätisch und beeindruckend aus [...]. Er wurde immer größer, je näher wir ihm kamen. Jetzt konnten wir die eleganten Umrisse seiner vielen goldenen Dächer ausmachen. Sie glitzerten vor dem blauen Himmel und aus ihren spitzen, nach oben gebogenen Ecken schienen Funken zu sprühen. Es sah aus, als ob Flammen das ganze Schloss – die Herrlichkeit Thibets – krönten.«

Sie verbrachten zwei Monate in Lhasa und erkundeten Tempel, besuchten den Potala (wo Alexandra beinah enttarnt wurde, als sie ihren Hut absetzen musste und ihr braunes Haar zum Vorschein kam), und erfreuten sich an den vielen Festen und Feiern zu Ehren des Tibetischen Neujahrs. David-Néel überlegte, das Land still und heimlich zu verlassen, wollte aber auch, dass die Menschen von ihren Reisen erfuhren. Also machte sie sich auf nach Gyantse, einem britischen Außenposten im Süden Tibets. Genüsslich ging sie geradewegs zum Bungalow des Resident, des britischen Vertreters vor Ort: »Dem ersten Gentleman, der mich sah und der hörte, dass ihn eine Thibeterin auf Englisch ansprach, verschlug es die Sprache [...]. Als ich ihm erzählte, dass ich aus China kam, acht Monate lang durch unbekannte Teile Thibets gewandert war, zwei Monate in Lhasa verbracht und in der Verbotenen Stadt die Neujahrsfeierlichkeiten genossen hatte, fehlten allen Anwesenden die Worte.«

Sie kehrte nach Indien zurück und reiste anschließend heim nach Frankreich, wo sie im Mai 1925 ankam. Sie ließ sich im Süden des Landes nieder und schrieb Bücher über ihre Abenteuer sowie über den tibetischen Buddhismus, den sie mit Yongdens Hilfe auch unterrichtete. Von 1936 bis 1945 unternahmen die beiden eine weitere Reise gen Osten und verbrachten die meiste Zeit in Tibet. Yongden starb 1955 und Alexandra David-Néel kurz vor ihrem 101. Geburtstag 1969. Die Asche der beiden wurde im Ganges verstreut.

# WAND DES TODES

## Die erste erfolgreiche Besteigung der Eiger-Nordwand

*»Es war viel schlimmer, als wir je gedacht und erwartet hatten.*
*Die Höhe, die Schwierigkeiten, der Schnee, die Stürme –*
*wir hatten das Ganze unterschätzt.«*

HEINRICH HARRER

Zerschrundener Pfeiler, Schwieriger Riss, Brüchiges Band, Die Weiße Spinne, Todesbiwak – selbst für Nicht-Bergsteiger verströmen diese Namen eine Aura des Schreckens. All denen, die den Eiger kennen, flößen sie wiederum großen Respekt und eine Art Urangst ein.

Der Eiger ist ein 3970 Meter hoher Berg in der Schweiz und seine Nordwand die größte der Alpen. Mit ihren 1800 vertikalen Metern aus Eis und brüchigem Kalkstein gilt sie als berühmt-berüchtigtster Berghang der Welt. Seit 1935 sind dort mindestens 64 Bergsteiger ums Leben gekommen, was der Eiger-Nordwand den Beinamen »Mordwand« eingebracht hat.

Der Gipfel des Eiger lässt sich relativ leicht über einen scharfen Grat erreichen und wurde erstmals 1858 vom Iren Charles Barrington in Begleitung der einheimischen Bergführer Christian Almer und Peter Bohren bestiegen. Seine Nordwand aber ist noch einmal etwas ganz anderes. Wie ihr Name schon sagt, zeigt sie nach Norden, und liegt deshalb immer im tiefen Schatten. Sie ist zudem nach innen gewölbt, weshalb sie schlechtes Wetter förmlich anzieht und konserviert. Obendrein wird sie von unwahrscheinlich vielen Stürmen heimgesucht, denn aufgrund ihrer geografischen Lage müssen alle von Nordwesten heranziehenden Wetterfronten zuerst die Nordwand passieren, bevor sie auf die anderen großen Alpengipfel treffen. Auch bei klarer Luft im Tal ist der Eiger oft in dichte Wolken gehüllt und hat mit eigenen Unwettern zu kämpfen.

Im Frühjahr beginnt der Berg, sein »Winterkleid« abzulegen. Dann rutschen regelmäßig Eis-, Schnee- und Schuttlawinen die Wände hinab. Diese tödlichen Kaskaden sind ein regelmäßiges Vorkommnis an warmen Sommernachmittagen. Die ganze Wand scheint in Bewegung zu sein, wenn donnernde Wasserfälle mörderische Gesteinsbrocken und gewaltige Eissplitter mit sich in die Tiefe reißen.

Im Vergleich zu diesen Naturgewalten kommt das Bergdörfchen Kleine Scheidegg am Fuße des Eiger beschaulich daher. Auf den Terrassen der Cafés sitzen Skifahrer und Tagesausflügler und laben sich. Dabei beobachten sie durch Fernrohre, wie die Kletterer sich allen Gefahren zum Trotz Zentimeter für Zentimeter die Wand hinauf kämpfen. Kein anderer großer Berg ist so gut einsehbar.

*»Was den Eiger meiner Ansicht nach zu etwas ganz Besonderem macht, ist die Tatsache, dass seine Felsvorsprünge mit dem Bodensatz der Geschichte bedeckt sind. Das verstärkt die Ehrfurcht. Wenn man den Hinterstoisser-Quergang erreicht, weiß man, was für furchtbare Szenen sich dort abgespielt haben, und das flößt einem zwangsläufig Angst und Nervosität ein.«*

STEPHEN VENABLES, BERGSTEIGER

Im 19. und frühen 20. Jahrhundert dominierten vor allem die Briten den Alpinismus. Anfang der 1930er-Jahre waren alle großen Gipfel im klassischen Stil bestiegen worden und die Engländer nahmen den Himalaja ins Visier. Zur gleichen Zeit begannen in den Alpen junge Männer aus einfachen Verhältnissen mit waghalsigen und dramatischen Klettertouren, die die Grenzen des Möglichen neu definierten. Sie hatten nichts zu verlieren,

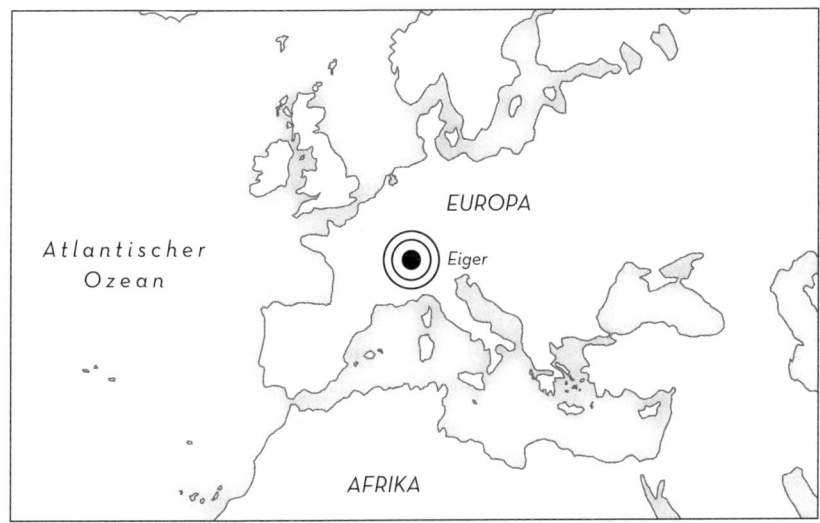

aber sofortigen Weltruhm zu erlangen. Am reizvollsten waren für sie die großen Nordwände, von denen es ihnen eine ganz besonders angetan hatte: die des Eiger, die mächtigste von allen.

Die ersten Kletterer, die einen Versuch wagten, waren zwei Deutsche. Um zwei Uhr morgens des 21. August 1935 begannen sie ihren Aufstieg. Da es noch nie jemand zuvor gewagt hatte, konnten sie nicht ahnen, wie gefährlich und schwierig dieses Unterfangen wirklich sein würde. Nach zwei Tagen des Aufstiegs erreichten sie den oberen Rand des zweiten Eisfelds, doch in der folgenden Nacht brach ein heftiges Gewitter über sie herein. Am fünften Tag rissen die Wolken auf und die Gäste der Cafés konnten ihnen auf ihrem mühevollen Weg zum Gipfel zuschauen. Es war das letzte Mal, dass die Männer lebend gesehen wurden. Schon bald senkte sich der Sturmvorhang wieder und sie erfroren in 3300 Metern Höhe auf einem Felsvorsprung, der heute als »Todesbiwak« bekannt ist.

Die Tragödie sorgte für öffentliches Aufsehen. Vor den Augen der Menschen hatte sich auf einer der eindrucksvollsten Bühnen der Welt ein wahres Drama über Ruhm und Tod abgespielt. Es war wie in einem umgedrehten Kolosseum: Anstatt nach unten auf das tragische Spektakel zu blicken, schaute man nach oben in die Berge. Für Kletterer war die Eiger-Nordwand nun unwiderstehlich geworden.

Im folgenden Jahr kampierten zwölf junge Männer im Tal vor dem Eiger und warteten auf gute Bedingungen. Am 21. Juli legte ein Viererteam einen vielversprechenden Start hin. Andreas Hinterstoißer gelang ein Quergang, der eine Komplettbesteigung des Eiger denkbar werden ließ. Er kletterte auf eine unwegsame Felsplatte, von der er sich hinunterließ und auf die andere Seite herüberschwang. Dort befestigte er ein Seil und ermöglichte auf diese Weise seinen Kameraden die Überquerung. Der Quergang trägt auch heute noch seinen Namen. Am zweiten Tag der Exkursion zog jedoch schlechtes Wetter auf und die Männer wurden unablässig mit Eis und Steinen bombardiert. Am dritten Tag wurden sie beim Abstieg beobachtet. Ein Kletterer war schwer verletzt. Als es ihnen nicht gelang, den schwierigen Hinterstoisser-Quergang in umgekehrter Richtung zu überwinden, saß die Gruppe fest und wurde schließlich von einer Lawine erfasst. Nur ein Mann – Toni Kurz – überlebte, indem er an einem Seil oberhalb eines Überhangs hängenblieb. Wie es der Zufall will verkehrt im Inneren des Eiger eine Bergbahn, für die Aussichtsfenster und Türen in die Felswand gehauen wurden. Durch diese Öffnungen konnten Retter heraustreten, sich Kurz nähern und ihm Seile zuwerfen. Doch nach einer erbarmungslosen Nacht, die er hängend im Freien verbracht hatte, waren seine Hände zu steifgefroren, um die Seile zu gebrauchen. Toni Kurz starb einen langsamen Erfrierungstod.

Der britische Herausgeber des *Alpine Journal* – der ältesten und renommiertesten Kletterzeitschrift der Welt – schrieb 1938, dass die Nordwand eine »Manie Geisteskranker« sei und »die schwachsinnigste Variante seit den Anfängen des Bergsteigens«.

Zwei junge österreichische Studenten, Heinrich Harrer und sein Freund Fritz Kasparek, waren da ganz anderer Meinung. Nach ihren Abschlussprüfungen an der Universität machten sie sich im Sommer 1938 auf in die Alpen und am 21. Juli brachen sie zur Eiger-Nordwand auf. Sie legten einen holprigen Start hin. Harrer hatte seine Steigeisen vergessen und die kolossale Wand begann, nicht gerade zimperlich Eis und Geröll abzuwerfen. Später sagte Harrer darüber: »Wir hatten uns geschworen, nie nachmittags zu klettern [...]. Am Nachmittag bricht auf dem zweiten Eisfeld die Hölle aus und man kann es kaum vermeiden, von Steinen getroffen zu werden.« Einen Tag nach ihnen begannen die zwei deutschen Kletterer Anderl

Heckmair und Ludwig Vörg ihren Aufstieg. Sie brachten mehr Erfahrung und eine bessere Ausrüstung mit, darunter die neuesten zwölfspitzigen Steigeisen. Die Deutschen hatten die Österreicher bald eingeholt und die Männer beschlossen, ihre Kräfte zu bündeln und sich zu einer Vierer-Seilschaft zusammenzuschließen.

Lawinen und Steine regneten in einem beinah stetigen Hagel auf die Männer herab und bei jedem Angriff mussten sie sich an die Felswand pressen und auf das Beste hoffen. In den kurzen Pausen dazwischen waren sie gezwungen, so schnell wie möglich zu klettern, bevor die tödliche Kaskade von Neuem begann. Am dritten Tag wurden sie von einem Sturm heimgesucht, dessen peitschende Winde und bittere Kälte den Schwierigkeitsgrad weiter erhöhten. Wirbelnder Sprühnebel erschwerte die Routenfindung erheblich.

Die vier Männer befanden sich auf der Weißen Spinne – mehrere schneegefüllte Spalten am oberen Teil der Wand, die von einem steilen Eisfeld ausstrahlen –, als eine heftige Lawine sie traf. Darüber sagte Harrer später: »Kasparek rief mir zu: ›Vorsicht, Lawine!‹ Also presste ich meinen Körper an den Eishang und hatte gerade noch Zeit, um meinen Rucksack über meinen Kopf zu schieben. Das rettete mir das Leben.« Wie durch ein Wunder konnten sich alle vier festhalten. Doch es wartete noch eine allerletzte Gefahr auf sie.

Der große Preis lag in greifbarer Nähe, denn die Männer befanden sich bereits in den Ausgangsspalten, die sie ganz oben an der Wand herausbringen würden. Doch dann rutschte Heckmair – der erfahrenste Bergsteiger des Teams, der seine Kameraden über die schwierigsten Steigungen geführt hatte – plötzlich aus. Er stürzte ab und wäre in die Tiefe gefallen, wenn Ludwig Vörg nicht seine Hände ausgestreckt und ihn an den Füßen gepackt hätte. Heckmair landete auf Vörg, wobei sich eine Steigeisenspitze in den Handschuh seines Kameraden und weiter in dessen Hand bohrte. Blut spritzte und die Wunde legte Muskeln und Sehnen frei.

»Ich stürzte in einer rasanten Rutschpartie direkt auf ihn herab. Wiggerl [Ludwig Vörg] ließ das Seil los und fing mich mit den Händen auf, wobei eine Spitze meines Steigeisens seine Handfläche durchstach. Durch die Wucht, mit der ich auf Wiggerl traf, verlor auch er seinen Halt, konnte sich aber ebenso retten. Hier standen wir nun einen guten Meter unter unserer vorherigen Position ohne sicheren Tritt auf steilem Eis. Unsere Freunde [...] hatten gar nicht bemerkt, dass etwas passiert war. Wäre es uns nicht gelungen, unseren Sturz aufzuhalten, hätten wir sie in einem weiten Bogen mit uns von der Wand gerissen.«

Vörgs Heldenmut hatte die ganze Gruppe vor dem sicheren Tod bewahrt. Kurz darauf, genauer um vier Uhr morgens des 24. Juli 1938, hievten sich die Kletterer über den Rand der gewaltigen Wand und fanden sich auf dem messerscharfen Gipfel des Eiger wieder. Glücklich, aber vollkommen erschöpft, bahnten sie sich inmitten eines tosenden Schneesturms ihren Rückweg über einen Gebirgskamm.

Unten im Tal wurden sie als Weltstars gefeiert. Die Eiger-Nordwand – die tödlichste Herausforderung der Alpinisten – war bezwungen.

EXPEDITION 31

# SOLARFLUG
## Vom Versuch, ohne Treibstoff
## um die Welt zu fliegen

> »Heute wie Jules Verne zu träumen, heißt, dem Drang zu folgen,
> das Unbekannte zu erforschen und die Kraft zu haben, Gutes zu tun,
> um damit die Menschen auch künftig zu inspirieren. Nimm dir Zeit,
> sei geduldig und entschlossen, schrieb mein Großvater Jules Verne,
> denn alles Großartige, was jemals in der Welt erreicht wurde,
> ist das Ergebnis von übertriebenem Ehrgeiz. Und es ist dieser Geist,
> den Bertrand Piccard mit seinem ehrgeizigen, für die Menschheit
> nützlichen Vorhaben so trefflich verkörpert.«

JEAN VERNE

Hawaii. Satt grüne, einladende Inseln, die Entspannung, Wärme und Erholung von den Stürmen des gewaltigen Pazifik versprechen. Doch für Bertrand Piccard und André Borschberg war es ein Ort voller Frustration und
Enttäuschung. Würde ihr kühner Traum hier in diesem Paradies sein jähes
Ende finden? Angesichts der Schwierigkeiten, die sie bereits bewältigt, und
der Opfer, die sie bis dahin erbracht hatten, wäre dies eine höchst bittere
Ironie gewesen.

Bertrand Piccard trägt die Abenteuerlust im Blut wie kein anderer. Sein
Vater Jaqcues Piccard hatte an der ersten Expedition teilgenommen, die bis

zur tiefsten Stelle des Weltmeers – dem Marianengraben – vordrang, und sein Großvater Auguste Piccard war ein bahnbrechender Ballonfahrer gewesen. Bertrand wurde in eine Familie geboren, die sowohl für die höchste Ballonfahrt als auch den tiefsten Tauchgang Weltrekorde gebrochen hatte. Sein erstes großes Abenteuer war der Sieg bei der ersten transatlantischen Ballonwettfahrt. Im Anschluss daran rief er das Breitling-Orbiter-Projekt ins Leben, bei dem ihm 1999 zusammen mit Brian Jones die erste Nonstop-Umrundung der Erde in einem Heißluftballon gelang. Mit dieser Leistung stellte er den Rekord für den längsten Flug in der Geschichte der Luftfahrt auf, und zwar sowohl von der Zeit als auch von der Entfernung her.

Im Jahr 2009 ersann er gemeinsam mit seinem Pilotenkollegen André Borschberg eine neue und sehr schnörkellose Expedition: eine Weltumrundung ohne Treibstoff. Sollte das Vorhaben gelingen, würden sie mit ihrem wagemutigen und bahnbrechenden Projekt nicht nur die Fantasie der Öffentlichkeit beflügeln, sondern der Welt obendrein beweisen, dass auch umweltschonende Technologien Unglaubliches leisten können. Um seinen Traum verwirklichen zu können, würde sich das Duo jedoch ganz neuen technischen, menschlichen und operativen Herausforderungen stellen müssen.

*»Es geht jetzt nicht mehr so sehr darum, ob der Mensch noch*
*weiter in die Ferne streben und andere Planeten bevölkern kann,*
*sondern vielmehr darum, wie man die Dinge so organisieren*
*kann, dass das Leben auf der Erde lebenswerter wird.«*

AUGUSTE PICCARD, 1931

*»Die Öffentlichkeit hat das Ausmaß und den Ernst*
*des Problems der Umweltverschmutzung noch nicht erkannt.«*

JACQUES PICCARD, 1972

*»Abenteuer im 21. Jahrhundert bedeutet, die Kreativität*
*und den Pioniergeist der Menschen für die Entwicklung einer*
*Lebensqualität einzusetzen, auf die die heutigen und die künftigen*
*Generationen ein Anrecht haben.«*

BERTRAND PICCARD, 2004

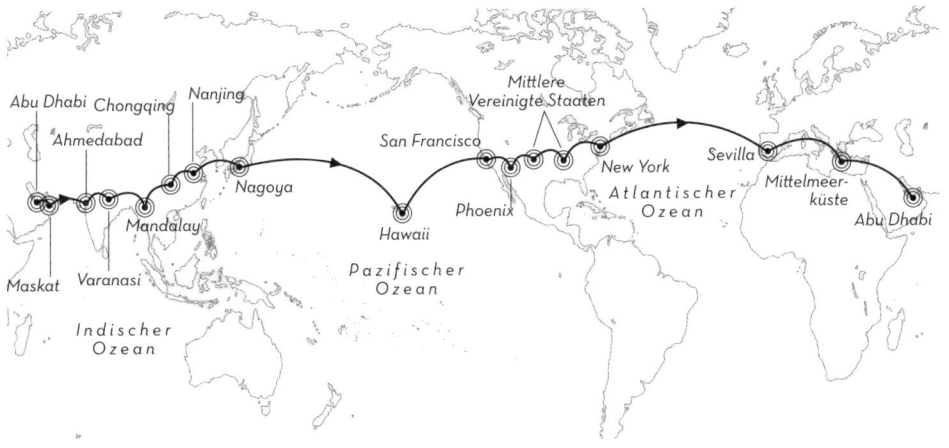

Wie bei allen großen Premieren gab es auch für diese keine Maßstäbe. Noch nie war jemand mit einem Solarflugzeug über einen Ozean geflogen. Das Team musste also von Grund auf Strategien entwickeln, um eine Maschine ohne Treibstoff an fünf aufeinanderfolgenden Tagen und Nächten über dem Pazifik am Laufen zu halten.

Piccard und Borschberg bauten einen Prototyp, die *Solar Impulse 1*. Das Solarflugzeug konnte immerhin bis zu 36 Stunden in der Luft bleiben, doch das war den Visionären nicht lange genug: Sie hatten ein Luftfahrzeug mit unendlicher Flugdauer im Sinn. Ein zweites Modell mit mehr Solarzellen und leistungsstärkeren Motoren wurde 2014 fertiggestellt. Die *Solar Impulse 2* ist ein Einsitzer mit einer Flügelspanne, die mit insgesamt 72 Metern die einer Boeing-747 übersteigt. Trotz ihres Ausmaßes wiegt die Maschine nur 2300 Kilogramm – in etwa so viel wie ein unbeladenes Familienauto. Die Tragflächen sind mit 17 248 Solarzellen bestückt, die vier Batterien mit je 38,5 Kilowatt Strom versorgen. Die Akkus treiben vier Elektromotoren mit einer Leistung von je 13,5 Kilowatt an, die die Propeller fortwährend in Bewegung halten. Das Flugzeug tankt tagsüber Sonnenlicht, um seine Batterien mit Energie für die Nachtflüge aufzuladen. So könnte die *Solar Impulse 2* theoretisch ganz ohne Kerosin für immer in der Luft bleiben – allein der Pilot könnte andere Pläne haben.

Das Cockpit misst gerade einmal 3,8 Kubikmeter und ist drucklos und unbeheizt. Die Temperaturen im Inneren schwanken zwischen –20 °C und

35 °C. Das Fliegen ist unter solchen Bedingungen keine leichte Aufgabe, doch für einen Copiloten fehlt der Platz. Selbst auf einer fünftägigen Mission bleibt es ein Soloflug. Um sich auszuruhen, kann der Pilot seinen Sitz gerade so weit zurückklappen, dass er sich hinlegen und eine zwanzigminütige Siesta halten kann. Er kann ein Bein nach dem anderen anheben und dehnen und mit seinem Oberkörper Yoga-Übungen machen, um wach zu bleiben und die Blutzirkulation in den eingezwängten Gliedmaßen anzuregen.

Die *Solar Impulse 2* ist eine Schildkröte, kein Hase: Ihre Höchstgeschwindigkeit beträgt nur etwas über 100 Stundenkilometer und ihre durchschnittliche Reisegeschwindigkeit liegt bei gerade einmal 75 km/h. Nachts fliegt sie noch langsamer, um Energie zu sparen. Eine weitere nützliche Maßnahme besteht darin, tagsüber an Höhe zu gewinnen und diese zu nutzen, um eine größere Entfernung zurückzulegen.

Zum Expeditionsteam der *Solar Impulse 2* gehörten Meteorologen und Mathematiker, die für die Berechnung der Flugparameter unter Einbeziehung von Wetterdaten, Sonnenstunden und Einschränkungen im Luftverkehr zuständig waren.

Es waren zwölf Zwischenstopps vorgesehen, damit die Piloten sich abwechseln konnten und die Möglichkeit bestand, schlechtes Wetter auszusitzen. Die ersten sechs Etappen verliefen nach Plan. Das Flugzeug flog von Abu Dhabi nach Nanjing in China und machte dabei Station in Maskat im Oman, Ahmedabad und Varanasi in Indien, Mandalay in Myanmar und Chongqing in China. Die siebte Teilstrecke sollte über 9132 Kilometer von Nanjing nach Hawaii führen, doch extreme Witterungsverhältnisse zwangen den Piloten dazu, stattdessen Nagoya in Japan anzusteuern.

Nach einem einmonatigen Aufenthalt in Japan war es an der Zeit, einen zweiten Flugversuch nach Hawaii zu wagen. André Borschberg gab seiner Ehefrau Yasemine einen Abschiedskuss und kletterte ins Cockpit. Die *Solar Impulse 2* rollte über die Startbahn und hob in der japanischen Nacht zu seiner 7000 Kilometer langen Reise ab. Doch bereits nach wenigen Stunden in der Luft funkten Ingenieure aus der Kommandozentrale in Monaco Borschberg an, um ihn über ein Problem zu informieren. Zum Schutz vor der Kälte hatte man die Batterien des Flugzeugs stark isoliert –

zu stark, wie sich herausstellte. Die Akkus waren überhitzt und würden bald durchbrennen.

Als die Techniker den Ernst der Lage erkannten, blieben Borschberg nur noch 65 Minuten bis zum Umkehrgrenzpunkt. Sie legten ihm nah, nach Japan zurückzukehren. Sollte sich André zum Weiterfliegen entscheiden, würden sie im Ernstfall nur wenig für ihn tun können. Dem Piloten wurde übel. Er würde ins Meer stürzen, sobald das Flugzeug zu wenig Strom hatte. Er könnte sterben. Aber zugleich fühlte er sich auch ruhig und entschlossen. Das Wetter war gut und das Flugzeug würde nicht übermäßig strapaziert werden. Am Umkehrgrenzpunkt flog André einfach weiter.

Nach fünf Tagen und Nächten in der Luft landete Borschberg am 2. Juli 2016 auf Hawaii. Die ganze gigantische Etappe brach gleich drei Weltrekorde: Es war der längste solarbetriebene Flug der Welt, sowohl nach Zeit (117 Stunden und 52 Minuten) als nach Entfernung (7212 Kilometer), und gilt zudem als längster Alleinflug mit einem Fluggerät überhaupt.

Die Freude darüber war jedoch nicht von Dauer. Die Akkus des Flugzeugs waren stark beschädigt und unbrauchbar geworden. Sie gingen nicht mehr zu reparieren; es mussten neue gebaut werden. Dafür blieb vor dem stürmischen Winter jedoch keine Zeit mehr. Also schob man das Flugzeug zum Überwintern in einen Hangar.

Weihnachten nahte und zog vorüber, aber eine richtige Feststimmung kam unter den Crewmitgliedern sicher nicht auf. Im Februar 2016 konnten endlich die neuen Batterien eingebaut und bei einigen Testflügen ausprobiert werden. Der Winter in der nördlichen Hemisphäre bot jedoch nicht ansatzweise genug Tageslicht, um sie für die Nachtflüge aufzuladen. Das Festland der Vereinigten Staaten lag in weiter Entfernung und Piccard und Boschberg blieb nichts anderes übrig, als abzuwarten, das Wetter zu beobachten und ihre eigene Ungeduld im Zaum zu halten.

Im April 2016 sahen die Wettervorhersagen endlich gut genug aus und die Tage waren hinreichend lang geworden, um die Marathonexpedition fortzusetzen. Das Flugzeug rollte in Hawaii auf die Startbahn, nahm Kurs auf Osten und hob ruhig in Richtung der unendlichen Weite des Pazifischen Ozeans ab.

Die *Solar Impulse 2* setzte am 23. April 2016 sanft auf dem Flugplatz Moffett Field in Mountain View bei San Francisco auf. Der Pazifik lag nun endlich hinter ihr. Im Frühsommer erreichte sie New York und am 23. Juni beendete sie ihre Atlantiküberquerung im spanischen Sevilla. Der stolze Traum von der Weltumrundung in einem Flugzeug ohne Treibstoff stand nun kurz vor der Erfüllung.

# REISE OHNE WIEDERKEHR
## Ferdinand Magellans Weltumrundung

> *» Wie durch ein Wunder fanden wir die Straße, der wir den Namen*
> *›Kap der Elftausend Jungfrauen‹ gaben. Sie ist einhundertzehn*
> *Seemeilen lang, umgerechnet vierhundertvierzig Meilen, und etwas*
> *weniger als eine halbe Seemeile breit. Sie endet in einem anderen Meer,*
> *das Friedliches Meer heißt.«*

AUS ANTONIO PIGAFETTAS REISETAGEBUCH

Ferdinand Magellan leitete die erste erfolgreiche Weltumsegelung. Seine Flotte aus fünf Schiffen verließ Spanien im Jahr 1519 mit rund 270 Besatzungsmitgliedern, doch bei ihrer Rückkehr 1522 waren nur noch ein Boot und achtzehn Seeleute übrig. Magellan selbst wurde 1521 auf den Philippinen getötet. Die Expedition bestätigte, dass die Erde rund war, ermittelte ihre Größe (größer als erwartet) und weitete Spaniens Kolonialreich aus.

Ferdinand Magellan (auf Portugiesisch Fernão de Magalhães und auf Spanisch Fernando de Magallanes) wurde 1480 in eine portugiesische Adelsfamilie geboren und stieg später zu einem Pagen in der portugiesischen Königsfamilie auf. Im Jahr 1505 ging er nach Indien, wo er bei der Ernennung Francisco de Almeidas als Vizekönig mitwirkte. Portugal errichtete zu jener Zeit Außenposten auf dem asiatischen Festland, die den Seeweg zu den Gewürzinseln unterstützen sollten. Magellan war an der Einnahme Malakkas auf der Malaiischen Halbinsel beteiligt und soll noch vor 1511 bis zu den Molukken gesegelt sein, dem Zentrum des damaligen Gewürzhandels. Er war ein Mann mit festen Überzeugungen und wurde im folgenden Jahr nach Portugal zurückbeordert, da er sich Befehlen widersetzt hatte. Anschließend segelte Magellan nach Marokko, wo er sich 1513 in einer Schlacht mit den Mauren bei Azemmour eine Wunde am Bein zuzog, die ihn sein Leben lang humpeln ließ. In der Hoffnung, wegen seiner Verletzung eine Pension beziehen zu können, kehrte er nach Lissabon zurück. Doch stattdessen beschuldigte ihn Manuel I., Kriegsbeute zurück an die Mauren verkauft zu haben. Magellan bestritt den Vorwurf vergebens und bekam 1516 vom König die Nachricht, dass Portugal seine Dienste nicht länger benötigte.

Er zog daraufhin nach Spanien und wechselte damit im Wettlauf um die Vorherrschaft auf den Handelsrouten quasi die Seiten. Magellan wusste, dass die Portugiesen die östliche Route kontrollierten, und schlug deshalb dem spanischen König Karl I. im Jahr 1518 eine Expedition nach Westen vor. Sein Ziel war es, einen Weg nach China und zu den Gewürzinseln zu finden, der um Südamerika herumführte. Der König sagte ihm seine Unterstützung zu. Fünf alte Schiffe mit den Namen *Trinidad, San Antonio, Concepción, Victoria* und *Santiago* wurden startklar gemacht und Magellan stellte eine Besatzung aus Spaniern, Portugiesen und Angehörigen anderer Nationalitäten zusammen. Der Italiener Antonio Pigafetta agierte als Chronist der Reise.

Die Flotte legte am 20. September 1519 von Sanlúcar de Barrameda bei Cádiz ab und nahm zunächst Kurs auf die Kanaren. Von dort segelte sie weiter nach Westen und näherte sich Mitte Dezember Rio de Janeiro. Die Expedition fuhr in südliche Richtung die Küste Südamerikas entlang und suchte ab dem Río de la Plata alle größeren Buchten nach Flüssen ab, von denen man hoffte, dass sie auf die andere Seite des Kontinents führen würden. Ende März 1520 erreichten sie San Julián ganz im Süden Argentiniens, wo sie den Winter verbrachten. Einigen Kapitänen und Besatzungsmitgliedern widerstrebten die Entbehrungen sowie die von Magellan eingeführte Rationierung und sie meuterten. Magellan schlug den Aufstand nieder, indem er einen der Kapitäne hinrichtete und einen anderen in San Julián zurückließ, als die Flotte im August weitersegelte. Noch bevor er die Spitze

Im Kartenbild beschriftet:

NORD-
AMERIKA

EUROPA

Atlantischer
Ozean

Sevilla

ASIEN

Magellan wird getötet.
Juan Sebastián Elcano
übernimmt das Kommando
über die Heimfahrt.

Pazifischer
Ozean

AFRIKA

Cebu

Guam

SÜD-
AMERIKA

Molukken

Indischer
Ozean

AUSTRALIEN

Rio de la Plata

Kap der
Guten Hoffnung

Magellanstraße

Südamerikas erreichte, verlor er die *Santiago*, die bei Vermessungsarbeiten havarierte.

Nach etlichen Fehlstarts erreichte er am 21. Oktober den Eingang zu der nach ihm benannten Magellanstraße zwischen dem südamerikanischen Festland und Feuerland. Als die Flotte die Durchquerung begann, desertierte die *San Antonio* und kehrte zum Atlantik zurück. Am 28. November 1520 verließen die drei übrigen Schiffe die Magellanstraße und gelangten auf den Pazifischen Ozean. Nachdem sie etwa drei Wochen in nördliche Richtung die Küste entlang gesegelt waren, nahmen sie Kurs auf Nordwesten und fuhren auf den Pazifik hinaus. Magellan hatte das Meer so genannt, da »wir dort auf keine Stürme trafen«.

Nachdem sie die Magellanstraße verlassen hatten, betraten die Männer 99 Tage lang kein Land mehr – mit Ausnahme von zwei kleinen, unbewohnten Inseln –, bis sie schließlich Guam erreichten. Diese monumentale Fahrt dauerte viel länger, als Magellan erwartet hatte, und die Besatzung wurde arg in Mitleidenschaft gezogen. Zum ersten Mal verzeichnete man einen Ausbruch von Skorbut: »Dieses Unglück, das ich erwähnen will, war das schlimmste. Das obere und untere Zahnfleisch der meisten Männer schwoll derart an, dass sie nichts mehr essen konnten, und auf diese Weise litten so viele von ihnen, dass neunzehn starben.« Alle frischen Lebensmittel waren aufgebraucht und die Rationierung nahm verzweifelte Ausmaße an: »Wir aßen nur alten Zwieback, der zu Pulver zerfallen und voller Maden war und nach dem Dreck der Ratten stank, den sie auf ihnen hinterlassen hatten, als sie die guten Kekse gefressen hatten. Wir tranken gelbes, stinkendes Wasser. Außerdem aßen wir die Ochsenhäute, die sich unter der Hauptrahe befanden [...].«

Endlich erreichten die Männer am 6. März 1521 das heutige Guam und konnten ihre Reserven auffüllen. Von dort aus segelten sie weiter nach Südwesten in Richtung der Philippinen, die Magellan für Spanien beanspruchte. Auf der Insel Cebu wurden sie wärmstens von einem örtlichen Herrscher empfangen und die Crew konnte sich von den Strapazen der Überfahrt erholen. Als Gefallen für den Herrscher, der zum Christentum konvertiert war, ließ sich Magellan darauf ein, einen seiner Rivalen auf der Insel Mactan zu unterwerfen. Doch der Angriff am 27. April 1521 verlief nicht nach Plan: »Dann stürzten sich die Indianer auf ihn [Magellan] und durchstachen ihn mit Lanzen und Krummsäbeln und all den anderen Waffen, die sie bei sich trugen. So löschten sie unserem Spiegel, unserem Licht, unserem Trost und wahren Führer das Leben aus.«

Die Besatzung reichte jetzt nur noch für zwei Schiffe, weshalb man die *Concepción* versenkte und nur die *Victoria* und die *Trinidad* weiter zu den Molukken segelten, wo sie Gewürze luden. Die Kähne befanden sich inzwischen in einem schlechten Zustand. Die *Trinidad* trat ihre Rückfahrt über den Pazifik an, kehrte jedoch schon bald wieder um, da sie nicht mehr seetauglich war. Ihre Besatzung wurde letztendlich von den Portugiesen gefangengenommen. Der neue Kapitän der *Victoria*, Juan Sebastián Elcano, befand eine Rückfahrt in westliche Richtung für sicherer. Er segelte von den Molukken in Richtung Süden bis nach Java und von dort aus direkt bis zum Kap der Guten Hoffnung, wodurch er den portugiesischen Schiffen erfolgreich auswich. Als sie die Westküste Afrikas hinaufsegelten, wurden ihre Vorräte derart knapp, dass sie einen Zwischenstopp auf den Kapverdischen Inseln einlegen mussten, die zu Portugal gehörten. Aus Angst vor den Portugiesen legte die *Victoria* so schnell wie möglich wieder ab und ließ dabei einige Besatzungsmitglieder zurück.

Schließlich erreichten sie Spanien: »Zu guter Letzt, als es dem Himmel gefällig war, liefen wir am 6. September des Jahres 1522 in die Bucht von San Lucar ein [...]. Von dem Tag, an dem wir sie verlassen hatten, bis zu unserer Rückkehr dorthin hatten wir schätzungsweise über 14 460 Seemeilen zurückgelegt und waren von Osten nach Westen um die Erde gereist.«

In seinem Schlusswort fasste Pigafetta Magellans Stärken zusammen:

*»Eine seiner größten Tugenden war seine Standfestigkeit*
*in den widrigsten Umständen. Mitten auf dem Meer konnte er den*
*Hunger besser ertragen als wir. Er kannte die Seekarten wie sonst*
*keiner und beherrschte die wahre Kunst der Navigation besser als jeder*
*andere. Ein sicherer Beweis dafür ist, dass er durch seine bloße*
*Geisteskraft und seine Furchtlosigkeit und ohne, dass ihm jemand*
*ein Beispiel gegeben hätte, wusste, wie eine Umrundung des Erdballs,*
*die er fast vollendete, überhaupt durchzuführen war.«*

# AUF FORSCHUNGSREISE IN AMERIKA

## Alexander von Humboldt, der Vater der Geografie

*»Man sagt mir oft nach, dass ich mich für zu viele Dinge*
*gleichzeitig interessiere: Botanik, Astronomie, vergleichende Anatomie.*
*Doch kann man einem Menschen wirklich das Verlangen absprechen,*
*alles um ihn herum verstehen und erfassen zu wollen?«*

ALEXANDER VON HUMBOLDT

Als das sich 18. Jahrhundert dem Ende zuneigte, hatten sich die Alte und die Neue Welt zusehends angenähert – ob nun zum Guten oder Schlechten, sei dahingestellt. Reisende aus Europa hatten im sogenannten »Zeitalter der Entdeckungen« die ganze Welt gesehen. Während einige von ihnen die Gier nach Reichtum und Ruhm antrieb, hatte andere eine unstillbare Wanderlust ergriffen. Manche folgten dem Befehl eines Monarchen und andere waren auf der Flucht vor Verfolgung.

Für die Menschen, die bereits in der Neuen Welt lebten, bedeutete dieser Entdeckungsboom das plötzliche Ende ihrer gewohnten Lebensweise und den Beginn einer neuen. Die Neuankömmlinge schleppten bis dahin unbekannte Krankheiten wie die Pocken ein, was zu einem verheerenden Verlust an Menschenleben führte. Jahrhundertealte Zivilisationen und kulturelle

Praktiken wurden verdrängt und Reichtümer und natürliche Ressourcen geplündert. Ende des 16. Jahrhunderts machten die Silberimporte aus Amerika ganze zwanzig Prozent des spanischen Gesamthaushalts aus.

Alexander von Humboldt war eine andere Art von Entdecker. Er war fasziniert von der Welt um ihn herum und entschlossen herauszufinden, wie sie funktionierte. Im Jahr 1799 brach er zu einer der größten Expeditionen der Geschichte auf: einer fünfjährigen Reise durch den amerikanischen Doppelkontinent.

Mit anscheinend unerschöpflicher Neugier und Begeisterung machte er eine ganze Reihe von wichtigen wissenschaftlichen Entdeckungen. Er führte wegweisende anthropologische Studien durch und bereicherte die geografische Forschung um wirklich bedeutende Erkenntnisse. Die schiere Bandbreite von Humboldts Leistungen war in jeder Hinsicht außergewöhnlich. Er veränderte die Sichtweise der Menschen auf den Planeten Erde.

Über einhundert Tierarten – von Tintenfischen bis zu Stinktieren – und mehr als dreihundert Pflanzenarten wurden nach ihm benannt. Auch Gebirge, Salzsümpfe, Flüsse, Gletscher und Nationalparks tragen seinen Namen.

Andere Entdecker maßen ihren Erfolg an Reichtum und Einfluss. Doch Humboldts größter Lohn war neues Wissen, mit dem er die Welt besser verstehen konnte.

Alexander von Humboldt wurde 1769 in Preußen in eine wohlhabende Familie geboren. Sein Vater starb, als Alexander neun Jahre alt war, und er und sein Bruder Wilhelm erhielten unter der Aufsicht ihrer Mutter Privatunterricht. Es war eine einsame und beengte Kindheit.

Seine frühe akademische Laufbahn verlief kaum bemerkenswert für einen Mann, der einen solch bedeutenden Einfluss auf die moderne Wissenschaft haben sollte. Er besuchte für kurze Zeit die Universitäten von Frankfurt an der Oder und Göttingen, legte aber weder hier noch dort einen Abschluss ab. Zwei Jahre lang studierte er an der erst kürzlich gegründeten Bergakademie in Freiberg, verließ aber auch diese ohne richtigen Abschluss.

Einen jungen Mann von Humboldts Herkunft erwartete zu jener Zeit ein klar vorgezeichneter, konventioneller Lebensweg: Ein Beruf im Rechts-

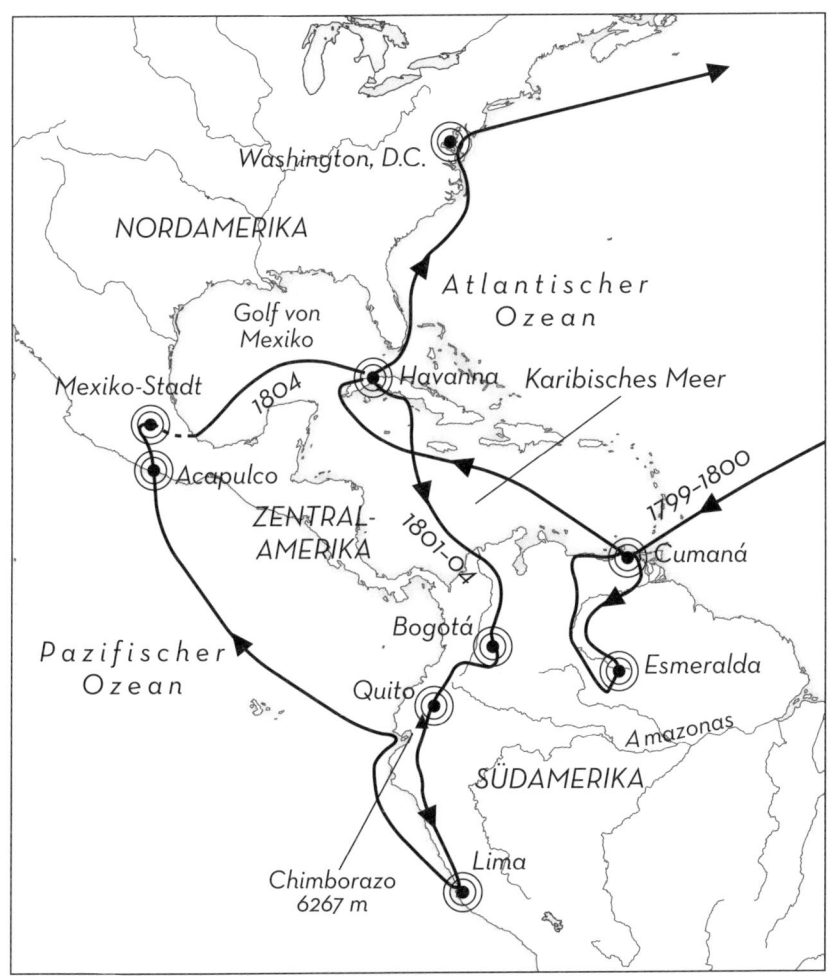

wesen, in der Buchhaltung oder der Medizin galt als standesgemäß und auch eine Laufbahn im Staatsdienst war möglich.

Doch Humboldt sehnte sich nach etwas ganz anderem. Seine große Leidenschaft galt der Natur und während seines Studiums in Göttingen bewies er eine Begabung auf den Gebieten der Mineralogie und Geologie. Er war davon überzeugt, dass diese Fähigkeiten auf einer wissenschaftlichen Forschungsreise von Nutzen sein könnten. Bestärkt wurde er in dieser Hinsicht durch Gespräche mit Georg Forster, einem Naturforscher, der auf der zweiten Reise der HMS *Resolution* unter Captain James Cook gedient hatte. Dieser ermutigte den jungen Humboldt, seinen Horizont zu erweitern.

Humboldt nahm eine Stelle als Bergassessor in der preußischen Regierung an, nährte jedoch auch weiterhin seine Wissbegier und erwarb Kenntnisse, die er als Entdeckungsreisender brauchen würde. Er lernte Fremdsprachen und bildete sich in Astronomie, Anatomie und Geologie weiter. Außerdem kaufte er sich wissenschaftliche Instrumente und ließ sich in deren Handhabung und Instandhaltung unterrichten. In einem Brief an einen Freund beschreibt er seinen Zustand ruheloser Erregung wie folgt: »Es ist ein Treiben in mir, dass ich denke, ich verliere mein bisschen Verstand.«

Im Jahr 1796 starb Humboldts Mutter und ihm fiel ein beträchtliches Erbe zu, das es ihm erlaubte, von seinem Regierungsposten zurückzutreten und seine Expedition zu finanzieren.

Humboldt brauchte drei Jahre, bis er endlich die nötige Ausrüstung und alle Genehmigungen – darunter die Zustimmung von König Karl II. von Spanien – für einen Besuch der spanischen Kolonien in Amerika beisammen hatte. Am 15. Juni 1799 legte er an Bord der *Pizarro* im spanischen La Coruña ab.

Begleitet wurde Humboldt auf dieser Reise von dem Franzosen Aimé Bonpland, der für die botanische Sammlung der Expedition zuständig war. Gemeinsam sollten sie das Gesicht der Naturwissenschaft grundlegend verändern. Sie verbanden den Tatendrang der besten Entdecker mit akademischer Präzision und gingen bis an die Grenzen der körperlichen Belastbarkeit, ohne dabei die Gründlichkeit ihrer Aufzeichnungen zu vernachlässigen. Sie mussten sich von niemandem etwas sagen lassen, denn Humboldt bezahlte das ganze Unternehmen aus eigener Tasche. Er war einzig und allein seinem eigenen Entdeckergeist verpflichtet.

Humboldt und Bonpland arbeiteten von Anfang an mit einer Tüchtigkeit, die bis zum Ende ihrer Reise anhielt. Bei einem Zwischenstopp auf Teneriffa nutzte Humboldt seine Ausrüstung für die Längengradvermessung des Hafens von Santa Cruz (Captain Cooks frühere Messungen stellten sich als falsch heraus). Zudem bestieg er den Pico del Teide, den höchsten Berg der Insel, und registrierte auf seinem Weg fünf verschiedene

Vegetationszonen. Diese Entdeckung spiegelte Humboldts unorthodoxe Herangehensweise wider: Er war der erste Naturforscher, der Pflanzen nach dem Klima klassifizierte, in dem sie vorkamen, und nicht nach der Taxonomie der Arten. Daraus entwickelte er die Theorie, dass Flora und Fauna in verschiedenen Ökosystemen koexistieren und für ihr Überleben und ihr Wachstum voneinander abhängen. Die Expedition nahm anschließend Kurs auf Westen und überquerte den Atlantik. Hier begann für Humboldt und Bonpland eine mehrere Jahre andauernde, strapaziöse Forschungsreise.

Nach ihrer Ankunft in Venezuela folgten sie dem mächtigen Orinoco bis zu seiner Quelle. Anschließend drangen sie über die Wasserwege des dichten Regenwalds bis zum Río Casiquiare vor, den sie bis zu seiner Mündung in einen Nebenfluss des Amazonas erkundeten. So entdeckten sie, dass der Orinoco und der Amazonas – zwei der größten Flusssysteme des Kontinents – durch einen natürlichen Kanal miteinander verbunden sind.

Die Forscher zogen weiter und tauschten die drückende Hitze und Feuchtigkeit des Dschungels gegen die kalte und dünne Luft der Anden. Von Bogotá in Kolumbien bis nach Trujillo in Peru wanderten sie durch das Hochgebirge und legten dabei eine Strecke von rund 2300 Kilometern zurück. Auf ihrer Odyssee zeichneten sie alles auf, was ihre Aufmerksamkeit erregte – von der Farbe der Erde bis zur Form eines Blattes. Zu jener Zeit galt der Vulkan Chimborazo in Ecuador als höchster Berg der Erde und Humboldt war entschlossen, ihn zu besteigen.

Der Chimborazo wäre selbst für die geübtesten Bergsteiger eine Herausforderung gewesen und Humboldt verfügte über keinerlei Klettererfahrung. Zudem bestand er darauf, den Großteil seiner wissenschaftlichen Ausrüstung mit auf den Gipfel zu schleppen. Der Aufstieg war haarsträubend. An manchen Stellen musste die Gruppe auf allen vieren über bröckelnde, windgepeitschte Grate kriechen, neben denen beidseitig Hunderte Meter tiefe, fast senkrechte Abgründe klafften. An anderen kämpften sie sich mühsam und seitwärts gehend nur wenige Zentimeter breite Felsvorsprünge entlang. Die einheimischen Träger ließen ihre eigensinnigen Kunden im Stich, als die Gruppe die Schneegrenze erreichte und von dichtem Nebel eingeschlossen wurde. Weiterzugehen wäre ihrer Ansicht nach purer

Leichtsinn gewesen. Doch Humboldt, Bonpland und zwei tapfere Gefährten wagten sich in die dünne Luft vor.

Auf einer Höhe von 5500 Metern verzeichnete Humboldt die letzten Spuren von Vegetation, ein paar Flechtenfäden auf einem exponierten Felsbrocken. Zudem beschrieb er in seinem Notizbuch die Symptome der Höhenkrankheit, unter der seine Begleiter litten. Es war das erste Mal überhaupt, dass sich jemand näher mit dem Phänomen auseinandersetzte. Der Nebel verzog sich und gab den Blick auf den Gipfel des Chimborazo frei. Zum Entsetzen der Männer lag eine tiefe, etwa zwanzig Meter breite Gletscherspalte zwischen ihnen und der Bergspitze. Untröstlich notierte Humboldt die Höhe – 5917 Meter. Kein Mensch hatte je auf so einem hohen Punkt der Erde gestanden und es sollten weitere dreißig Jahre vergehen, bis Humboldts Höhenrekord gebrochen wurde.

Die Expedition reiste weiter nach Mexiko, wo Humboldt ein Interesse an den indigenen Völkern der Azteken und Inkas entwickelte. Er beschäftigte sich mit ihren Sprachen und Sitten und suchte nach Berichten über die Lebensweise dieser antiken Zivilisationen. Ihn interessierte vor allem der Einfluss des Klimas auf die Landwirtschaft sowie die Entwicklung jener Gesellschaften vor der Ankunft der europäischen Siedler.

Im Jahr 1804 – fünf Jahre nachdem er Spanien auf der *Pizarro* verlassen hatte – bereitete sich Alexander von Humboldt schließlich auf seine Heimkehr nach Europa vor. Auf seiner Rückreise nahm er sich Zeit für Zwischenstopps in Philadelphia und Washington, D.C., wo er sich mit dem Präsidenten der Vereinigten Staaten Thomas Jefferson traf.

Humboldts unglaubliches Abenteuer endete am 3. August 1804 in der französischen Hafenstadt Bordeaux. Er hatte seine Expedition unternommen, weil er verstehen wollte, wie die Welt funktioniert. Im Regenwald des Amazonas, auf den Vulkangipfeln der Anden und auf den Hochplateaus Mexikos fand er einige der Antworten, nach denen er gesucht hatte.

Humboldt erkannte Parallelen zwischen der Alten und der Neuen Welt. Die Blattstrukturen der Pflanzen in den hohen Anden erinnerten ihn an jene, die er Jahre zuvor in den Schweizer Alpen gesehen hatte. Die Graslandschaften Perus ähnelten denen in Nordeuropa und in Ecuador entdeckte er Moos, das einer weitverbreiteten Art in den Wäldern seiner preußischen Heimat glich. Humboldt begann zudem, sich mit den Auswirkungen menschlichen Handelns auf die Natur zu befassen. Er war der erste Mensch überhaupt, der die möglichen Konsequenzen intensiver Waldrodung auf das Klima erkannte.

Alexander von Humboldt ging nach Paris und machte sich an die nicht unerhebliche Aufgabe, seine Notizen auszuformulieren. Die daraus entstandenen Werke bringen es auf ganze dreißig Bände und hatten einen bedeutenden Einfluss auf die nachfolgende Generation von Wissenschaftlern. In Charles Darwin weckte Humboldts Arbeit »einen brennenden Eifer, selbst einen Beitrag – wenn auch den bescheidensten – zum noblen Gefüge der Naturwissenschaft zu leisten.«

Humboldt unternahm 1829 eine weitere Expedition, diesmal nach Russland. Im Anschluss kehrte er nach Preußen zurück und unterrichtete an der Universität von Berlin. Überdies war er als Berater am Königshof tätig und begann, ein Traktat zu verfassen, in dem er seine Ansichten über die natürliche Welt und die Rolle des Menschen darin darlegte. Das fertige Werk Kosmos umfasste fünf Bände, durch die sich eine Theorie zog, die Humboldt schon ein Leben lang beschäftigt hatte: Er sah die Welt als einen einzigen Organismus, in dem sich die Handlungen einer Art stufenweise auf die anderen um sie herum auswirken. »Alles ist Wechselwirkung«, schrieb er, »und alles hängt mit allem zusammen.«

Kosmos war ein Erfolg, aber der fünfte Band musste posthum veröffentlicht werden. Alexander von Humboldt starb am 6. Mai 1859 im Alter von 89 Jahren.

*»Die gefährlichste Weltanschauung ist die Weltanschauung derer,*
*die die Welt nie angeschaut haben.«*

ALEXANDER VON HUMBOLDT

# IM SOG DER STROMSCHNELLEN

## John Wesley Powells Erkundung des Colorado

> »Bei meiner Rückkehr von der ersten Erkundungsfahrt durch
> die Canyons des Colorado stellte ich fest, dass unsere Reise das Thema
> vieler Zeitungsartikel gewesen war. Sie hatten die Geschichte eines
> großen Unglücks verbreitet, mit etlichen Einzelheiten über elende
> Umstände und tragische Ereignisse, sodass man nun in den gesamten
> Vereinigten Staaten alle Teilnehmer der Expedition außer einen für
> verloren hielt. Ein guter Freund hatte zahlreiche Todesanzeigen
> gesammelt und ich fand es äußerst interessant und eher schmeichelhaft
> zu lesen, welch hohe Meinung man von mir hatte [...].«

AUS DEN MEMOIREN VON JOHN WESLEY POWELL

Der Colorado ist 2330 Kilometer lang und fließt an seinem höchsten Punkt in den Rocky Mountains auf einer Höhe von drei Kilometern. Auf seinem Weg zum Golf von Kalifornien entwässert er sieben US- und zwei mexikanische Bundesstaaten und stellt eine ausgezeichnete natürliche Grenze dar. Nahezu senkrechte Felswände bilden eine Reihe von tiefen Canyons, unter anderem auch den Grand Canyon. Diese gut anderthalb Kilometer tiefe Narbe hat der Fluss über Millionen von Jahren im Erdboden hinterlassen. Auch wilde Mäander, tödliche Stromschnellen, Wasserfälle und Strudel prägen den Colorado. Im Jahr 1869 galt der größte Teil des Stroms jedoch noch als Mysterium, denn kein weißer Entdecker hatte sich getraut, ihn zu befahren. Die indigene Bevölkerung glaubte, dass ihn die Götter absichtlich unpassierbar gemacht hatten und dass jeder, der sich in die mächtigen Canyons vorwagte, umkommen würde.

Auf John Wesley Powell übte der Colorado indes eine unwiderstehliche Anziehungskraft aus.

Powell war eine imposante Persönlichkeit und ein charismatischer Anführer. Als Jugendlicher hatte er viele glückliche Stunden mit Floßfahrten auf dem Mississippi und in den Bergen Wisconsins verbracht. Später folgte ein kometenhafter Aufstieg in der Unionsarmee, bevor eine Kugel seinen rechten Arm zerschmetterte und dieser daraufhin bis zum Ellenbogen amputiert werden musste. Nach dem Amerikanischen Bürgerkrieg arbeitete er als Geologieprofessor und Museumskurator in Illinois und unterrichte zudem Botanik, Physiologie, Zoologie, Geologie und Mineralogie. Powell war zwar ein leidenschaftlicher Anhänger der Naturwissenschaften, hatte jedoch auch das rhetorische Talent seines Vaters – ein Prediger – geerbt. Mühelos trieb er genügend Sponsoren für eine Erkundungsexpedition auf dem damals noch unerforschten Colorado auf und überzeugte sogar die Eisenbahngesellschaft davon, sein Team und dessen Ausrüstung kostenfrei zum Ausgangspunkt der Tour zu befördern. Als Gegenleistung rührte er für sie die Werbetrommel.

Powells Gruppe aus zehn Männern bestand aus Kriegsveteranen und zähen Naturburschen, darunter auch Powells Bruder. Die Expedition verfügte über drei große Boote: *Maid of the Canyon*, *Kitty Clyde's Sister* und *No Name*. Jedes einzelne von ihnen war mit einer Tonne Proviant und Vorräte beladen – genug für zehn Monate. Powell selbst steuerte ein kleineres, viertes Boot, die *Emma Dean*. Die Männer waren mit Gewehren bewaffnet und trugen als Teil ihrer wissenschaftlichen Ausrüstung zwei Sextanten, vier Chronometer, Thermometer, Kompasse und mehrere Barometer bei sich. Die Barometer brauchten sie für die Bestimmung der Höhenmeter, ein fundamentaler Messwert für die Erstellung von Landkarten.

Am 24. Mai 1869 brach die Expedition von der Green River Station in Wyoming auf. Die Männer planten, den Green River bis zu seiner Mündung in den mächtigen Colorado hinabzufahren und sich anschließend ihren Weg durch fünf Bundesstaaten bis zum Zusammenfluss des Colorado mit dem Virgin River südlich des heutigen Las Vegas zu bahnen. Sie besaßen jedoch weder eine genaue Vorstellung von der Zeit, die sie bis zu ihrem Ziel brauchen würden, noch kannten sie die Zahl der Mäander im Fluss oder die Tiefe der Canyons.

Bereits nach zwei Wochen wurde die Expedition bei ihrer Fahrt auf dem Green River von einer Katastrophe heimgesucht. Es war der 9. Juni und die Gruppe glitt gemächlich durch einen idyllischen Canyon, als Powell plötzlich Wildwasser erspähte. Er brachte sein Boot ans Ufer und wies die anderen Steuermänner an, es ihm gleichzutun, doch die Besatzung der *No Name* erkannte seine Warnsignale nicht und fuhr weiter. Als sie seine verzweifelten Rufe endlich hörten, war es bereits zu spät: Die Strömung erfasste das Boot und riss es über mehrere reißende Stromschnellen flussabwärts.

Die drei Besatzungsmitglieder wurden über Bord und in das wirbelnde Wasser geschleudert. Als das Boot gegen einen Felsen prallte und kurzzeitig eingeklemmt war, schafften sie es, wieder an Bord zu klettern. Doch dann gewann die Strömung endgültig die Oberhand, riss das Boot los und trieb es weitere wilde Flussschwellen hinab, bis es mit voller Wucht gegen mehrere Gesteinsbrocken krachte und entzweibrach.

Entsetzt hasteten Powell und die anderen über das felsige Ufer bis zur Flussbiegung, hinter der die *No Name* verschwunden war. Die drei Besatzungsmitglieder waren zunächst nirgendwo zu sehen und ihre Kameraden befürchteten das Schlimmste. Doch dann gelang es den Männer, sich einer nach dem anderen triefend nass an das steinige Ufer zu ziehen. Sie hatten sich vor dem Ertrinken gerettet, aber viele Kleidungsstücke, Waffen und persönliche Gegenstände der Gruppe sowie eine große Menge Lebensmittel lagen nun auf dem Grund des Green River. Auch all ihre Barometer hatten sie verloren.

Am nächsten Tag spürte Powell das gekenterte Boot etwas weiter stromabwärts auf. Zwei Männern gelang es, die wertvollen Barometer sowie einige Vorräte und ein 16-Liter-Fass Whiskey zu bergen, das man ohne Powells Wissen mitgenommen hatte. Erleichtert ließ der Expeditionsleiter die erschöpften und arg mitgenommenen Männer ihr geschmuggeltes

Tröpfchen genießen. Powell verlieh den Stromschnellen den Namen Disaster Falls und nannte die Insel, an die das Boot gespült worden war, Disaster Island.

Solche Stromschnellen waren für die Expedition ein typisches und wiederkehrendes Problem. Da der Fluss zu beiden Seiten von Klippen umsäumt wurde, gab es keine ebenen Flächen für Zelte und die Männer verbrachten die Nacht zitternd und durchnässt vom Sprühwasser, das ständig vom tosenden Fluss hochgeschleudert wurde. Am nächsten Morgen versuchten sie, am Ufer einigermaßen Halt zu finden, und begannen eine mehrtägige Umtragung.

Als sie eine Woche später an anderen Stromschnellen ihr Gepäck erneut umtragen mussten, riss sich plötzlich die *Maid of the Canyon* los, wurde von der Strömung erfasst und verschwand außer Sichtweite. Powells Gruppe wusste, dass sie sich nun in ernsten Schwierigkeiten befand. Doch diesmal meinte es das Glück gut mit ihnen und sie entdeckten das Boot etwas weiter stromabwärts. Es war in einen Wirbel geraten und drehte sich nun seelenruhig in einem kleinen Becken nahe des Flussufers.

Am 28. Juni erreichte die Expedition den Zusammenfluss mit dem Uinta in Utah. Hier verkündete Goodman, der einzige Engländer der Truppe, dass er »genug Gefahr gesehen« habe, und verließ prompt die Expedition.

Es vergingen mehrere Wochen, ohne dass die Welt etwas von der Expedition gehört oder gesehen hatte. Daher begann die Presse, ihre eigenen Geschichten zu erfinden. So machte beispielsweise das Gerücht von einem Trapper die Runde, der angeblich alle vier Boote dabei beobachtet hatte, wie sie einen Wasserfall hinabgestürzt waren. Anschließend behauptete ein nach Aufmerksamkeit heischender Schwindler namens John Risdon, der einzige Überlebende der Powell-Expedition zu sein. Die Zeitungen verbreiteten seine Jammergeschichte im ganzen Land. Powell und seine Männer hielt man unterdessen für tot.

Während der Expedition fand Powell großes Vergnügen daran, hoch oben auf dem Bug der *Emma Dean* zu fahren. Von dort aus hielt er Ausschau nach Wildwasser und lauschte auf das Rauschen von Wasserfällen. Witterte er Gefahr, orderte er das Boot an Land und kletterte – trotz seines

OREGON

IDAHO

UTAH

NEVADA

Die Stauseen
Lake Powell und
Lake Mead wurden
100 Jahre nach
Powells Expedition
angelegt.

Las
Vegas

Lake
Mead

Needles

KALIFORNIEN

ROCKY

Gannett
Peak WYOMING
▲
4202 m

Green River

Kings Peak
▲
4123 m
Uinta Mountains

MOUNTAIN

Denver

Grand
Junction

Mount Elbert
4398 m

Mount
Peale
▲
3877 m

COLORADO

Lake
Powell

San Juan

San-Juan-Gebirge

Page

Colorado-
Plateau

Grand Canyon

Flagstaff

ARIZONA

Salt

NEW MEXICO

Verde

Colorado

Gila

Phoenix

Pazifischer
Ozean

Golf von Kalifornien

MEXIKO

amputierten Arms – auf den nächstgelegenen Felsvorsprung, um sich die Gefahr von Nahem anzusehen. Dann führte die Flotte entweder weiter voraus oder die Männer begannen mit der mühsamen Umtragung. Einmal blieb Powell jedoch an einer Felswand hängen und kam weder vor noch zurück. Seinem Kameraden Bradley gelang es, auf einen flachen Felsen über Powell zu klettern. Von dort aus sah er, dass der Expeditionsleiter allmählich den Halt verlor. Bradley konnte Powell nicht direkt erreichen, es gab keinen Ast in der Nähe und ein Seil zu holen, hätte zu lange gedauert. Also zog sich Bradley geistesgegenwärtig die Hose aus. Darüber schrieb Powell: »Ich schmiege mich an den Felsen, lasse los, ergreife die herabhängenden Hosenbeine und mit Bradleys Hilfe gelingt es mir, mich nach oben zu ziehen.«

Und so verfiel die Expedition in eine kräftezehrende Routine: Am Tag kämpften sie bei Temperaturen von bis zu 38 °C gegen die Stromschnellen an oder unternahmen zermürbende Umtragungen, und die kalten Nächte verbrachten sie fröstelnd in triefnasser Kleidung auf schmalen Felsvorsprüngen.

*»Wir sind nun bereit, den Großen Unbekannten hinabzufahren.*
*Unsere Boote, die wir am selben Pfahl zusammengebunden*
*haben, werden von dem wütenden Fluss hin- und hergeworfen*
*und reiben gegeneinander [...]. Uns bleibt nur noch Proviant für einen*
*Monat. Das Mehl haben wir noch einmal durch ein Moskitonetz*
*gesiebt und den verdorbenen Schinken haben wir getrocknet*
*und die schlechtesten Stücke gekocht [...]. Es liegt eine Strecke*
*von unbestimmter Länge auf einem unbekannten Fluss vor uns,*
*den es noch zu erforschen gilt. Wir wissen nicht, welche Wasserfälle*
*es hier gibt, welche Felsen das Wasser säumen oder welche Klippen*
*sich über dem Fluss erheben. Nun gut! Wir können*
*viele Dinge nur vermuten.«*

POWELLS TAGEBUCHEINTRAG VOM 13. AUGUST

Tief unten in den gewundenen Schluchten, die nur selten von der Sonne erhellt werden, müssen sich die Männer wie im Inneren einer riesigen

Schlange gefühlt haben. Das ununterbrochene Dröhnen der Strömung und die gekürzten Rationen zerrten an den Nerven einiger Expeditionsteilnehmer. Powell schrieb, dass drei von ihnen der Ansicht waren, die Gruppe solle »den Fluss hier besser verlassen«, und darüber hinaus »entschlossen, mit den Booten nicht weiterzufahren«. Powell befragte daraufhin die gesamte Mannschaft, ob sie ihn weiter begleiten wolle, was der Rest der Gruppe bejahte. Die drei Abtrünnigen verließen die Expedition voller Zorn. Sie nahmen Gewehre mit, aber verweigerten Proviant. Die zwei Parteien sahen sich nie wieder.

An dieser Stelle ließ Powell die lädierte *Emma Dean* zurück. Auch stellte er jegliche Versuche wissenschaftlicher Beobachtungen ein, denn zum einen waren seine Instrumente beschädigt und zum anderen wusste er, dass sie sich jetzt voll und ganz auf das Überleben konzentrieren mussten.

Endlich, nach all den Monaten des Spießrutenlaufes durch die hohen Felswänden der Canyons verschwanden diese und gaben den Blick auf offenes Land frei. Die Männer konnten jetzt sehen, wie die Sonne über dem Horizont aufging und wieder dahinter verschwand. Und dort, wo sich der Colorado verbreitete und allmählich langsamer floss, erspähten sie eines Tages drei weiße Männer und einen Indigenen, die im flachen Wasser fischten. Doch als sie sich ihnen vorstellten, gaben die vier Fremden zu, dass sie mit ihrem Netz keine Fische fangen wollten, sondern es auf die Trümmer der Powell-Expedition abgesehen hatten, die schon seit Wochen als verunglückt galt.

Man drückte den ausgehungerten Reisenden frisches Brot, lang ersehnte Butter, Käse und reife Melonen in die Hände und schon bald liefen die Telegraphenleitungen heiß von den neuesten Nachrichten über die Expedition. Die Gruppe um Powell war gefunden. In dreizehn Wochen hatten sie eine Strecke von 1500 Kilometern auf wildem, unberührtem Wasser zurückgelegt. Der Colorado war bezwungen wurden.

Sechs der zehn ursprünglichen Expeditionsteilnehmer, deren Reise an der Green River Station begonnen hatte, hielten bis zum Schluss durch. Auch Goodman überlebte und führte von nun an ein friedliches Leben. Das aufständische Trio wurde von Indigenen getötet. Powell wurde wie ein Held empfangen, doch kaum war er wieder in die Zivilisation zurückgekehrt, schmiedete er auch schon Pläne für einen zweiten Trip auf dem Colorado, den er 1871 vollendete.

Der Powell-Expedition sind die ersten detaillierten Aufzeichnungen über die meisten bis dahin unerforschten Canyons des Colorado-Plateaus zu verdanken. Sie gab auch vielen Wahrzeichen entlang des Green River und des Colorado ihre Namen, unter anderem der Flaming Gorge, den Gates of Lodore und dem Glen Canyon. Es war John Wesley Powell selbst, der den Begriff »Grand Canyon« prägte – bis dahin hatte das berühmte Tal »Big Canyon« geheißen.

EXPEDITION 35

# IM HÖCHSTEN NORDEN

Fridtjof Nansens atemberaubende
Expedition in die Arktis

»[Nansen gelang] ein fast so großer Vorstoß wie alle Forschungsreisen
des 19. Jahrhunderts zusammengenommen.«

EDWARD WHYMPER, BERÜHMTER BRITISCHER BERGSTEIGER

Fridtjof Nansen war ein Entdecker mit einem äußerst kühnen Plan. Man
schrieb das Jahr 1890 und bisher hatte es noch kein Mensch bis zum Nordpol geschafft. Doch genau das war Nansens Ziel. Er hatte die Absicht, mit
einem Schiff ins Packeis zu segeln und sich von der Strömung nach Norden
treiben zu lassen.

Seine Theorie beruhte auf einer wissenschaftlichen Erkenntnis: Im Juni
1881 war das US-amerikanische Arktis-Expeditionsschiff *Jeannette* vor der
sibirischen Küste vom Eis zermalmt worden und untergegangen. Später
entdeckte man Teile des Wracks auf Grönland.

Dem angesehen norwegischen Meteorologen Henrik Mohn zufolge
existierte eine Meeresströmung, die sich in Ost-West-Richtung über das
Polarmeer und womöglich sogar über den Nordpol bewegte. Einem ausreichend widerstandsfähigen Schiff sollte es also theoretisch gelingen, bei
Sibirien ins Eis zu setzen und einfach mit der Strömung über den Pol bis
nach Grönland zu driften.

Nansen behielt diese Idee einige Jahre im Hinterkopf, während er sich einen Namen als Abenteurer machte. Im Anschluss an eine erfolgreiche Forschungsreise nach Grönland begann er, sich ernsthaft mit einer Polarexpedition zu beschäftigen und konkrete Pläne zu schmieden.

Im Februar 1890 stellte er sein Vorhaben der Norwegischen Geografischen Gesellschaft vor. Er brauchte ein kleines, wendiges und vor allem sehr robustes Schiff, das zugleich Treibstoff und Vorräte für zwölf Männer für fünf Jahre transportieren musste. Nansen würde durch die Nordostpassage bis zu der Stelle segeln, an der die *Jeannette* versunken war, und sich dort ins Eis einfrieren lassen. Dann würde er mit der Meeresströmung nach Westen in Richtung des Nordpols treiben und zwischen Grönland und Spitzbergen wieder auf den offenen Ozean gelangen.

Zahlreiche andere erfahrene Entdecker verspotteten Nansen, unter ihnen Adolphus Greely, Sir Allen Young and Sir Joseph Hooker. Doch Nansen war ambitioniert, passioniert und wortgewandt. Er überredete das norwegische Parlament, ihm ein Darlehen zu gewähren. Auch einige private Investoren beteiligten sich an der Finanzierung des Unternehmens und die übrigen Gelder wurden durch einen öffentlichen Aufruf aufgebracht. Ob die Idee nun verrückt war oder nicht – Nansen würde sie umsetzen.

*»Ein unvernünftiger Plan der Selbstzerstörung«*

ADOLPHUS GREELY, VETERAN DER
POLARFORSCHUNG, ÜBER NANSENS PLAN

Nansen beauftragte Colin Archer, den besten Schiffsbauer Norwegens, mit der Konstruktion eines einzigartigen Wasserfahrzeugs, das ihn zum Pol bringen würde. Archer nahm die Herausforderung an und baute ein gedrungenes, abgerundetes Schiff, das dem Eis keine Angriffsfläche bot. Er verwendete südamerikanisches Grünherzholz, das härteste damals erhältliche Holz. Der Schiffsrumpf war zwischen 60 und 70 Zentimeter und am Bug ganze 1,25 Meter dick. Am 6. Oktober 1892 wurde das Schiff von Nansens Ehefrau Eva in Archers Werft in Larvik auf den Namen *Fram* (zu Deutsch »Vorwärts«) getauft.

Tausende Männer bewarben sich um die Teilnahme an der Expedition, doch nur zwölf wurden ausgewählt. Der Wettbewerb um die begehrten Plätze war so hart, dass der Hundeschlittenexperte Hjalmar Johansen den Posten als Heizer antreten musste. Nansen ernannte Otto Sverdrup, der bereits an der Grönland-Expedition teilgenommen hatte, zum Kapitän der *Fram* und damit zu seinem Stellvertreter.

Die *Fram* lief am 24. Juni 1893 unter dem Jubel Tausender Zuschauer aus Christiana (dem heutigen Oslo) aus und segelte in nördliche Richtung um die Küste Norwegens. Nach einem letzten Zwischenstopp in Vardø nahm sie Kurs auf die Nordostpassage, die an der Nordküste Sibiriens entlangführte.

Die hiesigen Gewässer waren zu jener Zeit größtenteils unerforscht und heimtückischer Nebel sowie Eisschollen erschwerten dem Schiff das Vorwärtskommen. Die Mannschaft verbrachte zudem Tage in sogenanntem Totwasser. Das entsteht, wenn eine Schicht Süßwasser auf schwererem Salzwasser liegt und so viel Reibung erzeugt wird, dass ein Schiff an der Weiterfahrt gehindert wird.

Schließlich passierte die *Fram* Kap Tscheljuskin, den nördlichsten Punkt der eurasischen Kontinentalmasse, und am 20. September erreichte sie jene Stelle, an der die *Jeannette* vom Eis zerdrückt worden war. Nansen folgte dem Packeis nach Norden bis zu 78°49'N, 132°53'E, wo er die Maschinen abschaltete und das Ruder anhob.

Es würde zweieinhalb Jahre dauern, bis die Männer wieder auf dem offenen Meer waren.

Anstatt langsam auf den Pol zuzudriften, bewegte sich das Schiff zu Nansens Verdruss in den ersten paar Wochen im Zickzackkurs. Am 19. November befand sich die *Fram* tatsächlich weiter südlich als zu jenem Zeitpunkt, an dem sie ins Eis eingetreten war. Erst ab Januar 1894 bewegte sie sich allmählich stetiger nach Norden. Am 22. März überquerte die Expedition den 80. Breitengrad. Doch sie kam nur sehr langsam voran – gerade einmal 1,6 Kilometer am Tag. Bei der Geschwindigkeit würde sie fünf Jahre bis zum Nordpol brauchen.

Nansen heckte einen neuen Plan aus: Er würde das Schiff am 83. Breitengrad zusammen mit Hjalmar Johansen verlassen und mit einem

Hundeschlitten bis zum Pol fahren. Von dort aus würden sie zum erst kürzlich entdeckten Franz-Josef-Land und weiter nach Spitzbergen fahren, wo sie ein Schiff mit nach Hause nehmen würde. Die *Fram* würde in der Zwischenzeit weiterdriften und im Nordatlantik das Eis wieder verlassen.

Die Vorbereitung der Kleidung und der Ausrüstung für das Vorhaben nahm den ganzen Winter 1894/95 in Anspruch. Die Crew baute Kajaks, die das Duo auf dem Rückweg über das offene Meer brauchen würde. Nansen erlernte zudem das Führen von Hundegespannen auf dem Eis.

Am 14. März 1895 erreichte das Schiff 84°4'N, war also über Greelys Nordrekord von 83°24 angekommen, und Nansen und Johansen machten sich auf den Weg. Zwischen den Männern und dem nördlichsten Punkt der Welt lagen 356 Seemeilen Eis (660 Kilometer). Ihr Proviant würde für fünfzig Tage reichen, was eine Tagesstrecke von sieben Seemeilen (13 Kilometern) voraussetzte.

Anfangs legten sie mit durchschnittlich neun Seemeilen (17 Kilometern) pro Tag ein ordentliches Tempo vor. Doch dann wurde das Eis harscher und die Männer kamen nur noch langsam voran. Zudem marschierten sie gegen dieselbe Drift an, die zuvor ihr Schiff getragen hatte, sodass sie für jeden Schritt, den sie machten, drei brauchten, weil sie zwei zurückgeworfen wurden.

Schon bald merkten sie, dass ihr Proviant nicht bis zum Pol und weiter bis nach Franz-Josef-Land reichen würde. Nansen muss es das Herz gebrochen haben, als er am 7. April feststellte, dass der Weg vor ihnen nichts weiter war als »ein wahrhaftes Chaos aus Eisblöcken so weit das Auge reicht«. Diese Erkenntnis brachte das Fass endgültig zum Überlaufen und die Männer drehten nach Süden um. Sie befanden sich auf 86°13.6'N und damit fast drei Grad nördlicher als je ein Mensch vor ihnen.

Eine Woche lang kamen sie gut voran, doch am 13. April blieben ihre beide Uhren plötzlich stehen. Nun war es ihnen unmöglich, den Längengrad zu berechnen und den richtigen Weg nach Franz-Josef-Land zu ermitteln.

Zwei Wochen später kreuzten sie die Spur eines Polarfuchses – das erste Zeichen eines anderen Lebewesens (mit Ausnahme ihrer Hunde), seitdem

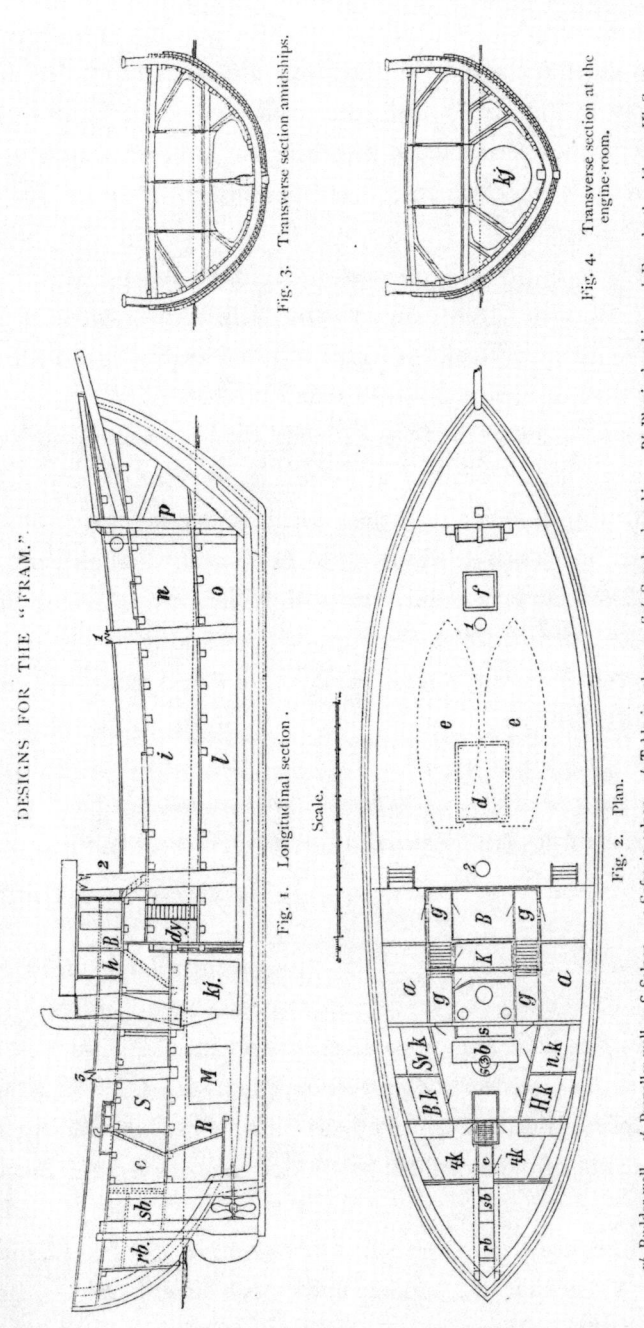

DESIGNS FOR THE "FRAM."

Fig. 1. Longitudinal section.

Scale.

Fig. 2. Plan.

Fig. 3. Transverse section amidships.

Fig. 4. Transverse section at the engine-room.

*rb* Rudder-well. *sb* Propeller-well. *S* Saloon. *s* Sofas in saloon. *b* Table in saloon. *Svk* Sverdrup's cabin. *Bk* Blessing's cabin. *4k* Four-berth cabins. *Hk* Scott-Hansen's cabin. *nk* Nansen's cabin. *c* Way down to engine-room. *R* Engine-room. *M* Engine. *hj* Boiler. *g* Companions leading from saloon. *K* Cook's galley. *B* Chart-room. *h* Work-room. *dy* Place for the dynamo. *d* Main hatch. *e* Long boats. *i* Main-hold. *l* Under-hold. *f* Fore-hatch. *n* Fore-hold. *o* Under fore-hold. *p* Pawl-bit. *1* Foremast. *2* Mainmast. *3* Mizzenmast.

Die handgezeichneten Entwürfe des Schiffsbauers Colin Archer für die *Fram*.

sie die *Fram* verlassen hatten. In den folgenden Wochen stießen sie auch auf Bärenspuren und entdeckten nach und nach Robben, Möwen und Wale. Nur gelang es ihnen nicht, die Tiere zu jagen, und langsam wurden ihre Lebensmittelreserven knapp. Es blieb ihnen nichts anderes übrig, als nacheinander ihre Hunde zu erschießen. Sie begannen mit dem schwächsten und verfütterten sein Fleisch an die anderen, um auf diese Weise ihre Rationen etwas zu strecken.

Ende Mai berechnete Nansen, dass sie lediglich fünfzig Seemeilen (93 Kilometer) von Kap Fligely entfernt waren, dem nördlichsten bekannten Punkt auf Franz-Josef-Land. Doch erneut verließ sie das Glück, denn es wurde immer wärmer und das Eis begann aufzubrechen.

Am 22. Juni schlugen sie ihr Lager auf einer stabilen Eisscholle auf und ruhten sich dort einen Monat lang aus. Am Tag, nachdem sie ihre Zelte abgebrochen hatten, erspähten sie in der Ferne Land. Sie konnten nicht mit Sicherheit sagen, ob es sich dabei um Franz-Josef-Land oder unbekanntes Neuland handelte, aber es war ihre einzige Hoffnung. Am 6. August ging ihnen das Eis aus. Ihr Überleben hing nun von ihren selbstgebauten Kajaks ab. Sie erschossen den letzten Hund, banden ihre Kajaks zusammen und paddelten auf das Land zu.

*»Zu guter Letzt ist das Wunder geschehen – Land, Land,*
*nachdem wir schon fast unseren Glauben daran verloren hatten!«*

NANSEN IN SEINEM TAGEBUCH, NACHDEM ER FRANZ-JOSEF-LAND GESICHTET HATTE

Nansen erkannte schon bald Kap Felder am westlichen Rand von Franz-Josef-Land. Doch er und Johansen befanden sich in einem Wettlauf gegen die Zeit, denn schon Ende August wurde es wieder kälter. Sie würden einen weiteren Winter im vereisten Norden verbringen müssen. Die beiden fanden eine geschützte Bucht und bauten sich aus Steinen und Moos eine Hütte, die ihnen in den kommenden acht Monaten als Unterkunft dienen würde.

Ihre Lebensmittelvorräte waren schon lange zur Neige gegangen, doch sie besaßen noch genügend Munition und es gab Bären, Walrosse und Robben im Überfluss. Obwohl sie also genügend zu essen haben würden, muss es für die beiden Männer ein mulmiges Gefühl gewesen sein, sich auf den langen arktischen Winter in ihrem winzigen Unterschlupf vorzubereiten. Es wurde Weihnachten, dann Neujahr, und das schlechte Wetter hielt noch bis zum Frühjahr 1896 an. Am 19. Mai konnten sie ihre Reise nach Süden endlich fortsetzen.

Mitte Juni wurden ihre Kajaks von einem Walross angegriffen. Nachdem sie das wilde Tier verjagt hatten, legten Nansen und Johansen eine Pause ein, um ihre Boote zu reparieren. Nansen verfluchte gerade ihr Schicksal, als er zu zuerst das Bellen eines Hundes und dann menschliche Stimmen hörte. Er lief auf die andere Seite der Landzunge und sah zu seinem Erstaunen einen Mann auf ihn zukommen.

Es handelte sich um Frederick Jackson, einen britischer Entdecker, der gerade eine Expedition nach Franz-Josef-Land leitete. Jackson hatte es ebenso die Sprache verschlagen und es dauerte einen Moment, bevor er fragte: »Sie sind Nansen, nicht wahr?« »Ja, der bin ich«, gab sein Gegenüber zurück.

Jackson brachte die Norweger in sein Lager am nahegelegenen Kap Flora auf der Northbrook-Insel. Als sie sich dort von ihrem Martyrium erholten, war Nansen dem übellaunigen Walross im Nachhinein dankbar; wäre das Tier nicht gewesen, wären sie Jackson vielleicht nie begegnet.

Am 7. August gingen Nansen und Johansen an Bord von Jacksons Versorgungsschiff *Windward* und segelten nach Vardø, wo sie eine Woche später eintrafen. Zu ihrer Überraschung wurden sie von Henrik Mohn begrüßt, dem Theoretiker der transpolaren Driftströmung, der sich zufällig gerade in der Stadt aufhielt. Telegramme wurden verschickt, um die Welt über Nansens unbeschadete Rückkehr zu informieren.

Nansen und Johansen nahmen einen Postdampfer nach Süden und erreichten am 18. August Hammerfest. Dort erfuhren sie, dass die *Fram* – genau nach Nansens Prophezeiungen – nordwestlich von Spitzbergen das Packeis verlassen hatte. Das Duo segelte sofort nach Tromsø weiter, wo es mit seinen alten Kameraden wiedervereint wurde.

Am 9. September lief die *Fram* im Hafen von Christiana ein. Auf den Kaimauern tummelten sich so viele Menschen wie nie zuvor. Drei Jahre, nachdem er Norwegen verlassen hatte, sah Nansen endlich seine Familie wieder und zusammen verbrachten sie ein paar Tage als Ehrengäste von König Oskar. Er hat vielleicht nicht den Nordpol erreicht, doch Nansens legendäres Abenteuer und sein Überleben auf dem Eis bescherten ihm lebenslange Berühmtheit.

EXPEDITION 36

# DIE UNSICHTBARE
## Jeanne Baret: die erste Frau,
## die die Welt umsegelte

>»Sie stellte sich den Strapazen, den Gefahren und allem,
>was man auf einer solchen Reise realistischerweise erwarten kann.
>Ich finde, ihr Abenteuer sollte in eine Geschichte berühmter
>Frauen aufgenommen werden.«

KARL-HEINRICH VON NASSAU-SIEGEN, MITREISENDER JEANNE BARETS

Im Jahr 1784 vermeldete das französische Marineministerium eine bemerkenswerte Leistung auf dem Gebiet der Forschungsreisen, die bis dahin kaum Beachtung gefunden hatte: Jeanne Baret, eine Bauerntochter aus dem Burgund, würde in Anerkennung ihrer Dienste für den französischen Staat eine Pension von 200 Livres im Jahr erhalten.

Madame Baret, so hieß es in einem Schreiben des Ministeriums, sei eine »außergewöhnliche Frau«, die als Mitglied einer Expedition unter der Führung des berühmten Seefahrers Louis Antoine de Bougainville »großen Mut« bewiesen hatte. Sie hatte an Reisen teilgenommen, bei denen unerforschte Inseln im Pazifischen Ozean kartiert wurden, und an der Katalogisierung von Hunderten in Europa bis dahin unbekannten Pflanzenarten mitgewirkt.

Vor allem aber war Jeanne Baret die erste Frau, die die Welt umsegelte. Ihre Reise verlief allerdings alles andere als nach Plan: Sie brauchte zehn

Jahre, um ihre Weltumrundung zu vollenden und nach Frankreich zurückzukehren, und wurde unterwegs von unzähligen Sorgen und Herausforderungen geplagt. Ihre Odyssee ist legendär.

Jeanne Baret wurde 1740 als Tochter von Landarbeitern geboren. Über ihre Kindheit und Jugend ist nur wenig bekannt, außer dass sie 1764 eine Anstellung als Haushälterin bei Philibert Commerson antrat. Der zwölf Jahre ältere Witwer hatte ein Haus in Toulon-sur-Arroux. Im selben Jahr reichte Baret einen »Schwangerschaftsnachweis« ein, zu dessen Abgabe in Frankreich alle unverheirateten werdenden Mütter verpflichtet waren. Kurz darauf zog sie mit Commerson nach Paris und gebar ihren Sohn Jean-Pierre, den sie in einem städtischen Findelhaus abgab.

Baret und Commerson verband ein lebhaftes Interesse an der Natur. Als sie noch auf dem Land lebten, legten sie gemeinsam einen botanischen Garten an. Das Projekt war ein voller Erfolg und machte berühmte Naturforscher wie den namhaften schwedischen Botaniker Carl von Linné auf Commerson aufmerksam. Der Umzug nach Paris erhöhte Commersons Bekanntheitsgrad und als Bougainville 1766 die Erlaubnis für eine französische Weltumsegelung erhielt, bot man ihm die Stelle als Schiffsbotaniker an.

An diesem Punkt schmiedeten Baret und ihr Arbeitgeber einen geheimen Plan: Auch Jeanne sollte an der Expedition teilnehmen, doch ihre wahre Identität musste ein Geheimnis bleiben, denn zu jener Zeit durften Frauen in Frankreich nicht auf Marineschiffen dienen. Wollte Baret mitreisen, musste sie sich als Mann verkleiden.

Es bleibt ungeklärt, warum genau das Duo den Zorn der französischen Regierung riskierte, um Baret die Reise zu ermöglichen, aber es gibt einige Vermutungen: Seit seinem Umzug nach Paris litt Commerson an einer Rippenfellentzündung und war noch nicht vollständig genesen, als ihm die Stelle bei der Expedition angeboten wurde. Außerdem hatte er einige botanische Werke verfasst, an deren Zustandekommen Baret vermutlich zu einem gewissen Maße mitgewirkt hatte, und zwar sowohl bei der Beschaffung und Erfassung der Arten als auch bei deren Katalogisierung und der Dokumentation der Sammlungen. Abgesehen davon ging die Beziehung der beiden offensichtlich über das übliche Verhältnis zwischen einer Hausangestellten und ihrem Arbeitgeber hinaus.

Ihr Plan, Baret an Bord des Schiffes zu schmuggeln, war genial einfach: Commerson erhielt einen Zuschuss für einen Assistenten, der ihn auf der Reise begleiten sollte. Er zögerte die Suche nach einem geeigneten Kandidaten bis wenige Tage vor der geplanten Abfahrt aus dem Hafen von Nantes heraus. Dann, so würde Commerson später seinen Mitreisenden erzählen, stellte sich ihm am Kai ein junger Mann namens Jean Baret vor, der alle Anforderungen an die Rolle des Gehilfen erfüllte. Jeanne Baret hatte es an Bord geschafft.

Louis Antoine de Bougainvilles Expedition verließ Nantes am 15. November 1766. Sie bestand aus zwei Schiffen, der französischen Marinefregatte *Boudeuse* und dem ehemaligen Handelsschiff *Étoile*. Obgleich mehrere andere Länder bereits erfolgreiche Weltumsegelungen durchgeführt hatten, kennzeichnete die französische Mission ein deutlich wissenschaftlicherer Anspruch als alle vorhergehenden Unternehmungen. Neben Commerson, dem Botaniker, befanden sich auch der Astronom Pierre-Antoine Veron sowie der Historiker Louis-Antoine Starot de Saint-Germain unter den Expeditionsteilnehmern. Andere Nationen waren vielleicht als erste in unerforschte Erdteile vorgedrungen, doch Bougainville hatte die Absicht, die Ziele und Lehren der Aufklärung in die »Neue Welt« zu tragen. Zudem versprach er König Ludwig XV., jegliche unentdeckte Gebiete für Frankreich zu beanspruchen.

Commerson und Baret wurden auf der *Étoile* untergebracht und landeten sogleich einen Glückstreffer. Da Commerson viele sperrige wissenschaftliche Instrumente bei sich führte, bot man ihm für die Dauer der Expedition die Kapitänskajüte an. Diese war geräumig und verfügte über ein privates Badezimmer sowie eine Koje für seinen Assistenten. Dadurch blieb es Baret erspart, sich die Schlafräume und Toiletten mit der übrigen Besatzung zu teilen.

Bei einer uralten Seemannstradition lief Barets Tarnung erstmals ernsthaft Gefahr aufzufliegen. Überquerte ein Crewmitglied zum ersten Mal den Äquator, musste es Vater Neptun huldigen, indem es von seinen Kameraden bis zur Taille entblößt und anschließend in einem Bottich mit Meerwasser »getauft« wurde. Für Baret stand das natürlich vollkommen außer Frage. Commerson schrieb darüber in seinem Tagebuch: »Wir wollten das

*Lavabo* nicht verweigern [...] und bereiteten uns entsprechend darauf vor.« Daraus lässt sich erahnen, dass Bestechungsgelder gezahlt wurden, um eine Entkleidung zu vermeiden.

Die Gruppe machte zunächst Halt in Brasilien, wo Commerson und Baret Proben einer Pflanzenart entnahmen und sie zu Ehren ihres Expeditionsleiters Bougainvillea nannten, bevor sie durch die Magellanstraße weiter bis auf den Pazifik segelte. Anschließend nahmen die französischen Schiffe Kurs auf Tahiti, wo Baret schließlich enttarnt wurde.

Auf der Insel gingen Commerson und Baret an Land, um Feldforschung zu betreiben, und wurden prompt von mehreren Inselbewohnern angesprochen, von denen einer direkt auf Baret zeigte und die Anwesenheit einer Frau in der Gruppe kommentierte. In Wahrheit bestätigte der Vorfall wahrscheinlich nur die Vermutungen, die man ohnehin schon über das Geschlecht von Commersons Assistent gehegt hatte. Die unverblümte öffentliche Feststellung machte es Bougainville jedoch unmöglich, die Sache einfach zu ignorieren. Er besprach die Situation mit François Chenard de la Giraudais, dem Kapitän der Étoile, aber faktisch konnte man bezüglich Barets Anwesenheit bis zur Rückkehr der Expedition nach Frankreich nur wenig ausrichten.

»Ich bewundere ihre Entschlossenheit«, schrieb Bougainville. »Ich habe dafür gesorgt, dass sie keine Unannehmlichkeiten erlebt. Das Gericht wird ihr, denke ich, diesen Verstoß gegen die Vorschriften verzeihen. Ihr Beispiel wird wohl kaum zum Nachahmen anregen.« Bei der folgenden Überquerung des Pazifiks traten für Baret und ihre Kameraden ohnehin dringendere Angelegenheiten in den Vordergrund. Der Expedition ging der Proviant aus. Die Lebensmittelknappheit wurde zu einem ernsten Problem, so ernst, dass die Besatzung Ratten fangen und essen musste. Der Astronom Veron erkrankte und starb auf der Insel Timor.

Auch Commersons Gesundheitszustand verschlechterte sich. Als die Schiffe 1768 die von Franzosen besetzte Insel Mauritius erreichten, entschied man, dass Baret und Commerson auf der Insel bleiben und bei botanischen Forschungsarbeiten mithelfen sollten. Für Bougainville war es vermutlich eine willkommene Gelegenheit, sich einer Situation zu entledigen, die ihn bei seiner Rückkehr nach Frankreich in Schwierigkeiten hätte bringen können. Der Aufenthalt sollte Commersons Gesundheit zugute-kommen, doch Baret stand eine schwere Zeit bevor.

Commerson erholte sich nicht vollständig von seiner Krankheit und starb 1773 im Alter von 45 Jahren. Jeanne Baret blieb auf der Insel und arbeitete zunächst als Haushälterin und später als Herbergsverwalterin, bevor sie im Mai 1774 einen französischen Soldaten namens Jean Dubernat kennenlernte und heiratete. Zusammen kehrte das frisch vermählte Paar nach Frankreich zurück.

Wann genau Jeanne Baret – die erste Frau, die um die Welt gereist war – ihren Fuß wieder auf französischen Boden setzte, ist nicht überliefert. Es muss jedoch vor dem Frühjahr 1776 gewesen sein, denn im April desselben Jahres erhob sie nachweislich Anspruch auf das Erbe, das ihr Commerson in seinem Testament hinterlassen hatte: 600 Livres und allen Hausrat der gemeinsamen Wohnung in Paris.

Baret hinterließ keine Aufzeichnungen über ihre Abenteuer oder die Herausforderungen, die sie auf hoher See durchlebte. Über ihren späteren Werdegang ist nur bekannt, dass ihr auf Geheiß Bougainvilles eine staatliche Pension gezahlt wurde. Vieles aus ihrem Leben ist nicht überliefert, doch eines steht fest: Sie wurde von ihren männlichen Mitreisenden geschätzt.

Der französische Aristokrat Karl Heinrich von Nassau-Siegen, der als zahlender Passagier an Bougainvilles Expedition teilgenommen hatte, würdigte sie in hohem Maße: »Ich möchte ihr all meine Anerkennung für ihre Tapferkeit aussprechen, die weit entfernt war von den gemäßigten Zeitvertreiben ihres Geschlechts«, schrieb er. »Sie stellte sich den Strapazen, den Gefahren und allem, was man auf einer solchen Reise realistischerweise erwarten kann. Ich finde, ihr Abenteuer sollte in eine Geschichte berühmter Frauen aufgenommen werden.«

# 1600 KILOMETER ENTLANG DES RABBIT-PROOF FENCE

## Molly, Daisy und Gracie auf ihrem langen Weg zurück nach Hause

> *»Wir folgten dem Zaun, dem Rabbit-Proof Fence,*
> *von der Siedlung bis nach Jiggalong, bis wir zu Hause ankamen.*
> *Ein weiter Weg, das kann man wohl sagen. Eine ganze Weile*
> *hatten wir uns im Busch versteckt gehalten.«*
>
> AUS DORIS PILKINGTONS BUCH *FOLLOW THE RABBIT-PROOF FENCE*

Kaninchen sind in Australien nicht heimisch. Im Jahr 1859 setzte der englische Siedler Thomas Austin zwei Dutzend von ihnen in der Wildnis von Victoria im Südosten Australiens aus: »Ein paar Kaninchen werden wohl kaum schaden, sondern für eine Art Heimatgefühl sorgen und eine Jagdgelegenheit bieten«. Doch Austin schien dabei vergessen zu haben, was Kaninchen am besten können, und schon bald breiteten sie sich wie eine Plage auf dem Kontinent aus.

Infolgedessen beschloss die australische Regierung zwischen 1901 und 1907 eine der ehrgeizigsten Maßnahmen zur Eingrenzung von Wildtierpopulationen, die die Welt je gesehen hatte. Der Plan war einfach: Man würde die gesamte Westseite des Kontinents absperren und so das Eindringen der Kaninchen verhindern. Es entstanden drei Zäune, die sich quer durch das

Land zogen. Sie waren einen Meter hoch und wurden von Holzpfeilern gestützt. Zaun Nummer 1 erstreckte sich quer über den Kontinent, von den Wallal Downs bis nach Jerdacuttup, und war 1833 Kilometer lang. Zusammen brachten es die drei Zäune auf eine Gesamtlänge von 3256 Kilometern. Doch das ambitionierte Projekt war zum Scheitern verurteilt, denn die Kaninchen hatten sich bereits westlich des Zauns ausgebreitet. Abgesehen davon fiel es den Behörden trotz regelmäßiger Patrouillen mit Fahrrädern, Autos und sogar Kamelen schwer, die Zäune in den unwirtlichen klimatischen Bedingungen der westaustralischen Wüste instand zu halten.

Der Kaninchenzaun gilt als Metapher für eine weitere Art von Segregation, die die damalige Regierung im Land durchzusetzen versuchte.

Die weißen Siedler vertraten ganz unterschiedliche Ansichten über die australische Urbevölkerung, die Aborigines. Während sie manche schlicht und einfach für eine minderwertige»Rasse« hielten, glaubten andere, dass sie in die weiße Gesellschaft integriert werden sollten und ihre Abstammung aus ihnen »herausgezüchtet« werden könne. Einige waren tolerant und verständnisvoll und natürlich gab es jede Menge Kinder gemischter Herkunft. Der Umgang mit den Indigenen war zu jener Zeit das umstrittenste Thema überhaupt.

Zwischen 1920 und 1930 wurden über hunderttausend Aborigine-Kinder gemischter Herkunft aus ihren Familien gerissen. Das Ziel war es, sie zu einem »nützlichen Leben« als Landarbeiter oder Hausangestellte zu erziehen. Die Regierung baute strenge »Besserungsanstalten«, in denen Verhältnisse wie in einem Dickens-Roman herrschten. Die Kinder, viele erst drei Jahre alt, teilten sich gefängnisähnliche Schlafsäle mit vergitterten Fenstern. Dünne Bettdecken spendeten in den kalten Nächten nur wenig Wärme und die Verpflegung war spartanisch. Diese trostlosen Erziehungsheime, die auch »Eingeborenensiedlungen« genannt wurden, lagen oft viele Hundert Kilometer von den Heimatorten der Kinder entfernt. Wer beim Weglaufen erwischt wurde, bekam den Kopf geschoren, wurde mit einem Gürtel verprügelt und musste Zeit in Einzelhaft verbringen. Zu essen gab es nicht viel mehr als Getreidebrei. Die Kinder hatten kaum Kleidung und keine Schuhe.

Die vierzehnjährige Molly Craig, ihre elfjährige Halbschwester Daisy Kadibil und deren achtjährige Cousine Gracie Fields kamen im August

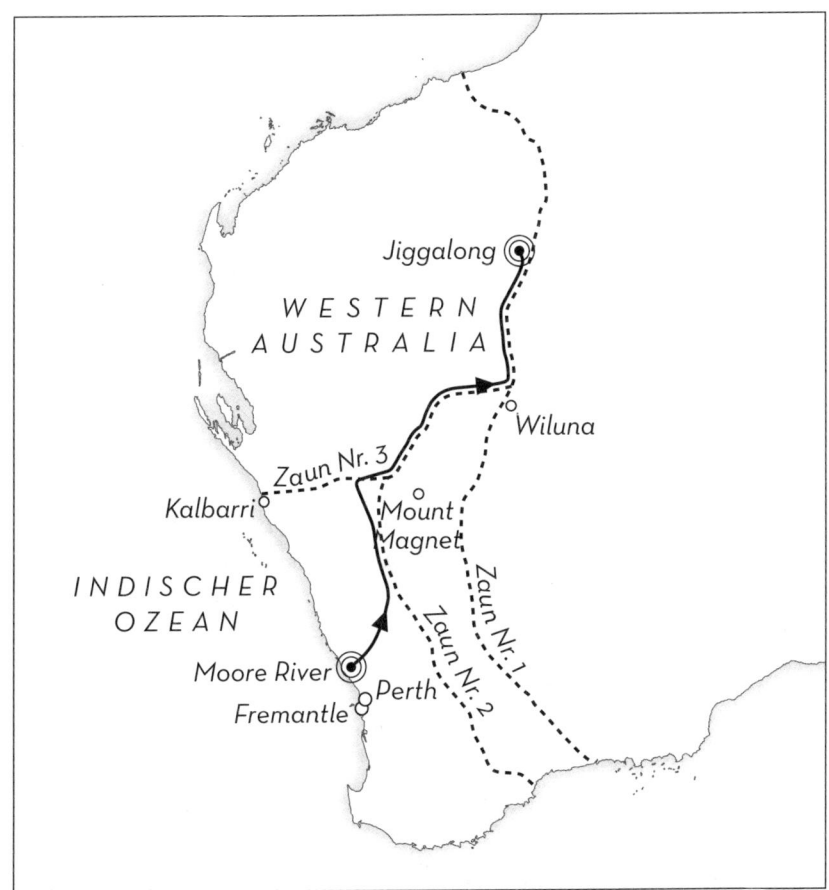

1931 ins Moore River Settlement nördlich von Perth. Sie stammten aus dem 1600 Kilometer entfernten Jiggalong, wo man sie von ihren Familien getrennt hatte. Das Trio war von Anfang an entschlossen, um jeden Preis wieder nach Hause zurückzukehren, und hatte einen Plan: Sie würden dem Kaninchenzaun folgen.

Die Mädchen besaßen nur je zwei schlichte Kleider und zwei Unterhosen aus grobem Baumwollstoff. Ihre Füße waren nackt und ihr Proviant bestand aus einem Kanten Brot. Doch bereits an ihrem zweiten Tag in der Siedlung versteckten sie sich im Schlafsaal und warteten, bis sie unbeobachtet waren. Dann liefen sie einfach hinaus in den Busch, der für sie weitaus weniger beängstigend war als das Erziehungsheim.

Der Rabbit-Proof Fence selbst lag mehrere Tageswanderungen entfernt. Einmal dort angekommen, würden sie sich noch mehrere Wochen durch staubiges Buschland kämpfen müssen, um nach Jiggalong zu gelangen.

Doch die Mädchen waren entschlossen, in der Wildnis zu überleben. Ihre größte Angst war es, von den unvermeidlichen Suchtrupps aufgespürt zu werden, denn bisher waren alle Ausreißer von Spurenlesern der Aborigines wieder eingefangen worden. Um diese auszutricksen, mussten die drei schnell sein und sich gut verstecken: Molly setzte ihnen ein Ziel von 32 Kilometern pro Tag.

Zunächst kamen sie gut voran. Sie versteckten sich in Kaninchenbauen und ihnen gelang es sogar, einige der Tiere zu fangen, zu garen und zu essen. Das feuchte Wetter bescherte ihnen genügend Wasser und verwischte ihre Spuren. Sie begegneten zwei Aborigines, die ihnen Essen und Streichhölzer gaben.

Wenn die drei Mädchen an einer Farm vorbeikamen, klopften sie oft einfach an die Tür und baten um Hilfe. Obwohl ausgiebig über ihre Flucht berichtet wurde, verriet sie keiner der weißen Landwirte an die Behörden. Einige schenkten ihnen sogar Proviant und wärmere Kleidung.

Doch die Polizei war ihnen auf den Fersen. Abgesehen davon, dass man sie nach Moore River zurückbringen wollte, sorgte man sich mittlerweile auch ernsthaft um das Wohl der Kinder. In der dritten Septemberwoche machten sich die Strapazen des Lebens in der Wildnis bemerkbar. Gracie, die Jüngste, war erschöpft und musste oft von den anderen beiden getragen werden. Sie hatte sich die Beine an Dornbüschen aufgeschlitzt und die Wunden hatten sich entzündet. Auf dem Weg berichtete ihr eine Aborigine, dass ihre Mutter in das nahegelegene Wiluna umgezogen sei. Daraufhin schlich sich Gracie heimlich in einen Zug, um dorthin zu fahren.

Molly und Daisy wanderten weiter in Richtung Jiggalong. Ohne ihre kleine Cousine konnten sie zwar schneller laufen, kamen aber dennoch nur sehr schleppend voran. Die Regenzeit war vorüber und es kündigte sich der Sommer an. Jeden Tag wurde es heißer, doch jeden Tag waren sie entschlossener, eine größere Entfernung zurückzulegen, um schneller nach Hause zu gelangen.

Anfang Oktober erreichten die beiden mit Staub bedeckten, erschöpften Mädchen endlich Jiggalong. Sie waren über 1600 Kilometer durch einen der unwirtlichsten Landstriche der Welt gewandert. Die Behörden suchten noch immer nach ihnen, aber die zwei waren nun zu Hause angekommen.

Die Familien der beiden Mädchen zogen eiligst um, damit ihnen der Staat ihre Kinder nicht wieder wegnahm. Doch die Regierung stellte – womöglich im Bewusstsein über die beeindruckende Geschichte, die die Mädchen zu erzählen hatten – die Suche nach ihnen wenige Wochen später ein.

Obgleich die Flucht der drei Kinder ein triumphaler Beweis für das unglaubliche Durchhaltevermögen und die Unbezwingbarkeit der menschlichen Willenskraft ist, endete die Odyssee nicht im erhofften Glück. Die Mädchen lebten nach wie vor in einem Land, in dem sie durch das Gesetz diskriminiert wurden.

Gracies Mutter befand sich nicht in Wiluna und Gracie wurde nach Moore River zurückgeschickt. Sie arbeitete schließlich als Hausangestellte und starb 1983.

Molly heiratete, bekam zwei Kinder und war ebenso als Hausangestellte beschäftigt. Doch 1940 wurde sie, nachdem man sie wegen einer Blinddarmentzündung nach Perth gebracht hatte, auf direkten Befehl der Regierung nach Moore River zurückgeschickt. Erstaunlicherweise gelang ihr erneut die Flucht und wieder lief sie zu Fuß nach Jiggalong zurück. Leider konnte sie nur eine ihrer Töchter mitnehmen und die dreijährige Doris musste in der Siedlung bleiben, wo sie fortan aufwuchs. Über die erste Flucht ihrer Mutter schrieb Doris später das Buch *Follow the Rabbit-Proof Fence*, das 2002 verfilmt wurde.

Daisys Geschichte nahm das glücklichste Ende. Sie verbrachte den Rest ihres Lebens in der Gegend um Jiggalong, wo sie ebenfalls als Hausangestellte arbeitete, heiratete und Mutter von vier Töchtern wurde.

# AUF DER SUCHE NACH PETRA

## Johann Burckhardts Entdeckung der sagenumwobenen Stadt

*»Ich befand mich schutzlos inmitten einer Wüste, in der noch nie zuvor ein Reisender gesehen worden war; und eine eingehende Untersuchung dieser Werke der Ungläubigen, wie man sie nennt, musste den Verdacht erregt haben, dass ich ein Zauberer auf Schatzsuche sei.«*

JOHANN BURCKHARDT

Die Nabatäer waren ein antikes Volk, das auf dem Gebiet des heutigen Jordanien lebte und dessen Existenz erstmals im vierten Jahrhundert vor Christus erwähnt wurde. Infolge der Eroberung des Nahen Ostens durch die Römer verloren sie jedoch an Einfluss und 106 nach Christus wurde die nabatäische Kultur in das römische Reich eingegliedert und löste sich allmählich auf, als andere Wüstenvölker die Oberhand in der Region gewannen. Sie hinterließen jedoch ein eindrucksvolles Erbe, das an die Blütezeit ihrer Zivilisation erinnert: eine in den Fels gehauene Wüstenmetropole, die seit jeher Reisende in ihren Bann zieht – die Stadt Petra.

Petra war ein Wunder. Verborgen zwischen gewaltigen Felswänden in der Arabischen Wüste nutzten die Nabatäer jeden Tropfen Regenwasser, um mithilfe eines Systems aus Dämmen und Gräben eine menschengemachte Oase zu schaffen. Petra wurde zu einem Handelszentrum im Nahen

Osten und begeisterte mit ihrer unbeschreiblichen Schönheit. Hinter vielen kunstvoll gestalteten, in den Sandstein gehauenen Fassaden lagen religiöse Gebäude, Versammlungshallen, Geschäftsräume und prächtige Gräber.

Die Stadt ging zusammen mit der nabatäischen Zivilisation unter. Ein heftiges Erdbeben im vierten Jahrhundert nach Christus zwang auch die letzten Bewohner zur Flucht und über die folgenden 1400 Jahre war Petra nicht viel mehr als eine Geisterstadt, die umherziehenden Beduinen und deren Vieh als Unterschlupf diente. Die Gebäude blieben jedoch erhalten und warteten geduldig darauf, wiederentdeckt zu werden.

Heute gilt Petra als einer der größten archäologischen Schätze der Welt. Ihre Wiedergeburt verdankt sie einem ehrgeizigen jungen Abenteurer und der Geschichte über eine Reise, die dieser auf seinem Weg nach Ägypten aufgeschnappt hatte.

Im Jahr 1809 landete Johann Ludwig Burckhardt – ein Schweizer, der für die Londoner African Association tätig war – auf dem Weg nach Kairo auf Malta. Man hatte ihn beauftragt, zum Niger zu reisen und zu prüfen, ob sich dieser als Handelsroute eignete. Von Kairo aus sollte es für ihn weiter in westliche Richtung durch die Sahara und bis nach Timbuktu gehen. Auf Malta hörte Burckhardt vom deutschen Entdecker Dr. Ulrich Seetzen, der verschwunden und wahrscheinlich ermordet worden war, nachdem er von Kairo aus in die Arabische Wüste aufgebrochen war. Man erzählte sich, dass er in den Dünen nach einer verloren geglaubten Stadt gesucht hatte, einer Stadt namens Petra. Burckhardts Interesse war geweckt. Die Geschichte war jedoch zugleich eine rechtzeitige Warnung vor den Gefahren, die das Reisen in dieser Gegend mit sich brachte. Der Deutsche war von seinen Führern vergiftet worden, nachdem er bei einem örtlichen Scheich in Ungnade gefallen war.

In der syrischen Stadt Aleppo nahm sich Burckhardt eine Unterkunft und legte sich eine neue Identität zu. Er nahm Kontakt mit John Barker auf, dem ansässigen britischen Konsul, doch für die Dauer seiner Reise würde man ihn nur als Scheich Ibrahim ibn Abdallah kennen. Burckhardt verbrachte drei Jahre in Aleppo und lernte die Gepflogenheiten des Islam. Er machte sich eingehend mit den Landkarten der Wüste im Süden der Stadt vertraut sowie mit den Sitten und Gebräuchen der Region. Auf kurzen

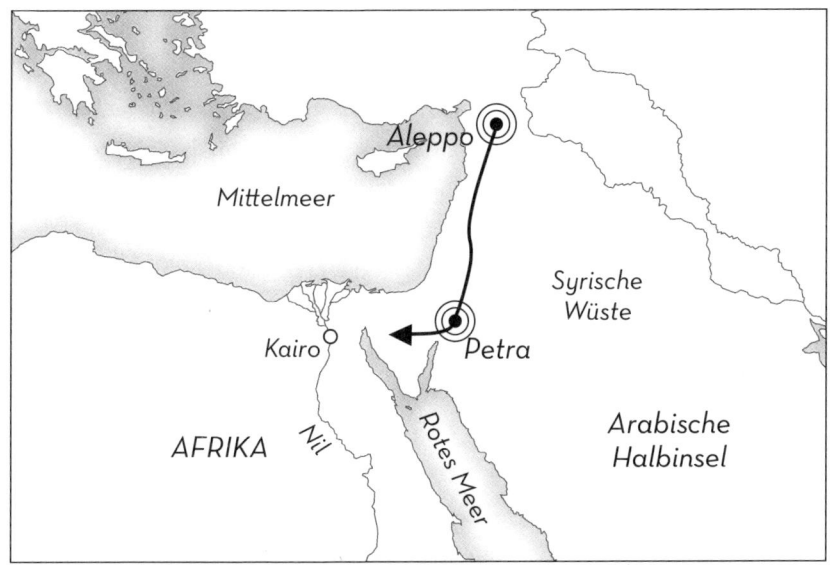

Erkundungstouren besuchte er Ruinen bei Aleppo und protokollierte antike Hieroglyphen. Die dreijährige Unterbrechung seiner Reise sah er indes vor allem als eine Investition in seine eigene Sicherheit. Eine überzeugende Tarnung konnte über Erfolg oder Misserfolg seiner Expedition entscheiden, vielleicht sogar über Leben oder Tod.

Für Burckhardt gab es nur einen Weg, um die Glaubwürdigkeit seiner arabischen Verkleidung zu überprüfen: In Begleitung von nomadischen Händlern unternahm er drei kurze Reisen in den Libanon, nach Syrien und Palästina. Diese Reisen überstand er, freundlich ausgedrückt, mit wechselndem Glück. Während er eine Gruppe von Beduinen in Damaskus beobachtete, wurde er überfallen und all seiner Habseligkeiten entledigt. Der britische Konsul Barker berichtete später, dass Burckhardt bei seiner Reise zum Euphrat ausgeraubt, zusammengeschlagen und entkleidet wurde und verwickelt war in einen »Kampf mit einer arabischen Lady, die es auf das einzige Kleidungsstück abgesehen hatte, das ihm die Diebe aus Anstand oder Mitleid gelassen hatten«.

Trotz dieser Rückschläge war Burckhardt davon überzeugt, dass seine Tarnung durchgehen würde. »Ich habe die Werke einiger der besten arabischen Schriftsteller und Dichter studiert«, schrieb er in einem Brief an die

African Association. »Ich habe den Koran zweimal gelesen und mehrere Passagen sowie viele seiner Verse auswendig gelernt.«

Im Frühjahr 1812 verließ Johann Burckhardt Aleppo zum letzten Mal und machte sich auf nach Süden. Er war gerade einmal 26 Jahre alt. Er folgte größtenteils der Route des unglückseligen Dr. Seetzen und übernachtete bei einem Zwischenstopp in Transjordanien sogar in derselben Unterkunft, die auch der deutsche Entdecker aufgesucht hatte. In Kerak nahe des Toten Meeres wurde Burckhardt erneut ausgeraubt, eine ihm inzwischen vertraute, aber dennoch unangenehme Erfahrung. Der Scheich von Kerak willigte ein, Burckhardt unter seinen Schutz zu stellen, zog seine Entscheidung jedoch bald darauf zurück und nahm stattdessen den Großteil von Burckhardts Geld an sich. Ein vom Scheich gestellter Führer machte sich im Anschluss daran prompt mit Burckhardts letzten paar Groschen davon.

Der nun mittellose, aber unbeirrte Burckhardt traf auf einen reisenden Beduinen und überredete den Mann, ihm als Führer nach Kairo zu dienen. Nachdem man ihn ein weiteres Mal ausraubte, wäre es nur zu verständlich gewesen, wenn er ohne Umschweife in die ägyptische Stadt geeilt wäre. Doch stattdessen entschied er sich für eine weniger direkte Route. Berichte der Beduinen über spektakuläre Ruinen inmitten der nahen Berge und die Geschichte über Seetzens Suche nach der verlorenen Stadt überzeugten Burckhardt davon, einen Umweg durch die Wildnis zu nehmen. Der Beduinenführer hegte inzwischen den Verdacht, dass Burckhardt möglicherweise gar nicht der syrische Kaufmann war, für den er sich ausgab, erklärte sich aber bereit, ihn zu den Ruinen zu geleiten.

> »Eine Uhr und ein Kompass waren die einzigen Dinge,
> deren Verlust ich betrauerte. Was Bargeld betraf, so hatte ich
> keinen einzigen Heller in der Tasche.«

Die beiden durchquerten ein sandiges Wüstental und gelangten in eine steilwandige, trockene Schlucht. Eine halbe Stunde lang wanderten sie westwärts, während die Felswände um sie herum immer näher kamen. Dann teilten sich die Felsen und gaben einen spektakulären Anblick frei: »An der Seite des senkrechten Felsens, direkt gegenüber dem Ausgang des

Haupttals, wurde ein ausgehöhltes Grabmal sichtbar, dessen Lage und Schönheit wohlweislich einen außerordentlichen Eindruck auf einen Reisenden machen, nachdem er fast eine halbe Stunde lang einen so dunklen und beinah unterirdischen Weg zurückgelegt hat, wie ich ihn beschrieben habe. Es ist eine der elegantesten antiken Ruinen Syriens und so gut erhalten wie ein kürzlich fertiggestellter Bau. Bei genauerer Betrachtung erkannte ich, dass es sich um ein Werk von immenser Schaffenskraft handelte.« Es war Petra.

Eine Erkundung der Stätte würde nicht leicht werden. Burckhardts beduinischer Begleiter war inzwischen mehr als argwöhnisch. Als sie die antike Stadt betraten, sagte er: »Ich sehe deutlich, dass Sie ein Ungläubiger sind, der etwas Bestimmtes in den Ruinen der Stadt im Schilde führte [...]. Aber verlassen Sie sich darauf, dass wir es nicht zulassen werden, dass Sie auch nur eine einzige Münze von all den verborgenen Schätzen nehmen, denn sie befinden sich auf unserem Gebiet und gehören uns.«

Diese Worte machten Burckhardt deutlich, dass er nicht zu lange in den Ruinen verweilen durfte. Er führte so viele Messungen durch und fertigte die größte Menge an Zeichnungen und Notizen an, wie es ihm an einem Tag möglich war. Am nächsten Morgen brachen sie auf und setzten ihre Reise nach Süden in Richtung Kairo fort.

Bei späteren Erkundungsreisen in Nordafrika und Arabien gelangen Burckhardt viele weitere erstaunliche Leistungen. So fuhr er über 2400 Kilometer den Nil hinab bis in den Sudan und verbrachte als Bettler verkleidet mehrere Wochen in den »verschlossenen« heiligen Städten Mekka und Medina. Im Jahr 1813 entdeckte er ein weiteres atemberaubendes Monument der Antike wieder, den vom Sand verschluckten großen Tempel von Ramses II. in Abu Simbel. Seinen eigentlichen Traum – die Reise zum Niger – konnte er sich jedoch nicht erfüllen. Während er die Wüste Sinai in Ägypten durchquerte, verzweifelte Burckhardt vor Durst und trank aus einem Brunnen Wasser von »fauliger, gelb-grüner Farbe [...], unsere Mägen konnten es nicht bei sich behalten«. Er bekam die Ruhr und starb am 15. Oktober 1817 in Kairo.

# PFAD DER TRÄNEN

## Die Zwangsumsiedlung der nordamerikanischen Urbevölkerung

>»In der ganzen Szene lag ein Hauch von Untergang und
Zerstörung, etwas, das ein letztes und unwiderrufliches Adieu
verriet. Man konnte nicht zusehen, ohne dass es einem das Herz
zerriss. Die Indianer waren ruhig, aber auch düster und schweigsam.
Es gab einen von ihnen, der Englisch sprach, und ihn fragte ich,
warum die Chactas [sic] ihr Land verließen. ›Um frei zu sein‹,
antwortete er, und es war kein anderer Grund aus ihm
herauszubekommen. Wir [...] beobachten die Vertreibung [...]
eines der bekanntesten und ältesten Völker Amerikas.«*

Nicht alle bedeutenden Expeditionen waren ruhmreich und heldenhaft. Einige veränderten den Lauf der Geschichte auf tragische Art und Weise. In den 1830er-Jahren kam es in den Vereinigten Staaten zu einer Reihe von Zwangsumsiedlungen der Urbevölkerung, die das Gesicht des Kontinents für immer veränderten. Tausende Menschen ließen ihr Leben und es spielten sich Szenen von unvorstellbarem Leid ab. Familien, Clans – ja

---

\* Alexis de Tocqueville, französischer Philosoph, der bei einem Aufenthalt in Memphis, Tennessee, die Vertreibung der Choctaw miterlebte

ganze Nationen – mussten ihre Heimat verlassen und in eine weit entfernte Gegend aufbrechen, die sie noch nie gesehen hatten und die ihnen vollkommen fremd war. Zu allem Elend erreichte ein dramatisch großer Teil der Flüchtlinge nie das Land, das alles andere als gelobt war. Auf ihrem langen Marsch, dem sogenannten »Pfad der Tränen«, starben die Vertriebenen an Unterernährung, Krankheiten, Erschöpfung und der eisigen Kälte. Allein das Volk der Cherokee verlor ganze 4000 von 15 000 Angehörigen.

Zu Beginn des 19. Jahrhunderts waren die jungen Vereinigten Staaten in einem rasanten Wachstum begriffen. Der sogenannte Louisiana Purchase – der Kauf des damaligen Louisiana von den Franzosen – im Jahr 1803 hatte die Größe des Landes mehr als verdoppelt. Weiße Siedler, die bis dahin lediglich die ursprünglichen dreizehn Staaten im Osten des Kontinents bewohnt hatten, strömten nun in Massen in den Süden und Westen der USA. Die Erfindung der Entkörnungsmaschine 1793 hatte die Baumwollindustrie revolutioniert und die Einwanderer suchten im Süden nach Ländereien, die ihnen den Baumwollanbau ermöglichten. Es gab dabei nur ein Problem: die Urbevölkerung, die in diesen Gebieten beheimatet war, darunter die Cherokee, Chickasaw, Choctaw, Creek und Seminolen. Bald schon verlangten die weißen Siedler von der Bundesregierung die Deportation der Einheimischen und die Annektierung ihrer Territorien, um diese für die Landwirtschaft zu erschließen. Um eine einzige Nation zu schaffen, würde die Regierung fünf andere zerstören.

Im Jahr 1823 stellte der Oberste Gerichtshof das »Recht auf Entdeckung« der Vereinigten Staaten über das »Recht auf Nutzung« der Urbevölkerung und entschied, dass die indigenen Gruppen zwar Land bewirtschafteten, aber nicht besitzen durften. Die Cherokee, Chickasaw und Creek erkannten die Bedrohung dieses Beschlusses für ihre Heimatgebiete und schränkten ihren Landverkauf an die Regierung ein.

Die Cherokee unternahmen den Versuch, Feuer mit Feuer zu bekämpfen, und wandten sich ebenfalls an die Justiz. Im Jahr 1827 setzten sie eine schriftliche Verfassung auf und erklärten sich zu einer unabhängigen Nation. Der Oberste Gerichtshof entschied letzten Endes zu ihren Gunsten, doch der Bundesstaat Georgia und der US-Präsident Andrew Jackson wei-

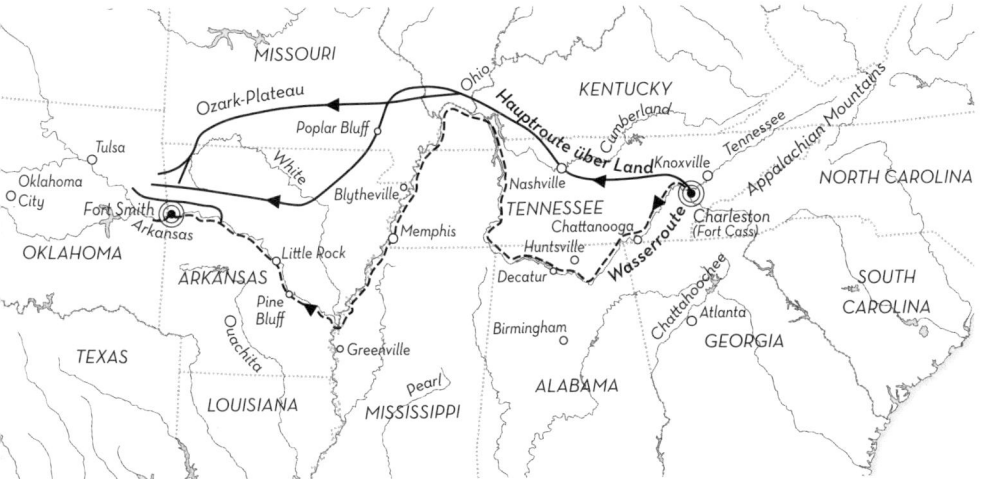

gerten sich, das Urteil anzuerkennen. Die Cherokee waren noch immer Pächter staatlicher Ländereien.

Präsident Jackson brachte den sogenannten »Indian Removal Act« (zu Deutsch »Indianer-Ausweisungs-Gesetz«) 1830 im Eilverfahren durch beide Kammern des US-Kongresses und erfüllte damit seine langjährige persönliche Mission: die Vertreibung der Urbevölkerung. 1814 hatten von ihm befehligte Truppen die Creek in einer Schlacht besiegt, wobei die Volksgruppe ganze 89 000 Quadratkilometer Land einbüßte. Darauf war Jacksons Armee 1818 in die spanische Kolonie Florida eingefallen, was den USA weitere Landgewinne bescherte. In den zehn Jahren zwischen 1814 und 1824 veranlasste Jackson neun Abkommen zwischen der Bundesregierung und den indigenen Gruppen der Südstaaten. Im Tausch gegen Territorien im Osten und Süden des Kontinents wurden den Urvölkern Gebiete im Westen versprochen. Dem Präsidenten zufolge dienten diese Verträge dem Wohl der Indigenen, da sie sie vor den Schikanen der weißen Siedler schützten und ihnen Autonomie garantierten. In Wirklichkeit waren sie ein Vorwand für einen langanhaltenden und gewaltsamen Angriff auf die Rechte der Urbevölkerung mittels Raub, Verfolgung und Betrug.

Das Gesetz ermächtigte den Präsidenten, Verträge über den Tausch von indigenen Territorien östlich des Mississippi gegen Ländereien westlich des Flusses zu schließen. Die Ausweisung der Urbevölkerung sollte friedlich und freiwillig vonstattengehen. Wer im Osten bleiben wollte, würde als Bürger des jeweiligen Bundesstaates den Schutz der Regierung genießen

Die Choctaw ließen sich im September 1830 als erste Nation auf einen Handel mit der Regierung ein. Doch schon von Anfang an brach die Gegenseite ihre Versprechen. Die Choctaw, die beschlossen hatten zu bleiben, erhielten als neue »Staatsbürger« Mississippis keinerlei offiziellen Schutz. Stattdessen bedienten sich weiße Siedler aller erdenklichen Tricks, um sie um ihr Eigentum zu bringen und ihre Ländereinen in Besitz zu nehmen. Fast alle der bitter enttäuschten Choctaw wanderten letztendlich doch in den Westen aus. Ihre Sprecher beklagten Schikane: »Man riss und brannte unsere Siedlungen nieder, zerstörte unsere Zäune und trieb Vieh auf unsere Felder. Wir selbst wurden ausgepeitscht, in Handschellen gelegt, gefesselt und anderweitig gequält, bis einige unserer besten Männer an den Misshandlungen starben.« Etwa 17 000 Choctaw flüchteten in den Westen, doch bis zu 6000 von ihnen kamen auf dem Pfad der Tränen ums Leben. Die Vertreibung der Choctaw diente der Regierung als Modell für alle zukünftigen Zwangsumsiedlungen.

Die Chickasaw unterschrieben 1832. Sie hielten eine Umsiedlung für unausweichlich und handelten Land im Westen sowie staatlichen Schutz bis zu ihrer Abreise aus. Doch die weißen Siedler witterten Blut und begannen eine schonungslose Hatz. Wieder verweigerte die Regierung jegliche Hilfe. Die Chickasaw waren letztendlich dazu gezwungen, Land auf dem neuen westlichen Territorium der Choctaw zu pachten.

Zur selben Zeit hatten die Creek Teile ihres Grund und Bodens der Regierung zur Verfügung gestellt, um sich als Gegenleistung die Besitzrechte für die restlichen Ländereien zu sichern. Doch wieder einmal wurde die Abmachung nicht eingehalten und Spekulanten besetzten große Teile der indigenen Gebiete. Die Creek wurden 1836 in den Westen vertrieben.

Im Jahr 1833 unterschrieben Angehörige der Cherokee einen Vertrag mit der Regierung, in dem sie einer Auswanderung aus ihren Territorien zustimmten. Doch bei den Unterzeichnern handelte es sich gar nicht um die wahren Anführer – das Abkommen war ein Schwindel. Die Cherokee protestierten und 15 000 von ihnen unterzeichneten eine Petition, die vom Obersten Gerichtshof schlichtweg ignoriert wurde. Das Abkommen trat

1836 in Kraft und den Cherokee wurden zwei Jahre Zeit gegeben, um freiwillig umzusiedeln, ansonsten drohte ihnen die Deportation. Die unrecht-
mäßige Abmachung sorgte für großen Ärger und Unmut, und bei Frist-
ablauf waren nur 2000 von 18 000 Cherokee in den Westen abgewandert.
Die US-Regierung hielt Wort und entsandte 7000 Soldaten, um die
Zwangsumsiedlung durchzusetzen.

Mit vorgehaltenem Bajonett und ohne ihnen die Möglichkeit zu geben,
ihr Hab und Gut zusammenzupacken, trieb man die Cherokee in Lager.
Weiße Plünderer fielen über die nun unbewachten Wohnstätten her. Für
die Vertriebenen lauerten die Gefahren des Tränenpfads bereits, ehe sie
überhaupt einen Fuß darauf gesetzt hatten, denn die Camps waren überfüllt, unhygienisch und unterversorgt. Krankheiten breiteten sich unter den
anfälligen Bewohnern aus und rafften Hunderte von ihnen dahin, noch
bevor sie zu ihrem langen Marsch aufbrechen konnten. Für die Wanderung
nach Westen wurden die Cherokee im November in Gruppen zu je tausend
Personen aufgeteilt. Das Winterwetter war miserabel, mit heftigem Regen,
Schnee und Temperaturen unter dem Gefrierpunkt. Auf ihrem 1930 Kilometer langen Weg bis in das heutige Oklahoma starben in den kommenden
Monaten über 4000 Cherokee an Hunger, Kälte und Krankheiten.

Bis 1837 wurden insgesamt 46 000 amerikanische Ureinwohner aus
ihrer Heimat vertrieben. Ihre Territorien umfassten ein Gebiet, das mit
100 000 Quadratkilometern größer war als Portugal. Es wurde von nun an
von weißen Siedlern bewohnt. Viele von ihnen legten Baumwollplantagen
an, auf denen Sklaverei in großem Umfang betrieben wurden. Es entstand
ein wirtschaftliches und kulturelles Klima, das den Keim des Amerikanischen Bürgerkriegs bereits in sich trug.

*» Wir Choctaw zogen es vor, zu leiden und frei zu sein,*
*als unter erniedrigenden Gesetzen zu leben, bei deren Beschluss*
*unsere Stimme nicht erhört worden war.«*

GEORGE W. HARKINS, ANWALT UND CHIEF DER CHOCTAW

EXPEDITION 40

# MIT DEM FAHRRAD UM DIE WELT

Annie Londonderrys Weltumrundung
auf zwei Rädern

>>*Was Annie 1894/95 mit ihrem Fahrrad geleistet hat,*
*war ein Parforceritt aus Courage, Selbstinszenierung und*
*Sportlichkeit. Sie war nicht nur eine begabte Anekdotenerzählerin*
*und talentierte Selbstdarstellerin mit einer Vorliebe für Beschönigungen*
*und Lügengeschichten, sondern bewiesenermaßen auch eine*
*versierte Radlerin, die auf ihrer Reise Tausende Kilometer*
*mit dem Fahrrad zurücklegte.*<<

AUS *AROUND THE WORLD ON TWO WHEELS: ANNIE LONDONDERRY'S*
*EXTRAORDINARY RIDE* VON PETER ZHEUTLIN

Es war Annie Londonderrys erklärtes Ziel, die erste Frau zu werden, die die
Welt mit dem Fahrrad umrundet. Sie begann ihr Abenteuer am 25. Juni
1894 vor dem Massachusetts State House, begleitet von den Abschiedsgrü-
ßen von über fünfhundert Zuschauern. Ihre Route würde sie quer durch
die Vereinigten Staaten, über den Pazifischen Ozean, durch Asien und
Europa und anschließend über den Atlantik zurück nach Boston führen.
Gerade einmal fünfzehn Monate hatte sie für ihre Reise eingeplant, denn
sie beabsichtigte, eine Wette über 10 000 Dollar zwischen zwei Bostoner

Geschäftsmännern für sich zu entscheiden. Ihr kühnes Vorhaben erregte landesweit die Aufmerksamkeit der Presse. Doch als sie aufbrach, gab es einiges, was die anwesenden Zuschauer und Journalisten nicht wussten.

Annie Londonderry war in Wirklichkeit eine 24-jährige lettische Einwanderin aus dem Bostoner Armenviertel West End und hatte einen Ehemann sowie drei Kinder: Mollie (fünf Jahre), Libbie (drei) und Simon (zwei). Sie hieß eigentlich Annie Kopchovsky (auf Geheiß ihres Sponsors *Londonderry Lithia Spring Water* änderte sie ihren Nachnamen vor ihrer Abfahrt in Londonderry) und hatte eben erst das Radfahren erlernt. Als sie zu ihrer Weltreise aufbrach, lagen nur wenige Unterrichtsstunden hinter ihr.

Zugegebenermaßen muss man anerkennen, dass sie die Weltumrundung nicht allein auf dem Fahrrad bewältigen würde, sondern zu mindestens genauso großen Teilen auf diversen Ozeandampfern Doch Londonderrys Radtour zog die Menschen in ihren Bann und galt zu einer Zeit, als die Frauenrechtsbewegung sowohl in Europa als auch in Amerika Fahrt aufnahm, als beeindruckendes Beispiel weiblicher Emanzipation.

Londonderry war keine sehr begabte Radlerin – obgleich sie mit der Zeit immer besser wurde –, ihr größtes Talent bestand darin, für ihre Expedition die Werbetrommel zu rühren. In Vorbereitung auf ihre Reise hielt sie wortgewandte (und häufige) Reden über ihr Vorhaben und obwohl der Wahrheitsgehalt ihrer Behauptungen oft ungewiss war, lieferte ihre überschwängliche Art der Presse jede Menge ausgezeichneten Schreibstoff.

Die 10 000-Dollar-Wette zum Beispiel war äußerst geheimnisumwoben. Einer Zeitung erzählte Londonderry, dass sie im Begriff war, eine Wette zwischen zwei Klubmitgliedern aus der Bostoner Oberschicht abzuschließen. Einer von ihnen hatte 20 000 Dollar gegen die 10 000 Dollar seines Freundes geboten, dass es keiner Frau gelingen würde, um die Welt zu reisen, dabei 5000 Dollar zu verdienen und innerhalb von 15 Monaten nach Boston zurückzukehren. Es blieb ein Rätsel, weshalb ausgerechnet Londonderry dafür vorgeschlagen wurde und ob es diese Wette überhaupt gegeben hat, aber Annie packte die Gelegenheit beim Schopf.

Bevor es losging, gab sie noch eines ihrer markanten Statements ab, für die die Presse sie so liebte: »Ich werde in fünfzehn Monaten um die Erde reisen, mit fünftausend Dollar zurückkehren und nur mit den Kleidern an meinem Leib aufbrechen. Ich kann von niemandem etwas ohne Bezahlung annehmen.« Und dann stülpte sie zur Bestätigung ihrer Mittellosigkeit mit einer dramatischen Geste ihre leeren Taschen nach außen. Sie nannte zudem einen Grund, warum sie bereit war, mit den gesellschaftlichen Konventionen jener Zeit zu brechen und ihre Familie für ein Solo-Abenteuer zurückzulassen: »Ich wollte nicht mein ganzes Leben zu Hause verbringen und jedes Jahr ein Kind unter meiner Schürze tragen.«

Londonderry plante, ihren Unterhalt mit dem Verkauf von Reklamefläche auf ihrem Fahrrad und ihrer Kleidung zu bestreiten und sich unterwegs mit Zeitungskolumnen und Vorträgen zusätzliches Geld zu verdienen. Sponsorennamen auf Trikots und Fahrrädern sind heutzutage die Norm, doch im späten 19. Jahrhunderts war die Idee äußerst innovativ.

Im Sommer 1894 verabschiedete sich Annie Londonderry von ihrer Familie und ihren Freunden und machte sich auf nach Westen in Richtung Chicago. Die 24-Jährige kam langsam, aber stetig voran, wobei sie von zwei Dingen gebremst wurde: ihrem Fahrrad und ihrer Kleidung. Ihr Rad der Marke *Columbia* brachte ganze zwanzig Kilogramm auf die Waage, etwa zwei Fünftel ihres Körpergewichts. Ihr Outfit inklusive Korsett – zu jener Zeit für eine ehrbare Frau unverzichtbar – engte sie ein und ihr langer Rock drohte ständig, sich in den Speichen der Räder zu verfangen.

In Chicago konnte Londonderry auf ein Herrenrad der Marke *Sterling* umsteigen, das gerade einmal neun Kilogramm wog. Ihr Rock war jedoch für das Männerfahrrad ungeeignet, weshalb sie ihn gegen Pumphosen eintauschte. Die galten zwar in einigen Kreisen als skandalös, waren aber um einiges praktischer. Londonderry legte bald auch ihr Korsett ab und würde später über die gesellschaftlichen Normen jener Zeit bemerken:

*»Ich bin Journalistin und eine ›neue Frau‹,*
*wenn der Begriff bedeutet, dass ich glaube, alles tun und lassen*
*zu können, was jeder Mann auch tun kann.«*

Der *Omaha World Herald* berichtete über sie: »Miss Londonderry brachte ihre Meinung zum Ausdruck, dass das Aufkommen des Fahrrads eine begrüßenswerte Reform der weiblichen Kleiderordnung einleiten wird. Sie glaubt, dass in der nahen Zukunft jede Frau – mit etwaiger Ausnahme der engstirnigen, zugeknöpften und hageren Exemplare – unabhängig von ihrer sozialen Stellung rittlings auf dem Rad sitzen wird.«

In Chicago fasste Annie Londonderry einen kühnen Entschluss: Anstatt wie geplant weiter in Richtung Westen zu fahren, radelte sie nach New York zurück, wo sie ein Kreuzfahrtschiff nach Frankreich bestieg.

Ihr bisheriger Fortschritt war eher mäßig, doch auf französischem Boden legte die Expedition rasant an Tempo zu. Am Hafen von Le Havre gab es Probleme mit dem französischen Zoll und ihren eigenen Angaben zufolge verlor die junge Radlerin einen Großteil des Geldes, das sie bis dahin verdient hatte. Die genaueren Umstände dieses Verlusts blieben jedoch ungeklärt. In Paris sollte sie mehr Glück haben. Ein Verkaufsvertreter der Marke *Sterling* besorgte ihr eine Unterkunft und half ihr beim Organisieren von Vorträgen, Presseinterviews und öffentlichen Auftritten. Das Interesse an ihrem Vorhaben war inzwischen so groß, dass Londonderry auf dem Weg nach Süden die Aufmerksamkeit großer Menschenmengen auf sich zog. Bei ihrer Ankunft in Marseille war sie bereits zu einer Art Berühmtheit geworden und es folgten weitere Vorträge und Interviews. Als sie an Bord des Dampfers *Sydney* ging, mit dem sie nach Ägypten fahren würde, winkten ihr im Hafen mehrere Hundert Menschen zum Abschied zu.

In den folgenden Monaten machte Annie Londonderry Halt in Ägypten, Ceylon (heute Sri Lanka), Singapur, Hongkong, Shanghai und Kobe in Japan. Möglichkeiten zum Radfahren gab es an jenen Orten nur wenige. In der ccylonesischen Hauptstadt Colombo etwa berichtete sie von einer »30-Meilen-Tour« um die Stadt mit Mitgliedern des örtlichen Radvereins.

Bei jedem Zwischenstopp bewies Londonderry ihr Talent für das Spinnen von Seemannsgarn und schaffte es immer wieder, das Interesse für ihre Expedition zu wecken. Dabei präsentierte sie sich als junge, mittellose Frau, die auf ihrer Reise um die Welt mit dem Fahrrad den unglaublichsten Herausforderungen nachjagte und diese mit Bravour bestand.

Im März 1895 kehrte sie in die Vereinigten Staaten zurück und begann in San Francisco die letzte Etappe ihrer Weltumrundung. Auf ihrem Weg

durch Kalifornien, Arizona, New Mexico, Texas und Denver gab sie weitere Interviews und gewann neue Sponsoren.

Ihre Abenteuergeschichten aus Übersee – darunter über Jagdausflüge mit dem europäischen Adel in Indien und eine Schussverletzung in Japan – waren schwer nachzuprüfen, sorgten jedoch für spannenden Lesestoff.

Die menschenleeren Ebenen der amerikanischen Prärie boten Londonderry nur beschränkt Möglichkeiten zur Vermarktung ihrer Odyssee und waren für sie deshalb nur wenig einträglich. Also nahm sie kurzerhand den Zug durch Nebraska und schwang sich erst für den Endspurt wieder auf ihr Fahrrad. Wegen eines schweren Sturzes kam sie in Chicago mit einem Gipsarm an, doch Annie Londonderry war jetzt nicht mehr zu bremsen. Sie kämpfte sich weiter nach Osten vor und traf am 24. September 1895 in Boston ein, wo sie einst ihre Weltumrundung begonnen hatte.

Einige Kritiker spotteten über ihre tatsächlichen Leistungen und insbesondere über die Zeit, die sie auf ihrer Reise wirklich auf dem Rad verbracht hatte, doch Londonderry ließ sich von den abfälligen Bemerkungen nicht beeindrucken. Für die New York World schrieb sie mehrere ausführliche – und womöglich etwas fantasievolle – Berichte über ihre Expedition, bevor sie sich langsam aus dem öffentlichen Leben zurückzog. Annie Londonderry starb 1947 in New York.

EXPEDITION 41

# DIE ERSCHLIESSUNG DER ISLAMISCHEN WELT
## Die Reisen des Ibn Battuta

*»Ich brach allein auf [...]. Getrieben von einem*
*überwältigenden inneren Drang und dem lang gehegten Verlangen,*
*diese herrlichen Heiligtümer [Mekka und Medina] zu besuchen,*
*beschloss ich, mich von all meinen Freunden loszureißen*
*und meiner Heimat den Rücken zu kehren.«*

DER BEGINN VON IBN BATTUTAS *REISEN* [*RIHLA*]

Ibn Battuta war der bedeutendste Reisende des Mittelalters. In knapp dreißig Jahren besuchte er fast die gesamte zu seinen Lebzeiten bekannte musli-
mische Welt – von Marrakesch im Westen bis nach Quanzhou (Zaytoun)
an der Ostküste Chinas im Osten und von der Krim im Norden bis nach
Kilwa (im heutigen Tansania) im Süden. Seine Abenteuer hielt er in seinem
Reisebericht mit dem Namen *Rihla* (*Reisen*) fest. Man geht davon aus, dass
er auf seinen Reisen insgesamt über 120 000 Kilometer zurücklegte.

Ibn Battuta wurde 1304 im marokkanischen Tanger in eine Familie von
Rechtsgelehrten geboren. Auch er folgte zunächst der Familientradition
und ließ sich juristisch ausbilden. Als junger Mann zog es ihn auf den
Hadsch nach Mekka und Medina. Die Pilgerfahrt, zu der er 1325 aufbrach,
sollte rund achtzehn Monate dauern, doch Ibn Battuta kehrte erst 24 Jahre

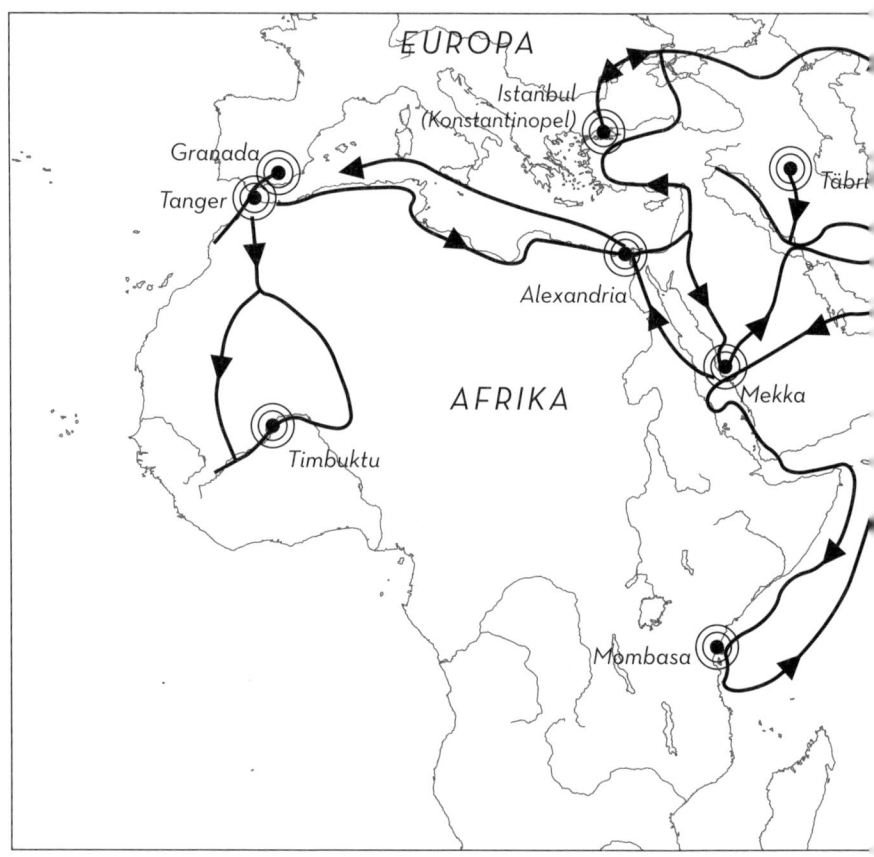

später nach Marokko zurück. Auf diese erste Reise folgten zwei weitere, eine nach Granada und eine nach Timbuktu.

Im Gegensatz zu seinem Zeitgenossen Marco Polo waren seine Reisen nicht durch Handel motiviert, sondern durch den Wunsch, mehr über die Welt zu erfahren und Lehrmeistern und Gelehrten zu begegnen. Battuta äußerte zudem die Absicht, nie denselben Weg zweimal zu gehen (womit er es allerdings nicht so eng sah, denn die Pilgerfahrt nach Mekka unternahm er mindestens siebenmal). Er folgte keiner bestimmten Route, sondern ließ sich von Gelegenheit, Zweckmäßigkeit und seiner Ungeduld leiten. Das zeigte sich auf spektakuläre Weise, als er sich aus Frust über die geringfügige Verspätung beim Erreichen eines Schiffes vom Roten Meer nach Indien entschied, die Strecke über Land zurückzulegen – ein Umweg von zwei Jahren.

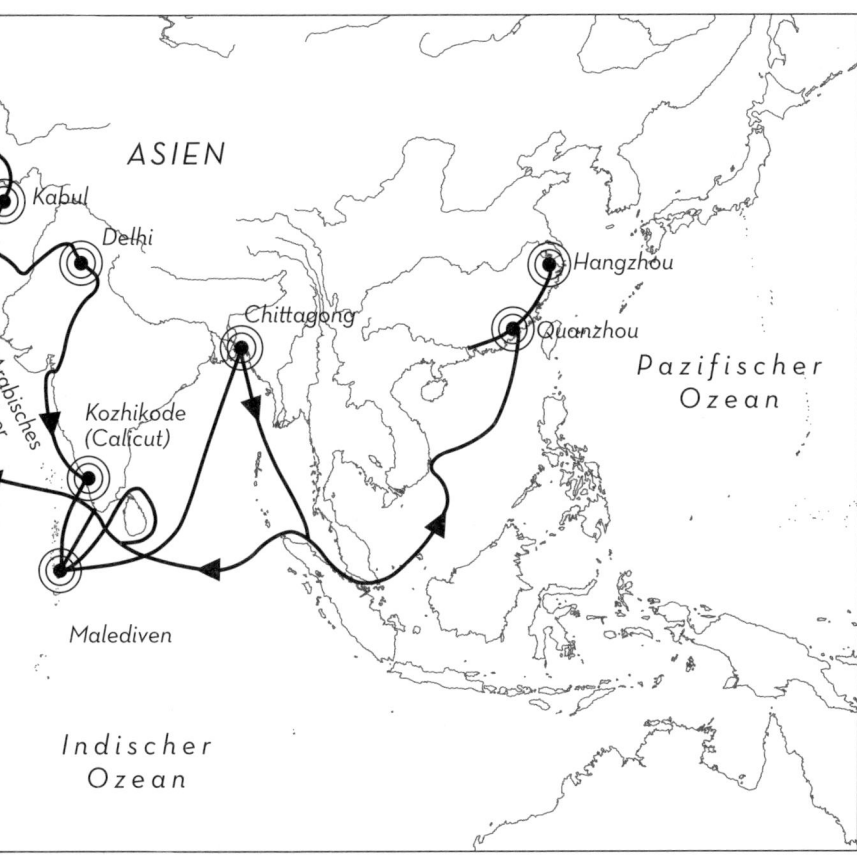

Von Tanger reiste er zunächst die nordafrikanische Küste entlang bis nach Kairo. In Constantine bekam er als Gelehrter vom Gouverneur der Stadt neue Kleidung und Geld geschenkt. Es war die erste von zahlreichen Spenden, die er auf seiner Reise entgegennahm. Daraufhin schloss er sich einer Pilgerkarawane auf dem Weg nach Kairo an und heiratete die erste seiner vielen Frauen. Kairo war die erste islamische Stadt, die er besuchte, und er war überwältigt von ihr: »[Sie ist] unüberschaubar in der Vielzahl ihrer Gebäude, unvergleichlich in ihrer Pracht und Schönheit, Treffpunkt der An- und Abreisenden und Zwischenstation für die Mächtigen und die Machtlosen.«

Von Kairo aus fuhr er den Nil stromaufwärts und hoffte, Mekka auf dem kürzesten Weg über das Rote Meer zu erreichen. Doch am Meer wütete ein

Bürgerkrieg und Battuta musste umkehren und den Nil erneut flussabwärts fahren. Es war die erste von unzähligen Planänderungen auf seiner mehrjährigen Odyssee. Er durchquerte die Wüste Sinai und reiste weiter bis nach Jerusalem. Dort besuchte er den Felsendom, wo der Prophet Mohammed seine Himmelfahrt angetreten hatte, sowie die Grabeskirche und andere christliche Monumente. Seine nächste Station war Damaskus, wo er die Umayyaden-Moschee bewunderte, »die prächtigste Moschee der Welt, die schönste in ihrer Bauart und die edelste in ihrer Schönheit, Anmut und Perfektion; sie ist einzigartig und unerreicht.«

Von dort aus reiste er weiter nach Medina und Mekka, dessen Architektur er neben den Traditionen des Hadsch in aller Ausführlichkeit beschrieb. Im Gegensatz zu den meisten Pilgern trat er von hier aus nicht den Heimweg an, sondern reiste nach Osten und besuchte Basra, Bagdad und Persien.

Nachdem er Täbris erreicht hatte, kehrte er nach Mekka zurück und fuhr anschließend über das Rote Meer nach Jemen. Über die Hauptstadt Taizz bemerkte er mit scharfer Zunge: »Ihre Bewohner sind anmaßend, unverschämt und unhöflich, wie es allgemein in Städten der Fall ist, in denen sich der Sitz des Königs befindet.« Anschließend reiste er die ostafrikanische Küste entlang und besuchte Dschibuti, Mogadischu, Mombasa und Kilwa. Einige Hafenstädte fand er entsetzlich schmutzig, während ihn andere sehr beeindruckten. Insbesondere Kilwa mit dem gütigen arabischen Sultan hatte es ihm angetan. Die Stadt war ein wohlhabendes Zentrum des Gold- und Sklavenhandels, in der reiche Kaufleute von chinesischem Porzellan aßen und seidene Gewänder trugen.

Nach einem weiteren Besuch Mekkas beschloss Battuta, sein Glück als Gelehrter am Hof des Sultans von Delhi zu versuchen. Als ihn beim Warten auf ein Schiff nach Indien die Ungeduld packte, entschied er sich für einen außerordentlich langen Umweg durch die Türkei, über das Schwarze Meer und durch Zentralasien bis nach Afghanistan und schließlich nach Indien. Auf dem Weg besuchte er als Mitglied einer offiziellen Karawane des usbekischen Khans Konstantinopel (Istanbul) und wurde zum Ehrengast des christlichen Herrschers ernannt, zumal er die heiligen Stätten Jerusalems besucht hatte: »Ich war überrascht darüber, dass sie so eine gute Meinung von jemandem besaßen, der diese Orte betreten hatte, obwohl er einer anderen Religion angehörte.«

Bei seiner Ankunft in Indien war er überwältigt von der Exotik des Landes. Das Essen, die Gewürze, die Früchte und die edlen Kleider sowie die Fülle der hinduistischen Kultur und die Extravaganz der muslimischen Herrscher versetzten ihn in Staunen. Er wurde vom Sultan üppig belohnt und mit der Aufgabe betraut, eine Gesandtschaft nach China zu führen und Vollblutpferde und Tänzerinnen als besondere Gaben zu überbringen. Doch bei einem Sturm vor Calicut kamen die Tribute ums Leben und aus Angst vor der Reaktion des Sultans floh Ibn Battuta auf die Malediven, wo man ihn für seine juristischen Fähigkeiten schätzte. Nach zwei Jahren setzte er seine Reise fort und besuchte Sri Lanka, Bengalen, Assam und Sumatra. Schließlich erreichte er auch China, genauer Quanzhou (Zaytoun) im Süden des Landes.

Seine Berichte über China sind sehr knapp gehalten und es ist eher unwahrscheinlich, dass er Peking besucht hat (obwohl die Stadt in seinen *Reisen* beschrieben wird). Über seinen Aufenthalt im Land hatte er nicht viel Gutes zu sagen:»Trotz all seiner Pracht gefiel mir China nicht besonders [...]. Als ich meine Unterkunft verließ, sah ich viele abstoßende Dinge, die mich auf eine solche Weise verstörten, dass ich lieber zu Hause blieb und nur wenn nötig ausging.« Er erwähnte jedoch den Gebrauch von Papiergeld und die Chinesische Mauer (im Gegensatz zu Marco Polo).

Über seinen Rückweg nach Marokko ist in seinen *Reisen* nur wenig zu lesen. Er entkam 1348 in Damaskus und Aleppo knapp der Pest und 1349 war er wieder in Fès. In den folgenden vier Jahren unternahm er Reisen nach Andalusien, wo ihn vor allem Granada beeindruckte (»ihre Umgebung sucht in den Ländern der Welt vergebens ihresgleichen«), und in das antike Königreich Mali in der Sahara, das ihn weniger begeisterte.

Bei seiner Rückkehr nach Marokko drängte ihn der Sultan zur Niederschrift seiner Abenteuer, woraufhin Battuta seine Erlebnisse dem Gelehrten Ibn Dschuzayy diktierte. Der daraus entstandene Text wurde 1355 fertiggestellt und ist unter dem Titel *Rihla* (*Reisen*) bekannt. Er schildert die außergewöhnlichen Reisen des Ibn Battuta, enthält jedoch auch Passagen aus anderen Quellen, darunter detaillierte Beschreibungen von Mekka und

Peking. Die ganze Darstellung ist recht sachlich gehalten, doch Praktiken, die gegen Battutas traditionellen muslimischen Glauben verstießen, beschreibt er emotionsgeladener: In Basra beschwerte er sich beispielsweise bei den Behörden über eine Predigt voller Grammatikfehler und in Mali in der Sahara schimpfte er darüber, dass Bedienstete und Sklavinnen nackt herumliefen.

Über Ibn Battutas späteres Leben ist nichts bekannt. Er starb 1369 im Alter von 65 Jahren.

# ZU FUSS DURCH DEN AMAZONAS

## Ed Staffords Odyssee im Regenwald

»*Eines der kühnsten Dschungelabenteuer aller Zeiten.*«

BEAR GRYLLS

Von seiner Quelle hoch oben in den Anden bis zu seiner Mündung in den Atlantischen Ozean misst der Amazonas ganze 6400 Kilometer und windet sich durch eine der unwirtlichsten Gegenden des Planeten.

Im Jahr 2008 brach der Ex-Soldat Ed Stafford zu einer der größten Expeditionen unserer Zeit auf. Er durchquerte den südamerikanischen Kontinent von West nach Ost und wanderte als erster Mensch den gesamten Amazonas entlang – ein unglaublicher Triumph der Ausdauer.

»*Ganz und gar wahnsinnig.*«

MICHAEL PALIN

Stafford verfolgte mit seiner Expedition gleich zwei Absichten: Zum einen plante er, Geld für wohltätige Zwecke zu sammeln, insbesondere für Umweltorganisationen und für die Krebsforschung (sein Vater Jeremy hatte kurz zuvor eine Krebsdiagnose erhalten). Zum anderen hatte er nach eigener Aussage vor, in die Fußstapfen der berühmten Entdecker vergangener

Tage zu treten und selbst in die Geschichte einzugehen. Die Wanderung entlang des längsten Fluss der Erde zählte zu den wenigen Herausforderungen, denen sich die Menschheit noch nicht gestellt hatte.

»Ich war zuvor noch nie am Amazonas gewesen. Meine Dschungelerfahrung hatte ich vor allem in Zentralamerika und bei ein paar kurzen Aufenthalten in Borneo gesammelt, doch der Amazonas faszinierte mich auf eine ganz eigene Weise«, schrieb Stafford in seinem Reisebericht. »Die Bäume würden mit Sicherheit viel höher, die Tierwelt um einiges reicher und vielfältiger und die Menschen etwas ursprünglicher und zurückgezogener sein. Beim Gedanken an einen dortigen Aufenthalt bekam ich Schmetterlinge im Bauch. Da ich die Geographie der Region nicht besonders gut kannte, waren meine Träume auf das beschränkt, was ich bereits wusste: Es gab da einen verdammt langen Fluss, der so ziemlich den gesamten Kontinent von Westen nach Osten durchquerte, und das war schon fast alles.«

Stafford war kein Anfänger. Er hatte jahrelang in der britischen Armee gedient, war zum Hauptmann aufgestiegen, hatte ausgiebig Afghanistan, Borneo, Guatemala und Guyana bereist und in Belize Touristengruppen durch den Regenwald geführt. Dennoch standen die Erfolgschancen für seinen Amazonastrip nicht besonders gut. Immerhin würde er nicht allein unterwegs sein, sondern in Begleitung seines britischen Landsmanns Luke Collyer, einem 37-jährigen Ausbilder für Outdoor-Aktivitäten.

Von der Küstenstadt Camaná in Peru aus würde das Duo die peruanische Wüste durchqueren und anschließend in die dünne Luft der Anden hinaufsteigen, die Quelle des Amazonas ausfindig machen und dem Fluss nach Osten bis zum Atlantik folgen. Auf ihrer Route lagen dicht bewaldete Gegenden, die noch kein Mensch vor ihnen betreten hatte. Die Vorstellung flößte den beiden Männern, die nur wenig Ortskenntnis besaßen, gehörigen Respekt ein. Es sollte eine Expedition des 21. Jahrhunderts werden: Sowohl Stafford als auch Collyer würden auf ihrer Dschungelwanderung mit Digitalgeräten ausgestattet sein, um ihre Fortschritte direkt auf der Website der Expedition zu dokumentieren. Auf einigen Etappen würde sie zudem ein Fernsehteam begleiten.

Für Collyer nahm die Reise ein sehr frühes Ende. Nach gerade einmal neunzig Wandertagen kehrte er aufgrund eines Zerwürfnisses mit Stafford

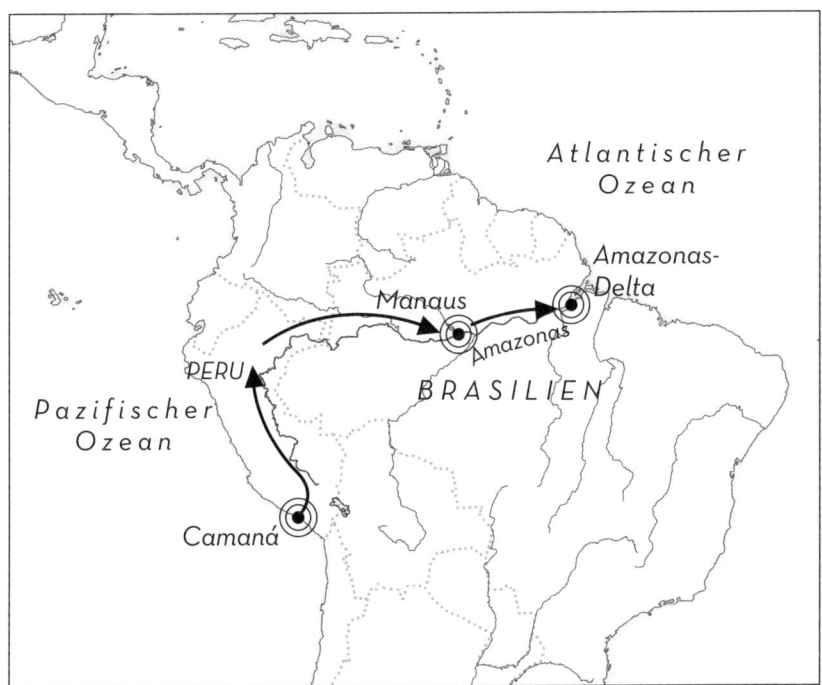

nach Großbritannien zurück. Sie hatten es gerade einmal bis ins Amazonasbecken geschafft. Stafford suchte über seine Website umgehend nach Ersatz: »Muss einen guten Sinn für Humor haben, darf sich nicht vor Schlangen oder waffenschwingenden Guerillas fürchten und muss drei Monate Zeit, ein Interesse an der Umwelt sowie die Fähigkeit mitbringen, lange Strecken zu laufen, ohne ständig zu fragen, wann wir denn endlich da sind.«

Seine augenzwinkernde Art täuschte über den Ernst der Lage hinweg. Der Verlust seines Reisepartners brachte Staffords Absichten in Gefahr. Schon für zwei Personen war das Unternehmen eine nervenaufreibende Odyssee, für einen Soloreisenden war es höchstwahrscheinlich unmöglich. Jemanden zu finden, der den Entbehrungen und Gefahren einer längeren Wanderung in der Wildnis gewachsen war, war eine Sache. Einen Partner aufzutreiben, der obendrein über die nötige Willenskraft und körperliche Ausdauer sowie über die erforderlichen Überlebensfähigkeiten im Dschungel verfügte, eine ganz andere.

*»Zitteraale töten dich nicht sofort. Sie betäuben dich,*
*während du durchs Wasser watest, und dann ertrinkst du.«*

Doch nun meinte es das Glück gut mit Stafford. Der peruanische Forstarbeiter Gadiel Sánchez Rivera, Spitzname »Cho«, erklärte sich bereit, Stafford ein paar Tage durch ein besonders berüchtigtes Gebiet zu begleiten. »Ich habe mich Ed angeschlossen, weil ich mich verpflichtet fühlte, diesem verrückten Mann zu helfen, eine sehr gefährliche Gegend mit Drogenschmugglern und feindseligen Einheimischen zu durchqueren«, sagte Rivera. »Doch nach ein paar Tagen lernte ich dieses einfache Leben zu schätzen und Ed und ich sind gute Freunde geworden. Schon bald wusste ich, dass ich ihn auf dem Rest des Trips begleiten und mit ihm bis ans Ziel laufen wollte.«

Die beiden Männer würden es gemeinsam bis an den Atlantik schaffen, doch ihre Wanderung war kein Sonntagsspaziergang. Schwere Überschwemmungen zwangen sie dazu, ihre geplante Route zu verlassen und auf das Grenzgebiet zwischen Kolumbien und Brasilien auszuweichen, das von Drogenkartellen kontrolliert wurde – ein Umweg von mehreren Tausend Kilometern.

Hunger war ihr ständiger Begleiter. Stafford hatte ursprünglich gehofft, keine Tiere jagen zu müssen und sich stattdessen im Dschungel von essbaren Pflanzen zu ernähren. Doch als er nahe am Verhungern war, wurde ihm klar, dass das Überleben der beiden von der Jagd auf die Tiere des Amazonas abhing. Die Männer ernährten sich von Schildkröten, Ozelots und Piranhas – gerade genug, um sich am Leben zu halten.

Die vielleicht haarsträubendste Begegnung erlebten sie, als sie nahe der Grenze zwischen Peru und Brasilien auf bewaffnete Stammesangehörige trafen. Staffords Team hatte bereits im Vorfeld mit der indigenen Gruppe Kontakt über Funk aufgenommen und angekündigt, dass die zwei Abenteurer flussabwärts durch ihr Territorium reisen würden. Die Antwort war unmissverständlich: Jeder Weiße, der versuchen würde, das Land zu betreten, würde getötet werden.

Stafford und Rivera versuchten dennoch, das Gebiet unauffällig zu durchqueren. Nach einem anstrengenden Tag waren die erschöpften Abenteurer gerade an einem ruhigen Flussufer angelangt, als eine Kanuflottille auf sie zu gepaddelt kam. An Bord befanden sich Mitglieder des Volks der Asháninka, die mit Pfeil und Bogen, Flinten und Macheten bewaffnet waren. Stafford bangte um sein Leben, doch es gelang ihnen, die Asháninka zu beschwichtigen, indem sie deren Häuptling und seinen Bruder als Führer durch die restlichen Stammesgebiete anheuerten.

Die beiden Männer erreichten am 9. August 2010 bei Marudá den Atlantik. Stafford war 860 Tage auf den Beinen gewesen und hatte über 9500 Kilometer zu Fuß zurückgelegt.

Obwohl seine Expedition stark auf den technischen Errungenschaften des 21. Jahrhunderts beruhte – so nutzte er beispielsweise Satellitennavigationsgeräte und postete unterwegs Updates auf die Website der Expedition –, erinnerte sie an den Abenteuergeist früherer Generationen von Globetrottern wie Kingsley und Burckhardt, deren Antrieb die Sehnsucht nach unbetretenen Wegen gewesen war. Die vielleicht treffendste Zusammenfassung der Dschungelreise stammt von einem anderen berühmten Entdecker der Gegenwart, Sir Ranulph Fiennes. Für ihn gehört Staffords Amazonaswanderung »in die oberste Liga aller Expeditionen der Vergangenheit und der Gegenwart«.

Das letzte Wort soll an dieser Stelle an Ed Stafford selbst gehen: »Die Zyniker wurden zum Schweigen gebracht«, sagte er bei seiner Ankunft am Atlantik, »denn es ist durchaus möglich, den Amazonas entlangzulaufen – wir haben es soeben getan.«

# ZUM ENTDECKER GEBOREN

## Naomi Uemura und seine winterliche Solobesteigung des Denali

*»Bei all der Herrlichkeit der Einsamkeit [...] es ist eine
Bewährungsprobe für mich, und ich hasse es, mich vor anderen
auf die Probe stellen zu müssen.«*

NAOMI UEMURA

Hoch oben an der riesigen weißen Wand leuchtete ein einziger roter Punkt. Obwohl er zu weit entfernt war, wusste der Pilot Lowell Thomas Jr., dass es sich dabei um den japanischen Kletterer Noami Uemura handelte. Außer ihm gab es sonst keinen anderen Kletterer auf dem gewaltigen Berg und überhaupt hatte in dieser Jahreszeit bisher noch niemand eine Solobesteigung gewagt. Uemura war der erste und einzige. Thomas brachte sein kleines Flugzeug in Schräglage und näherte sich dem winkenden Bergsteiger, dessen fröhliche Stimme über den Cockpitfunk zu hören war. Alles liefe gut und er befinde sich nur noch 600 Meter vom Gipfel entfernt, den er in schätzungsweise zwei Stunden erreichen müsste. Dann würde ihm gerade noch genug Zeit bleiben, um sich in einer Schneehöhle Schutz zu suchen, bevor die lange Winternacht hereinbrach. Doch plötzlich zogen dichte Wolken auf und Uemura verschwand außer Sichtweite. Es war das letzte Mal, dass der größte Solo-Abenteurer seiner Zeit gesehen wurde.

Elf Tage zuvor, am 1. Februar 1984, nahm Uemura seinen Rucksack und verließ das Basislager am gewaltigen Kahiltna-Gletscher. Vor ihm lag keine leichte Aufgabe: eine Solobesteigung des Denali – des höchsten Gipfels Nordamerikas – im tiefsten Winter. (Der Denali wurde zwischen 1917 und 2015 Mount McKinley genannt, bevor er wieder seinen ursprünglichen Namen erhielt.) Mit seinen 6190 Metern ist er ein breitschultriger Koloss von einem Berg, an dessen Hängen fünf mächtige Gletscher thronen. Deren Eis ist von tiefen Rissen durchzogen, die oft von Schneeverwehungen verdeckt und ohne die Unterstützung eines Teams nur sehr schwer zu überqueren sind. Auf den Eisfeldern und steinigen Aufstiegen würde sich Uemura an niemandem festbinden können.

Der Denali ist zudem für sein eisiges Klima berüchtigt. Sogar im Juli kann das Thermometer bis auf −30,5 °C mit einem Windchill von bis zu −50,7 °C fallen. Im Winter herrscht hier eine unvorstellbare Kälte: Temperaturen von −60 °C sind keine Seltenheit und mehr als einmal ist das Quecksilber schon auf unglaubliche −73 °C gefallen. In der Vergangenheit wurde auf 5700 Metern eine gefühlte Temperatur von −83,4 °C registriert. Überdies führt der Denali eine weitere furchteinflößende Statistik an: Vom Fuß bis zur Spitze gemessen ist er mit 5500 Metern der höchste Berg der Welt. Der Mount Everest bringt es da nur auf 4700 Meter. Bergsteiger brauchen mindestens zwei, manchmal sogar vier Wochen für eine Besteigung. In der bitteren Kälte ist das eine der anspruchsvollsten Bergexpeditionen der Welt. Es überrascht also kaum, dass sich noch niemand im Winter an den Denali gewagt hatte.

Eine derart gefährliche Expedition hätte die meisten Menschen abgeschreckt. Doch Naomi Uemura war nicht wie die meisten Menschen. Der Japaner verfügte nicht nur über einen riesigen Erfahrungsschatz, sondern galt schon zu Lebzeiten als Legende. Er war ein Bilderstürmer von einem Entdecker, der wiederholt Leistungen erbrachte, die andere für unmöglich gehalten hatten. Dabei war er meist allein unterwegs. Er befuhr als erster Mensch den gesamten Lauf des Amazonas mit einem Floß und auf seinem Weg zum Nordpol, den er als Erster im Alleingang erreichte, erschoss er einen erzürnten Eisbären. Er war der erste Japaner, der den Mount Everest bestieg, und er durchquerte sein Heimatland zu Fuß. Den Weltrekord für

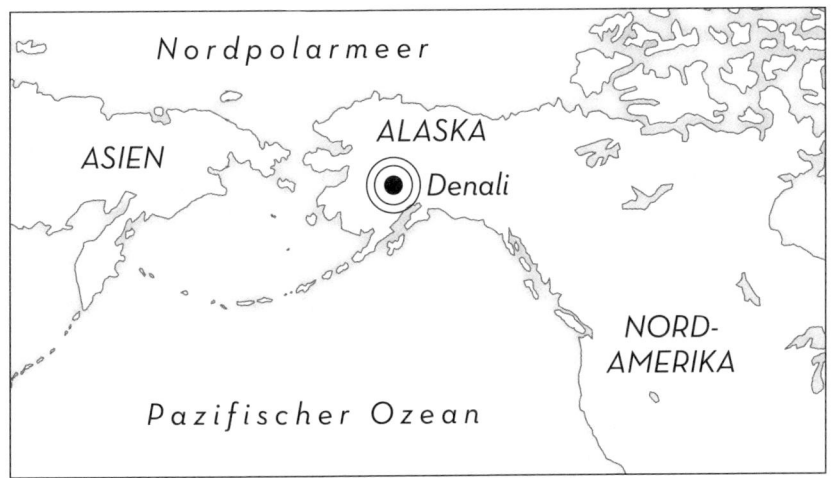

die längste Hundeschlittenfahrt stellte er 1976 auf, als er von Grönland bis nach Alaska im Alleingang 12 000 Kilometer zurücklegte. Zu seinen Solobesteigungen gehörte der Kilimandscharo, der Aconcagua (der höchste Punkt der westlichen Hemisphäre), der Mont Blanc und das Matterhorn. Im Jahr 1970 hatte er die erste Solobesteigung des Denali absolviert, doch das war im Sommer gewesen. Er kannte den Berg und bereitete sich sehr gewissenhaft auf die Winterbesteigung vor.

Um ihn vor einem Sturz in eine Gletscherspalte zu bewahren, erfand Uemura das von ihm so genannte »Selbstrettungsgerät«: Bambusstäbe, die er sich an die Schultern band. Sollte er in einen Riss fallen, würden sie dafür sorgen, dass er über dem eisigen Abgrund hängenblieb und aus der Spalte herausklettern könnte.

Uemura beschränkte seine Ausrüstung auf ein Minimum, um so schnell wie möglich voranzukommen. Da er in Schneehöhlen schlief, brauchte er kein Zelt, und indem er sich von rohem Rentierfleisch (einer Proteinquelle, die er auf seiner Reise zum Nordpol entdeckt hatte) ernährte, reduzierte er seinen Brennstoffverbrauch. Als er aufbrach, wog sein gesamtes Gepäck nur 18 Kilogramm.

Die ersten zwei Tage verliefen recht problemlos. Zum einzigen Zwischenfall kam es, als Uemura tatsächlich in eine Spalte fiel – Glück im Unglück, denn der Sturz bewies, dass seine Rettungsstöcke funktionierten.

Auf 2900 Metern hatte er die gefährlichsten Spaltenfelder hinter sich gelassen und entledigte sich der Stäbe, um schneller laufen zu können.

Am dritten Tag erreichte er die mit Recht so genannte Windy Corner (»windige Ecke«). Himmelhohe Felsformationen und extremer Wind machen diese Stelle zu einem gefährlichen Ort für längere Aufenthalte, doch genau dort geriet Uemura in Schwierigkeiten. Die beißenden Windböen waren so eisig, dass er sein Gesicht nicht mehr spüren konnte. Schlimmer war noch, dass er Probleme mit seinen Steigeisen hatte. Mehrere Male verlor er fast den Halt. Wäre er abgerutscht, hätte ihn der Wind glatt vom Berg geweht. Er schaffte es letztendlich aus der Gefahrenzone heraus, doch über die folgenden zehn Tage befand sich Uemura in einem ständigen Kampf auf Leben und Tod mit den erbarmungslosen Elementen.

Am 6. Februar fiel die Temperatur auf −40 °C. Auch der Wind nahm zu und Uemura musste sich einen Unterschlupf suchen. Es gelang ihm lediglich, ein flaches Loch zu graben, das ihm kaum Windschutz bot. Der Sturm drückte ihn gegen den Schnee und stahl ihm sowohl den Rucksack als auch seinen Pickel. Er schaffte es, die Kuhle zu verlassen und seine Sachen wieder einzusammeln, doch auf dem Rückweg fand er seine Grube nicht mehr. In jenem Moment kam es ihm zum ersten Mal in den Sinn, dass er auf diesem Berg sterben könnte.

Auf 4300 Metern grub sich Uemura eine tiefe Schneegrube, die ihm als Schutzhöhle sowie als Lager für seine Ausrüstung diente, denn er plante, den Gipfel mit leichterem Gepäck zu besteigen. Auch sein Tagebuch ließ er hier zurück. In einem Eintrag schrieb er: »Meine Gesichtshaut hat sich wegen der Erfrierungen geschält [...]. Das Wetter ist sehr gemein zu mir.« Sein Schlafsack war inzwischen nass geworden und anschließend gefroren und konnte keine Wärme mehr speichern.

Die Schneelage war zwischen 4600 und 4950 Metern extrem gefährlich: An einem unglaublich steilen Hang lag brüchiger, verkrusteter Schnee auf hartem Eis. In Anbetracht seiner defekten Steigeisen muss jeder Schritt ein Tanz mit dem Tod gewesen sein.

Der Denali zehrte an den scheinbar übermenschlichen Kräften Uemuras. Nahe des Gipfels legte der Wind nochmals bedeutend an Stärke zu und die Temperaturen fielen weiter bis auf −46 °C. Seiner Einschätzung nach würde der Endspurt bis auf die Spitze zwei Stunden dauern. Am Ende brauchte er fünf. Doch er schaffte es. Am 12. Februar wurde Uemura zum ersten Menschen, der den Denali im Winter bestieg. Es war sein 43. Geburtstag. Am nächsten Tag teilte er per Funk mit, dass er auf 5500 Meter herabgestiegen war und in zwei Tagen im Basislager eintreffen würde. Es kündigte sich ein Sturm an, doch Uemura war Uemura, und im Basislager machte man sich zunächst keine Sorgen.

Zwei Tage vergingen und Uemura traf nicht ein. Dann wurde das Wetter noch schlechter. Wahrscheinlich wartete Uemura in einer seiner Schneehöhlen bessere Bedingungen ab, aber sein Proviant musste bald zur Neige gehen, genau wie der Brennstoff, den er zum Schmelzen des Schnees benötigte. Wenn eine Rettung versucht werden sollte, musste sich das Wetter bald verbessern. Doch das tat es nicht. Vier Tage vergingen, dann sechs und schließlich sieben. Am 20. Februar riss der Himmel auf und die Beobachter hatten einen freien Blick auf den Berg. Doch Uemura tauchte noch immer nicht auf. Er wurde nie wieder gesehen.

Später fanden Retter in seiner Schneehöhle seine Ausrüstung, sein Tagebuch und andere persönliche Gegenstände. Von seinem Körper fehlt hingegen nach wie vor jede Spur. Bis man ihn findet, wird niemand Naomi Uemuras wahres Schicksal kennen. Womöglich verhakte sich eine Spitze seiner Steigeisen in der Schneekruste und er kam ins Straucheln. Oder er wurde von den heftigen Stürmen weggepeitscht. Am wahrscheinlichsten ist, dass der erschöpfte Bergsteiger irgendwo auf dem steilen Eishang stürzte und in eine Gletscherspalte fiel oder unter dem Schnee begraben wurde.

*»Ich wünschte, ich könnte in einem warmen Schlafsack schlafen.*
*Was immer auch passiert: Ich werde den McKinley besteigen.«*

DER LETZTE EINTRAG IN NAOMI UEMURAS TAGEBUCH

Er hat sein Ziel erreicht, aber dafür den höchsten Preis bezahlt. Für seinen Mut, seinen Ehrgeiz, seine vielen herausragenden Abenteuer und seine bescheidene, bodenständige Art wird Uemura in Japan als Held verehrt.

# MARATHONMANN
## Terry Fox' unglaublicher Lauf durch Kanada

*»Die Leute haben gedacht, ich würde durch die Hölle gehen.*
*Das bin ich vielleicht teilweise auch, aber ich habe trotzdem gemacht,*
*was ich wollte, und mein Traum ist in Erfüllung gegangen.*
*Das war es mir wert.«*

TERRY FOX

Sportunfälle passieren oft in den ungünstigsten Momenten. Gerade, als sich Terry Fox einen Platz in der Basketballmannschaft seiner Universität gesichert hatte, bekam er durch die körperliche Belastung auf dem Spielfeld Knieschmerzen. Wahrscheinlich ein Bänderriss. Das kommt beim Basketball häufig vor. Deswegen würde er seinen Platz im Team nicht gleich aufgeben, sondern erst einmal das Ende der Saison abwarten, dann zum Arzt gehen, sich das Knie bandagieren lassen und im Sommer lieber Golf spielen.

Doch es war keine Kleinigkeit – es handelte sich um einen bösartigen Tumor. Vier Tage, nachdem Terry zum Arzt gegangen war, wurde sein gesamtes rechtes Bein amputiert. Er war achtzehn Jahre alt.

Die nächsten sechzehn Monate seines Lebens verbrachte Terry Fox im Krankenhaus, wo er sich einer umfassenden Chemotherapie unterzog. Das Trauma dessen, was geschehen war, sowie die Menschen, die er in der Klinik traf, ihr Leiden und ihre Hoffnung im Angesicht ihrer Krankheit veränderten ihn zutiefst. Er war verärgert darüber, wie wenig Geld in die Forschung investiert wurde, um diesen Menschen zu helfen. Der junge Mann mit nur einem Bein wollte etwas dagegen tun und selbst aktiv werden.

Ein Artikel über einen Amputierten, der den New Yorker Marathon gelaufen war, gab ihm den Anstoß. Terry schwebte eine Herausforderung – eine Mission – vor, die gleichermaßen genial einfach wie unvorstellbar anspruchsvoll war: Er würde durch Kanada laufen.

Terry war bis aufs Mark von seinem Vorhaben überzeugt. Drei Wochen nach der Beinamputation lief er bereits mit einer Prothese und kurz darauf spielte er schon wieder Golf. Dann eröffnete er seiner Familie seine Marathonpläne, behielt deren wahres Ausmaß jedoch zunächst für sich. Er begann ein beeindruckendes 15-monatiges Trainingsprogramm und baute seine Ausdauer schrittweise wieder auf, wobei er sich von kurzen, qualvollen Läufen auf dreißig Kilometer pro Tag steigerte. Seine Gangart wirkte unbeholfen und schmerzhaft – und das war sie auch. Auf jeden Schritt mit seiner Prothese folgte ein Schritt mit seinem gesunden Bein sowie ein kleiner zusätzlicher Sprung. Damit gab er den Federn in seinem künstlichen Bein genügend Zeit, um in ihre Ausgangsposition zurückzukehren. Das strapazierte allerdings seine Knochen, verursachte unzählige Blasen und rieb seinen Beinstumpf auf. Doch nach zwanzig Minuten, so Terry, gewöhnte er sich an den Schmerz, fand seinen Rhythmus und konnte einfach weiterlaufen.

Bis Weihnachten 1979 trainierte er an 101 aufeinanderfolgenden Tagen. Hätte ihn seine Mutter nicht zu einer Pause überredet, wäre er auch an Weihnachten gelaufen. Im April 1980 konnte er es nicht mehr erwarten.

Er würde sich einer der extremsten körperlichen Herausforderungen aller Zeiten stellen, einem 8000-Kilometer-Lauf vom Atlantischen bis an den Pazifischen Ozean. Ganze 213 Tage lang würde er täglich auf den Beinen sein und eine Marathondistanz von 42 Kilometern pro Tag zurücklegen. Sein Lauf sollte die Öffentlichkeit auf die Krebsforschung aufmerksam machen und 24 Millionen Dollar Spendengelder eintreiben – einen Dollar für jeden von Kanadas 24 Millionen Einwohnern. Zum Auftakt hielt Terry Fox am 12. April sein künstliches rechtes Bein bei St. John's in Neufundland

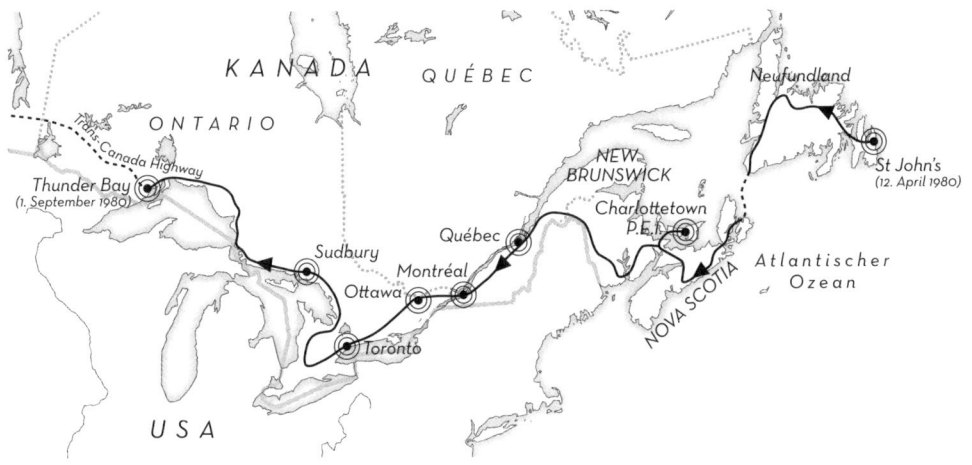

in den Atlantik. Dann begann er seinen Lauf in Richtung Pazifik, wo er die-selbe Geste wiederholen wollte.

Die erste Etappe seiner Odyssee bescherte ihm ein böses Erwachen. Orkanböen, sintflutartiger Regen und ein Schneesturm spielten ihm bereits in den ersten paar Tagen übel mit. Nur wenige Menschen hatten von ihm gehört und es standen keine Unterstützer am Straßenrand. Terry Fox lief allein.

Einen emotionalen sowie finanziellen Ansporn erfuhr er in Port aux Basques in Neufundland, wo ihm die 10 000 Einwohner 10 000 Dollar spendeten. Doch noch in Québec hatte er mit sich zu kämpfen. Die enorme körperliche Belastung schlug sich in Gefühlsausbrüchen nieder. Es kam immer wieder zu Streit zwischen ihm und Doug Alward, dem Fahrer seines Begleitfahrzeugs. Fox war zudem ständig auf der Hut vor rücksichtslosen Autofahrern, die ihn von der Straße drängten. Als er in Montréal ankam und ein Drittel seiner Strecke hinter sich gebracht hatte, betrugen die von ihm gesammelten Spendengelder 200 000 Dollar – eigentlich eine stattliche Summe, nur weit unter Fox' Ziel.

Doch dann geschah etwas Erstaunliches. Die Geschichte des jungen Mannes und seines einzigartigen Vorhabens verbreitete sich plötzlich wie ein Lauffeuer in ganz Kanada. Überall säumten Menschen die Straßen und jubelten ihm zu. Sie überschütteten ihn mit Ermunterungen, Spenden,

Zuneigung und Tränen. In jedem Ort, den Terry passierte, schlossen die Schulen und die Kinder rannten auf ihn zu. Sie feuerten ihn an, liefen ein Stück neben ihm her und unterhielten sich mit ihm.

Fox' unglaubliche Entschlossenheit erregte die Aufmerksamkeit von Isadore Sharp, dem Gründer der Hotelkette *Four Seasons*. Sharp hatte seinen eigenen Sohn an ein Krebsleiden verloren. Er spendete 10 000 Dollar und rief 999 andere Unternehmen dazu auf, es ihm gleichzutun.

Am 11. Juli verschlug es Fox die Sprache, als er in Toronto von 10 000 Zuschauern begrüßt wurde. An diesem einzigen Tag sammelte die *Cancer Society*, die kanadische Krebsgesellschaft, ganze 100 000 Dollar Spendengelder.

Terry hielt Vorträge und wurde von den Medien gefeiert. In Ottawa traf er den damaligen kanadischen Premierminister Pierre Trudeau und führte bei einem American-Football-Spiel den zeremoniellen Anstoß aus, woraufhin die 16 000 Fans jubelnd von ihren Sitzen sprangen. Fox sah, wie sehr seine Bemühungen die Kanadier berührten, und das spornte ihn weiter an.

Anfang Juni stiegen die Temperaturen auf über 40 °C. Trotz der sengenden Hitze lief Terry weiterhin 42 Kilometer am Tag und am 7. Juni stellte er seinen persönlichen Höchstrekord von 48 Kilometern auf. Er weigerte sich, auch nur einen Ruhetag einzulegen. Selbst an seinem 22. Geburtstag machte er keine Ausnahme.

Das straffe Programm zog seinen Körper jedoch in Mitleidenschaft. Terry erlitt eine schmerzhafte Knochenhautentzündung des Schienbeins und sein linkes Knie schwoll heftig an. Auf seinem Beinstummel bildeten sich Zysten und aufgrund von Schwindelanfällen musste er sich immer wieder hinsetzen. Trotzdem lief er weiter.

*»Ich bin kein Träumer und sage auch nicht, dass das hier irgendeine endgültige Antwort oder Heilung für Krebs herbeiführen wird. Aber ich glaube an Wunder. Das muss ich auch.«*

Im August war er so erschöpft, dass es ihm schwerfiel, morgens ins Laufen zu kommen. Am 1. September näherte er sich der Stadt Thunder Bay, als ihn ein plötzlicher Hustenanfall in die Knie zwang. Die Menschenmenge jubelte ihm zu und er schaffte noch ein paar Kilometer, bis ihn die Schmerzen in seiner Brust endgültig zum Anhalten zwangen. Er bat darum, ins Krankenhaus gebracht zu werden. Dort stellte man fest, dass der Krebs zurückgekehrt war und seine Lunge befallen hatte. Es war Terrys letzter Tag auf der Straße. Er hatte in 143 Tagen 5342 Kilometer zurückgelegt.

Terry Fox starb am 28. Juni 1981 im Alter von 22 Jahren. Er war zwar nicht die ganze Strecke bis nach Vancouver gelaufen, doch darauf kam es gar nicht an. In Kanada und der ganzen Welt hatte er Millionen von Menschen inspiriert und auch heute noch gilt er in seinem Heimatland als großer Held. Sieben Statuen wurden ihm zu Ehren errichtet und neun Fitnesspfade, 32 Straßen und vierzehn Schulen tragen seinen Namen.

Seit seinem Tod findet jedes Jahr der Terry Fox Run statt, ein Marathon, der Terrys Mission fortsetzt. Millionen Läufer aus über sechzig Ländern haben bisher daran teilgenommen und ihn zur weltgrößten eintägigen Spendenaktion für die Krebsforschung gemacht. Terrys Ziel war es, 24 Millionen kanadische Dollar zu sammeln. Bis heute hat sein Lauf ganze 650 Millionen Dollar eingebracht. Terry Fox war in der Tat durch nichts aufzuhalten.

*»Es kommt in der Geschichte einer Nation nur sehr selten vor,*
*dass der mutige Geist einer einzigen Person alle Menschen in der Feier*
*seines Lebens und der Trauer über seinen Tod vereint […].*
*Wir erinnern uns an ihn nicht als einen, der vom Unglück besiegt*
*wurde, sondern als jemanden, der uns mit dem Sieg des menschlichen*
*Geistes über alle Widrigkeiten hinweg inspiriert hat.«*

PIERRE TRUDEAU, EHEMALIGER PREMIERMINISTER KANADAS

EXPEDITION 45

# 20 000 MEILEN UNTER DEM MEER

Das Challengertief: Tauchgang
zur tiefsten Stelle der Erde

»Die Leute fragen mich, ob ich Angst hatte. Wenn ich Angst gehabt
hätte, wäre ich in diesem Beruf fehl am Platz. Es ist wie bei einem
Testpiloten in einem neuen Flugzeug. Du machst einfach dein Ding.«

DON WALSH

Vor 1875 wusste niemand, wie tief die Ozeane wirklich waren. Doch am
23. März jenes Jahres machte die Besatzung des Forschungsschiffes
HMS *Challenger* im Pazifischen Ozean bei Guam eine historische Entdeckung. Bei einer routinemäßigen Tiefenmessung gerieten die Wissenschaftler ins Staunen, als das von ihnen hinuntergelassene Lot in einen
scheinbar bodenlosen Abgrund sank. Sie waren verblüfft, als es schließlich
in einer Tiefe von 4475 nautischen Fäden (8184 Meter) den Meeresgrund
berührte. Ungläubig nahmen sie eine zweite Messung vor. Der Wert war
korrekt. Am Boden des ohnehin schon sehr tiefen Marianengrabens hatten
sie eine noch tiefere Kerbe entdeckt, die ihnen zu Ehren heute als »Challengertief« bekannt ist. Es würden weitere 85 Jahre vergehen, bis sich ein
Mensch in das dunkle Unbekannte – die tiefste Stelle der Weltmeere –
hinunterwagte.

Moderne Messungen haben ergeben, dass das Challengertief sogar noch tiefer ist, als die erste Echolotung vermuten ließ, und es auf ganze 10 994 Meter bringt. Der Mount Everest ist 8848 Meter hoch. Würde man den höchsten Berg der Welt in der tiefsten Stelle des Ozeans versenken, wäre dieser nicht mehr zu sehen, sondern befände sich volle 2000 Meter unter der Meeresoberfläche.

Solche Tiefen sind unglaublich lebensfeindlich. Zum einen ist da die riesige Distanz, die ein Taucher ohne jegliche Unterstützung zurücklegen muss, und zum anderen lauern in den Tiefen des Ozeans Wellen, unsichtbare Strömungen und riesige Unterseefelsen. Die größte Gefahr geht jedoch von dem immensen Druckanstieg aus. Auf dem Grund des Challengertiefs herrscht ein Druck von 1,25 Tonnen pro Quadratzentimeter (110 Megapascal) – eintausend Mal so viel wie der normale Luftdruck auf Meereshöhe.

Kein U-Boot kann in solch unerhörte Tiefen herabsinken, ohne von dem gewaltigen Druck zerquetscht zu werden. Im Jahr 1948 entwickelte der Schweizer Erfinder und Entdecker Auguste Piccard jedoch den Bathyskaphen, ein Tauchgerät, das eben genau dazu in der Lage ist. Piccard hatte bereits zweimal den Welthöhenrekord in einem Heißluftballon gebrochen und orientierte sich beim Entwurf seines Unterwasserfahrzeugs an den Prinzipien der Ballonfahrt. Der Bathyskaph verfügt über einen sehr großen Tank, der nicht für die Besatzung bestimmt ist, sondern 85 000 Liter Benzin enthält. Benzin weist eine geringere Dichte als Wasser auf und ist kaum komprimierbar, weshalb es auch in extremen Tiefen seinen Auftrieb behält. Dadurch können die Wände des Tanks aus verhältnismäßig leichtem Material gebaut werden und stehen im Gegensatz zum U-Boot nicht unter Druck. Der Bathyskaph funktioniert wie ein umgedrehter Unterwasserballon: Er sinkt mithilfe von Eisenballast, der auf dem Meeresboden abgeworfen wird, und steigt dank des Auftriebs des Benzins wieder nach oben. Die Besatzung arbeitet in einer winzigen, unter Druck stehenden Kugel, die sich unter dem Tank befindet.

Gemeinsam mit seinem Sohn Jacques arbeitete Piccard mehrere Jahre an der Perfektionierung seines Tauchboots. Im Jahr 1958 führten die beiden ihren dritten Bathyskaphen *Trieste* der US-Marine vor, die davon so

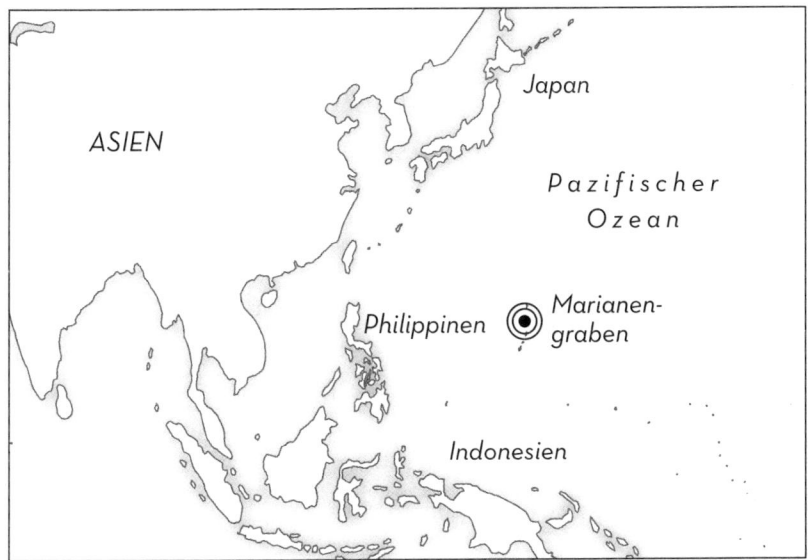

beeindruckt war, dass sie ihn für 250 000 Dollar kaufte. Jaques Piccard erklärte sich daraufhin bereit, an einer Reihe von rekordverdächtigen Forschungstauchgängen unter dem Codenamen *Project Nekton* teilzunehmen.

Sein Copilot auf diesen Tiefseereisen würde der U-Boot-Offizier Don Walsh sein, der sich freiwillig für das Programm gemeldet hatte. Walsh wusste, dass es sich um ein Tiefseetauchprojekt handelte, doch die genaue Tiefe, in die er hinabsteigen würde, war ihm nicht von vornherein klar. Als er vom Ziel der Expedition hörte, verschlug es ihm zunächst die Sprache: »Wie bitte? Warum haben Sie mir das nicht gesagt, bevor ich mich freiwillig gemeldet habe?«

Die kugelförmige Druckkabine, in der sich die Crew befinden würde, hatte 12,7 Zentimeter dicke Stahlwände und verfügte über einen unabhängigen Sauerstoffvorrat sowie ein Lebenserhaltungssystem, das von Bordbatterien gespeist wurde. Don Walsh bemerkte, dass der Arbeitsbereich der Besatzung ungefähr so groß war wie ein handelsüblicher Kühlschrank und darin angesichts der Tiefe auch entsprechende Temperaturen vorherrschten.

Am 23. Januar 1960 koppelte sich die *Trieste* von ihrem Mutterschiff ab und begann ihren Tauchgang in den Abgrund. Zum ersten kleinen Zwischenfall kam es bereits in einer Tiefe zwischen 60 und 90 Metern, als das Tauchboot auf eine Thermokline trafen, einen abrupten Übergang in eine Wasserschicht mit größerer Dichte. Es gab einen heftigen Ruck und die Besatzung wurde in der Kabine kräftig durchgeschüttelt.

Der weitere Abstieg verlief reibungslos, bis in 9000 Metern Tiefe ein furchtbarer Knall zu hören war, der das gesamte Boot erschütterte. Eines der Plexiglasfenster am Einstieg hatte einen deutlichen Riss bekommen. Sie waren ihrem Ziel so nah, doch würde die Scheibe halten? Oder hatte sogar die Metallwand Schaden genommen? Würde die Kugel bersten und der enorme Wasserdruck die Besatzung zerquetschen? Der einzige Trost war, dass der Tod im Falle eines Druckanstiegs sofort eintreten würde. Piccard und Walsh kamen zu dem Schluss, dass der Sprung sich nicht an einer Druckgrenze befand und somit keine Gefahr darstellte. Sie sanken weiter in die Tiefe hinab.

Vier Stunden und 47 Minuten, nachdem sie sich von ihrem Mutterschiff getrennt hatten, stießen sie elf Kilometer unter den Wellen endlich auf Grund. Kurz bevor sie den äußersten Tiefpunkt der Erde erreichten, erblickten Piccard und Walsh zu ihrem Erstaunen mehrere Meerestiere, darunter einen dreißig Zentimeter langen Plattfisch, der wie eine Flunder aussah. Als sie schließlich auf dem Meeresboden aufsetzten, stellten sie mit Bedauern fest, dass dieser aus Kieselschlamm bestand, der sie in eine milchig trübe Wolke hüllte. Der Schlamm setzte sich nur langsam wieder ab und nach zwanzig Minuten wurde den beiden klar, dass ihnen nichts anderes übrig blieb, als ohne ein Foto ihres Ziels an die Oberfläche zurückzukehren. Sie warfen ihren Ballast ab und drei Stunden und 15 Minuten später befanden sie sich wieder über Wasser.

Die Expedition war ein voller Erfolg und Walsh ging davon aus, dass in den kommenden zwei Jahren weitere Tauchgänge auf den Grund der Meerestiefe folgen würden. Tatsächlich sollte es 52 Jahre dauern, bis der nächste Mensch in das Challengertief hinabstieg. Es war der Filmregisseur James Cameron im Jahr 2012. Die größten Tiefen unserer Ozeane sind noch immer weitestgehend unerforscht.

Jacques' Sohn Bertrand setzte die Abenteuertradition der Familie Piccard fort, als er die *Solar Impulse 2* um die Erde flog (siehe S. 207).

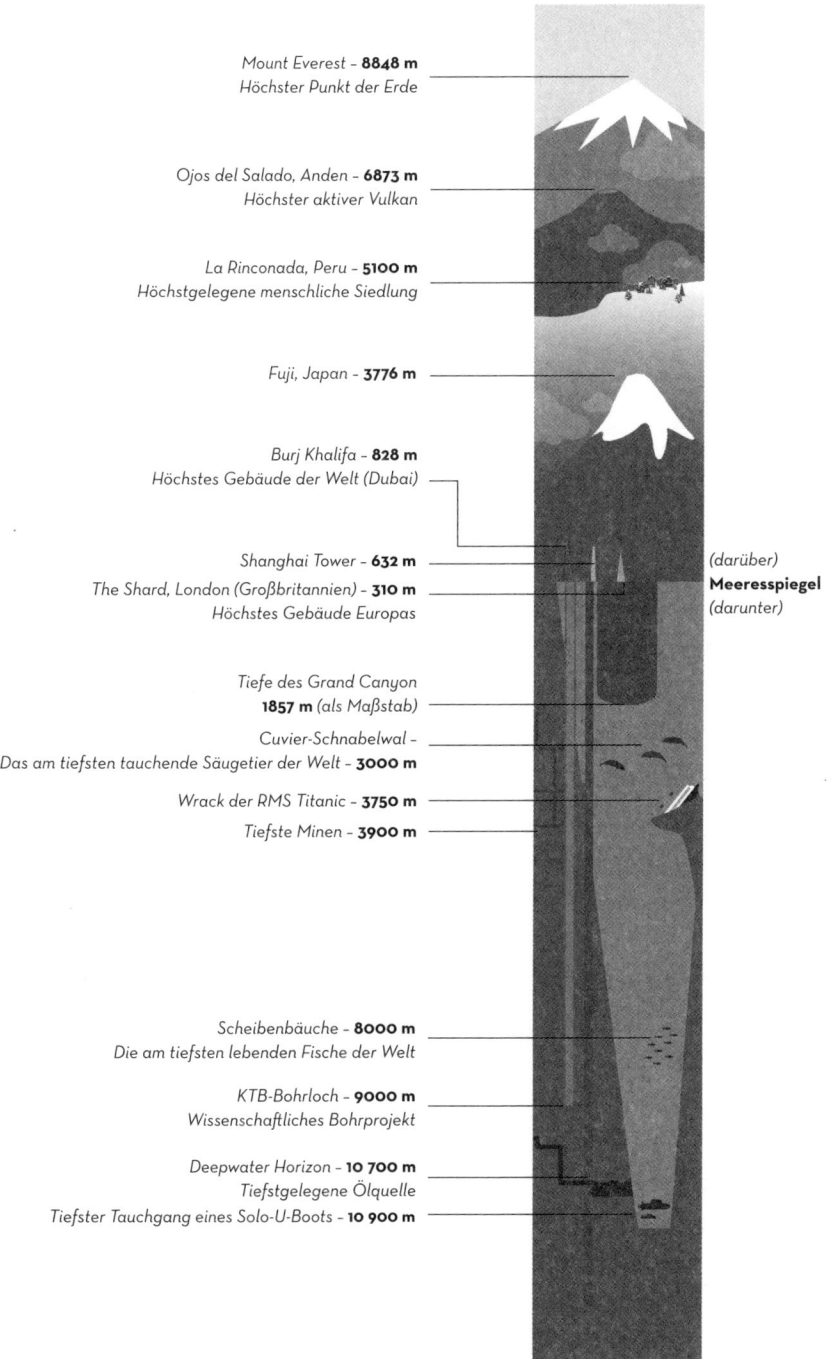

Mount Everest - **8848 m**
Höchster Punkt der Erde

Ojos del Salado, Anden - **6873 m**
Höchster aktiver Vulkan

La Rinconada, Peru - **5100 m**
Höchstgelegene menschliche Siedlung

Fuji, Japan - **3776 m**

Burj Khalifa - **828 m**
Höchstes Gebäude der Welt (Dubai)

Shanghai Tower - **632 m**
The Shard, London (Großbritannien) - **310 m**
Höchstes Gebäude Europas

*(darüber)*
**Meeresspiegel**
*(darunter)*

Tiefe des Grand Canyon
**1857 m** (als Maßstab)

Cuvier-Schnabelwal -
Das am tiefsten tauchende Säugetier der Welt - **3000 m**

Wrack der RMS Titanic - **3750 m**

Tiefste Minen - **3900 m**

Scheibenbäuche - **8000 m**
Die am tiefsten lebenden Fische der Welt

KTB-Bohrloch - **9000 m**
Wissenschaftliches Bohrprojekt

Deepwater Horizon - **10 700 m**
Tiefstgelegene Ölquelle
Tiefster Tauchgang eines Solo-U-Boots - **10 900 m**

## EXPEDITION 46

# DIE IRRFAHRT DER WAGER
## George Anson: Stolz und Habgier
## auf dem Pazifik

*»So war nun diese Expedition beendet, nachdem sie drei Jahre und*
*neun Monate gedauert und durch ihren Ausgang eine bedeutende*
*Wahrheit nachdrücklich bewiesen hatte: Auch wenn Klugheit,*
*Furchtlosigkeit und Ausdauer einen nicht vor Unglück bewahren, so*
*verhelfen sie einem dennoch, sich im Verlauf der Ereignisse darüber zu*
*erheben und schlussendlich zu triumphieren.«*

GEORGE ANSON IN *VOYAGE AROUND THE WORLD*, 1751

Es war das Jahr 1739 und Großbritannien beneidete Spanien um die Reichtümer, die es aus seinem Kolonialreich in der Neuen Welt abschöpfte: Silber aus Peru und Mexiko, Luxusgüter aus Manila und Zucker, Tabak, Färbemittel und Gewürze aus der Karibik.

Großbritannien war zwar eine Seemacht, doch ihm fehlten die Handelsabkommen. Es musste etwas geschehen. Der große Plan der Briten ging allerdings nicht auf, sondern scheiterte letztendlich an Habgier und einer schlechten Organisation, die Tod, Elend, Mord und Katastrophen nach sich zogen. Die Leidtragenden des Ganzen waren die 1900 Besatzungsmitglieder und Soldaten, die man für Commodore George Ansons Expedition angeworben hatte.

Ansons Mission war, gelinde gesagt, ehrgeizig. Er sollte sechs Kriegs-schiffe durch die furchteinflößenden Gewässer um Kap Hoorn lotsen und die Westküste Südamerikas entlang führen, um das peruanische Callao (den Hafen Limas) und wenn möglich auch Lima selbst zu erobern. Anschließend sollte er Panama für die Briten einnehmen, auf dem Weg alle reich beladenen spanischen Galeonen kapern, die er finden konnte, und einen peruanischen Aufstand gegen die spanische Kolonialmacht anführen.

Ihm stand ein Geschwader aus sechs Kriegsschiffen zur Verfügung: die *Centurion* (400 Mann), die *Gloucester* (300 Mann), die *Severn* (300 Mann), die *Pearl* (250 Mann), die *Wager* (120 Mann) und die *Tryal* (70 Mann). Zwei weitere Schiffe, die *Anna* und die *Industry*, würden als Versorgungs-schiffe mitfahren.

Für die Umsetzung seiner Mission bekam Anson zudem eine beschei-dene Zusatzarmee von 500 Mann gestellt. Es waren jedoch keine aktiven Soldaten verfügbar, weshalb man auf Invaliden des Chelsea Hospital – einer Pflegeeinrichtung für Kriegsveteranen – zurückgreifen musste. Die Männer waren zu krank, zu verwundet oder zu alt für den Kriegsdienst und als man sie über die Einzelheiten der geplanten Reise informierte, nahm jeder, der konnte, sofort Reißaus. Nur 259 kamen schließlich an Bord, viele davon auf Krankentragen. Den Rest der Besatzung bildeten junge Marinerekruten, von denen die meisten noch nie eine Waffe abgefeuert hatten. Bereits zu Beginn kam es zu Verzögerungen und die Schiffe trafen erst am 25. Okto-ber in Madeira ein. Nachdem man drei Tage auf hoher See mit dem Umla-den der Vorräte verbracht hatte, trat die *Industry* am 20. November den Rückweg nach England an.

Die Schiffe waren überfüllt und unter den unhygienischen und feucht-warmen Bedingungen an Bord breitete sich Typhus aus. Auch an der Ruhr litten die Männer.

Das Geschwader erreichte am 21. Dezember die Insel Santa Catarina vor der brasilianischen Küste, wo die Kranken an Land geschickt wurden. Anson befahl eine gründliche Reinigung der Schiffe, wobei zuerst die Bereiche unter Deck geschrubbt wurden. Dann schloss man alle Luken und entzündete Feuer, um Ratten und anderes Ungeziefer zu vernichten, und zum Schluss wurde mit Essig nachgespült.

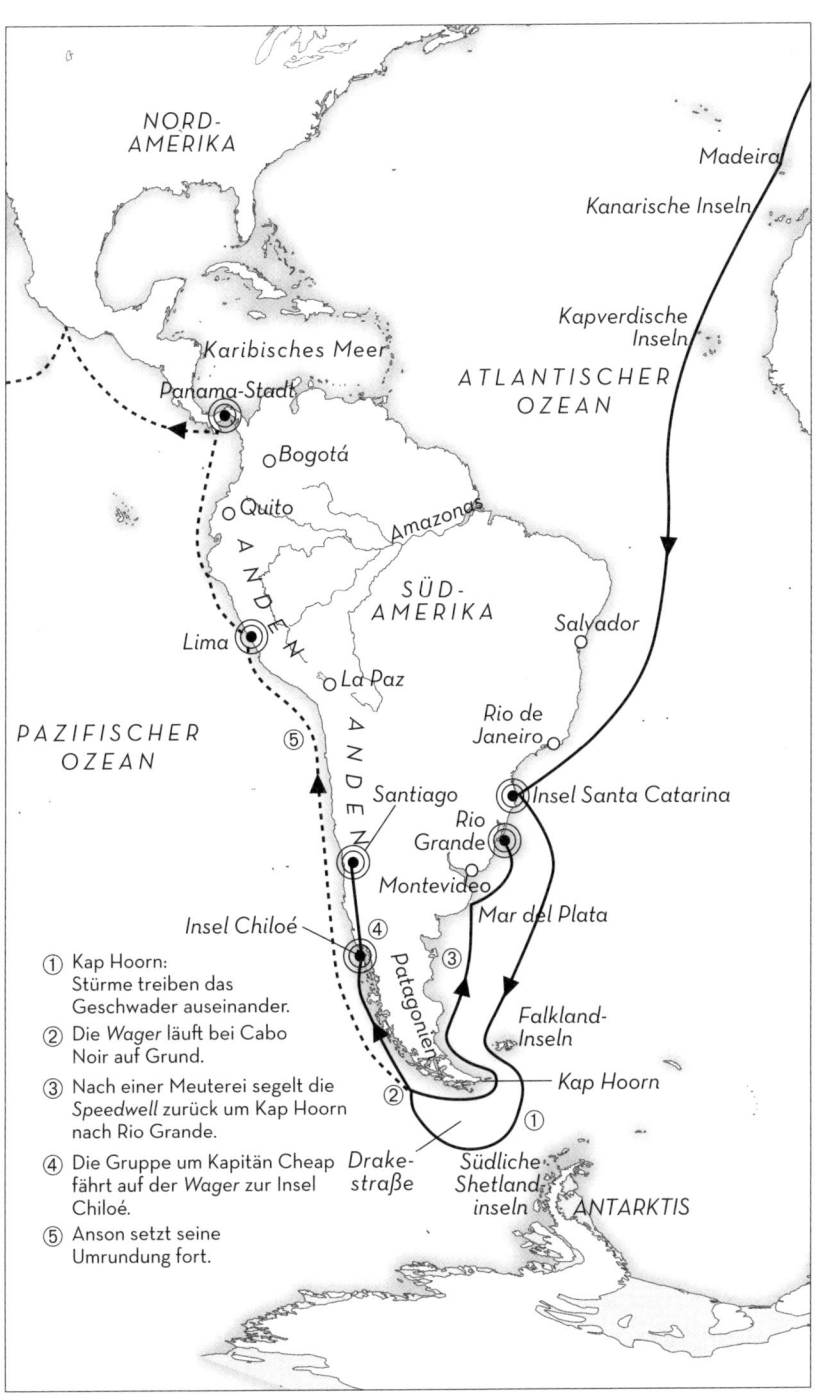

NORD-
AMERIKA

Madeira

Kanarische Inseln

Kapverdische
Inseln

Karibisches Meer

ATLANTISCHER
OZEAN

Panama-Stadt

○Bogotá

○ Quito

Amazonas

SÜD-
AMERIKA

Salvador

Lima

○ La Paz

PAZIFISCHER
OZEAN

⑤

A N D E N

Rio de
Janeiro○

Santiago

Insel Santa Catarina

Rio
Grande

Montevideo

Mar del Plata

Insel Chiloé

④

Patagonien

① Kap Hoorn:
Stürme treiben das
Geschwader auseinander.

② Die *Wager* läuft bei Cabo
Noir auf Grund.

③ Nach einer Meuterei segelt die
*Speedwell* zurück um Kap Hoorn
nach Rio Grande.

④ Die Gruppe um Kapitän Cheap
fährt auf der *Wager* zur Insel
Chiloé.

⑤ Anson setzt seine
Umrundung fort.

③

Falkland-
Inseln

Kap Hoorn

②

①

Drake-
straße

Südliche
Shetland-
inseln

ANTARKTIS

Reparaturarbeiten am Hauptmast der *Tryal* dauerten beinah einen Monat, viel länger, als Anson auf Santa Catarina bleiben wollte. Die Männer mussten die ganze Zeit über in provisorischen Zelten an Land ausharren, wo sie von Moskitos geplagt wurden. Es dauerte nicht lange, bis sich auch Malaria zu den Krankheiten gesellte, an denen die Besatzung krepierte. Die *Centurion* verlor auf der Insel 28 Männer und als das Schiff am 18. Januar 1741 wieder ablegte, war die Zahl der Kranken von 80 auf 96 gestiegen.

Kurz nachdem die Schiffe mit der Umrundung von Kap Hoorn begonnen hatten, wurden sie am 7. März 1741 von einem erbarmungslosen Sturm heimgesucht. Während die von Typhus und der Ruhr geschwächte Crew mit Orkanböen und gewaltigen Wellen zu kämpfen hatte, bekam sie es nun auch mit Skorbut und seinen grauenhaften Folgen zu tun. Ein Mann, der vierzig Jahre zuvor bei der Schlacht am Boyne verwundet worden war, sich aber inzwischen komplett erholt hatte, musste nun feststellen, dass ein Knochen erneut gebrochen und seine Wunden wieder aufgeplatzt waren. In den Wochen, die die qualvolle Fahrt um das Kap in Anspruch nahm, und in der Zeit unmittelbar danach starben Hunderte Männer an verschiedenen Krankheiten.

*»Im Angesicht solchen Elends ist das Leben nicht mehr lebenswert.«*

PHILLIP SAUMAREZ, KAPITÄN DER TRYAL

Bei der Umrundung von Kap Hoorn wurden die Schiffe vereinzelt. Jedes von ihnen würde weitere Not leiden müssen, doch den Männern der *Wager* stand eine besonders harte Probe bevor.

Der Kapitän David Cheap war auf der bisherigen Reise größtenteils krank gewesen und befand sich unter Deck, als der Sturm die Schiffe bei Cabo Noir auseinandertrieb. Kurz darauf steuerte der Kapitän die *Wager* versehentlich in eine große Bucht, eine Sackgasse auf dem Weg nach Norden. Die einzigen zwölf arbeitsfähigen Männer an Bord versuchten, das Schiff unter größten Anstrengungen zu wenden, als es von einer monströsen Welle erfasst wurde. Cheap stürzte eine Treppe hinunter und renkte sich die Schulter aus, woraufhin ihm der Schiffsarzt Opium verabreichte und er sich unter Deck zurückzog.

Anstatt das Kommando zu übernehmen, begann sein Stellvertreter Leutnant Baynes zu trinken. Das Schiff schleuderte schließlich gegen einen Felsen und zerschellte. Dann ließ die Disziplin endgültig nach, als die gestrandete Besatzung zu Alkohol und Waffen griff. Von den ursprünglich 300 Besatzungsmitgliedern waren 140 übrig geblieben. Cheap versuchte, die Kontrolle zurückzugewinnen, doch die Männer waren außer sich vor Wut und machten ihn für den Verlust des Schiffes und ihre heillose Situation verantwortlich. Es gelang ihnen, einige Lebensmittel aus dem Wrack zu bergen, doch es war Winter und die Männer fanden kaum Schutz vor dem tosenden Wind und dem peitschenden Regen. Cheap machte alles nur noch schlimmer, als er auf einen betrunkenen Matrosen schoss und ihm jegliche medizinische Hilfe verweigerte. Nach zwei qualvollen Wochen starb sein Opfer und viele von Cheaps letzten Befürwortern wandten sich gegen ihn.

Hier zu bleiben, hätte auch für sie den sicheren Tod bedeutet. Ihre einzige Hoffnung bestand darin, mit den unversehrten Beibooten in See zu stechen. Der Schiffszimmermann begann damit, das größte von ihnen zu verlängern und um ein weiteres Deck zu vergrößern, um ausreichend Platz für den Großteil der übrigen Mannschaft zu schaffen.

Die Männer konnten sich jedoch nicht auf einen Kurs einigen und es braute sich eine Meuterei zusammen. Cheap bestand darauf, zum verabredeten Treffpunkt auf die Insel Socorro vor der mexikanischen Küste zu segeln, um dort Anson zu finden. Der Kanonier John Bulkeley wiederum sah ihre einzige Chance darin, 640 Kilometer zurück in südliche Richtung bis zur heimtückischen Magellanstraße und von dort aus nordwärts nach Brasilien zu fahren. Er überzeugte die Hälfte der Männer davon, sich ihm anzuschließen.

Cheap versuchte, Unterstützer für seinen Plan zu gewinnen, indem er die Besatzung mit Alkohol bestach. Doch als das umgebaute Beiboot am 9. Oktober 1741 startbereit war, ließ ihn Bulkeley wegen Mordes verhaften.

Vier Tage später stach die *Speedwell* – wie das Boot nun hieß – unter dem Kommando von Leutnant Baynes mit 59 Männern an Bord in See und nahm Kurs auf Süden. Ihm folgte ein Kutter mit zwölf und eine Barkasse mit zehn Männern sowie ein kleines Boot mit Cheap, einem Leutnant und dem Schiffsarzt. Rund zwölf Männer, die (vor Cheaps regelmäßigen Disziplinierungen) aus dem Lager geflüchtet waren, blieben auf der Insel zurück.

Die Boote wurden jedoch erneut von Stürmen heimgesucht, denen der Kutter zum Opfer fiel. Die Männer der Barkasse schlossen sich nun Kapitän Cheap an, woraufhin sich die Meuterer mit der *Speedwell* aus dem Staub machten und den Rest ihrer Kameraden ihrem Schicksal überließen.

Die *Speedwell* war das größte der Boote, was sich für die Aufständischen jedoch als Nachteil entpuppen sollte, denn es war zu gefährlich, sie für die Nahrungssuche an Land zu bringen. Stattdessen mussten einige der Männer ihr Leben riskieren und durch das eisige Wasser ans Ufer schwimmen. Es gab Streit über die Navigation, die Strömungen und das Wetter. Bis zum Atlantik brauchte die Gruppe einen Monat und viele Männer starben.

Am 14. Januar 1742 fuhr die *Speedwell* in die Freshwater Bay ein, den heutigen Badeort Mar del Plata. Acht Männer schwammen an Land und entdeckten dort Süßwasser und Seehunde. Als sie sich umdrehten und auf das Meer blickten, sahen sie, dass das Boot gerade ohne sie wegfuhr. Bulkeley machte den Wind verantwortlich, doch die Männer wussten, dass man sie zurückgelassen hatte, um Rationen zu sparen. Die *Speedwell* erreichte schließlich am 28. Januar das portugiesisch besetzte Rio Grande in Brasilien. Lediglich dreißig Männer hatten die Fahrt überlebt, doch sie bestanden nur noch aus Haut und Knochen.

Die acht Gestrandeten der Freshwater Bay blieben einen Monat in der Bucht und ernährten sich von Robbenfleisch, bevor sie beschlossen, in das 480 Kilometer nördlich gelegene Buenos Aires zu wandern. Nachdem sie mehrmals zu ihrem Marsch aufgebrochen, aber immer wieder gescheitert waren, ermordeten zwei Matrosen zwei ihrer Kameraden und verschwanden mit Gewehren, Feuersteinen und anderen Besitztümern der Gruppe. Die übrigen vier wurden später von Indigenen versklavt.

In der Zwischenzeit stellte Kapitän Cheap fest, dass die Desserteure ins Lager zurückgekehrt waren und er nun die Verantwortung für neunzehn Mann innehatte. Sie versuchten, nordwärts die Küste entlang zu rudern, doch peitschender Regen, heftiger Gegenwind und gigantische Wellen machten die Fahrt äußerst mühsam. Ein Boot ging verloren, wobei ein Mann ertrank. Das einzige verbleibende Boot war für die übrige Besatzung nicht groß genug, weshalb man vier der Matrosen Musketen in die Hand drückte und sie am Ufer ihrem Schicksal überließ. Auf der Reise gab es einen weiteren Todesfall und die Gruppe schrumpfte auf dreizehn Mann zusammen.

Unter der Bedingung, ihm bei der Ankunft ihr Boot zu überlassen, erklärte sich ein Indigener bereit, die Männer die Küste hinauf bis zur Insel Chiloé zu führen. Auf dem Weg gab es drei weitere Todesfälle. Letzten Endes stahlen sechs Matrosen das Boot und wurden nie wieder gesehen. Nun waren nur noch Cheap, drei Offiziere und der Einheimische übrig, den sie schließlich dazu überreden konnten, sie mit seinem Kanu nach Chiloé zu bringen. Dafür würden sie ihm ihre letzte Habseligkeit überlassen, eine Muskete.

Die Gruppe schaffte es tatsächlich bis nach Chiloé, wurde dort jedoch von den Spaniern gefangengenommen. Man brachte sie in die Hauptstadt Santiago, wo sie auf Bewährung freikamen. Dort blieben sie bis Ende 1744, als drei von ihnen ein französisches Schiff nach Spanien bestiegen.

Während die Männer der *Wager* ihr Martyrium durchlebten, setzte Anson seine Expedition fort und überquerte den Pazifik. Er kaperte zahlreiche Schiffe, darunter eine Galeone, die 1 313 843 Achtrealenstücke und 35 682 Unzen Silber geladen hatte.

Von den 1900 Männern, die mit dem ursprünglichen Squadron aufgebrochen waren, kehrten nur 188 nach England zurück.

Anson wurde berühmt und erhielt eine Audienz beim König. Riesige Menschenmengen strömten herbei, als die von ihm geraubten Schätze durch die Straßen Londons getragen wurden.

Er selbst erhielt 91 000 Pfund Sterling (heute rund 15 Millionen Euro) – drei Achtel des Preisgeldes für die Galeone – und hatte als Kapitän der Expedition in drei Jahren und neun Monaten 719 Pfund (heute in etwa 116 000 Euro) verdient. Einem Matrosen hätte ein Preisgeld von rund 300 Pfund Sterling (heute etwas mehr als 500 000 Euro) zugestanden, was in etwa zwanzig Jahressolden entsprach.

Anson wurde später zum Admiral befördert.

EXPEDITION 47

# IM AUFTRAG DER KOMPANIE
## Abel Tasman: der erste Weiße
## auf australischem Boden

*»Gegen vier Uhr nachmittags [...] sahen wir [...] das erste Land,*
*auf das wir in der Südsee trafen. [Es war] sehr hoch [...] und keiner*
*europäischen Nation bekannt.«*

ABEL TASMANS TAGEBUCHEINTRAG VOM 24. NOVEMBER 1642,
NACHDEM ER ZUM ERSTEN MAL DAS HEUTIGE TASMANIEN ERBLICKT HATTE

Die Niederländische Ostindien-Kompanie war eine der bedeutendsten
Handelsgesellschaften aller Zeiten. Sie wurde 1602 gegründet, um die niederländischen Interessen in Asien voranzutreiben, und entwickelte sich im
Laufe des 17. Jahrhunderts zu einem unvorstellbar mächtigen und einflussreichen Unternehmen.

Die Kompanie (auf Niederländisch: *Vereenigde Oostindische Compagnie*
oder VOC) war von der niederländischen Regierung dazu berechtigt, eine
eigene Armee aufzustellen, eigenes Geld zu drucken, Kolonien zu gründen
und ein eigenes Rechtssystem zu betreiben. Kriminelle konnten auf Geheiß
eines Kompaniebeamten hingerichtet werden. Die kolonialen Bestrebungen
einer ganzen Nation in die Hände eines Privatunternehmens zu legen, war
eine radikale Abkehr vom herkömmlichen Ansatz der globalen Expan-
sion – und erwies sich als voller Erfolg.

Die VOC ging über den bisher üblichen direkten Warenverkehr zwischen Asien und Europa hinaus. Ihre Händler bauten Lieferketten zwischen verschiedenen asiatischen Märkten auf und gehörten zu den ersten europäischen Kaufleuten, die Handel mit Japan betrieben. Seide, Gewürze, Kupfer, Gold und unzählige andere Güter wurden durch den gesamten asiatischen Kontinent und auch nach Europa befördert. Das Geld floss in Strömen.

Gelang es der VOC nicht, sich mit diplomatischen Mitteln in einer bestimmten Gegend zu etablieren, schreckte sie auch vor weniger friedlichen Maßnahmen nicht zurück. Im Jahr 1640 belagerte eine Flotte der Niederländischen Ostindien-Kompanie so zum Beispiel den Hafen von Galle im heutigen Sri Lanka und beendete damit das portugiesische Monopol auf den Zimthandel der Insel. Ein Jahr später besetzte sie den strategisch wichtigen Hafen von Malakka auf der Malaiischen Halbinsel. Der Expansionshunger der VOC schien unersättlich.

Vor diesem Hintergrund kam es nun dazu, dass Abel Tasman – ein niederländischer Seemann, der in den Rängen der Kompanie aufgestiegen war – das Kommando über eine Expedition erhielt, die das sogenannte »große Südland« erkunden sollte. Niederländische Entdecker hatten bereits den Großteil der Nord-, West- und Südküste Australiens kartografisch erfasst, doch die Ostküste blieb unerforscht. Tasmans Mission war es, die Größe dieses Landes zu erforschen und wenn möglich nach einer Route zwischen dem großen Südland und Südamerika zu suchen.

Tasman stach am 14. August in Batavia (dem heutigen Jakarta) in See. Die Expedition bestand aus zwei Schiffen, der *Heemskerck* und der *Zee-Han*. Obwohl sich ihr Ziel südöstlich von ihnen befand, schlugen sie zunächst einen südwestlichen Kurs in Richtung der Insel Mauritius ein. Tasman hatte dafür zwei Gründe: Zum einen gab es auf der Insel Proviant und Holz im Überfluss, mit denen sich die Besatzung für die bevorstehende Reise eindecken konnte. Zum anderen hatte er die Absicht, die auf jenen Breitengraden vorherrschenden Ozeanwinde zu nutzen, um die Fahrt nach Osten zu beschleunigen. Nachdem Tasman die 5500 Kilometer zwischen Jakarta und Mauritius erfolgreich zurückgelegt und die nötigen Vorräte an Bord geholt hatte, begann er seine eigentliche Expedition. Er nahm Kurs

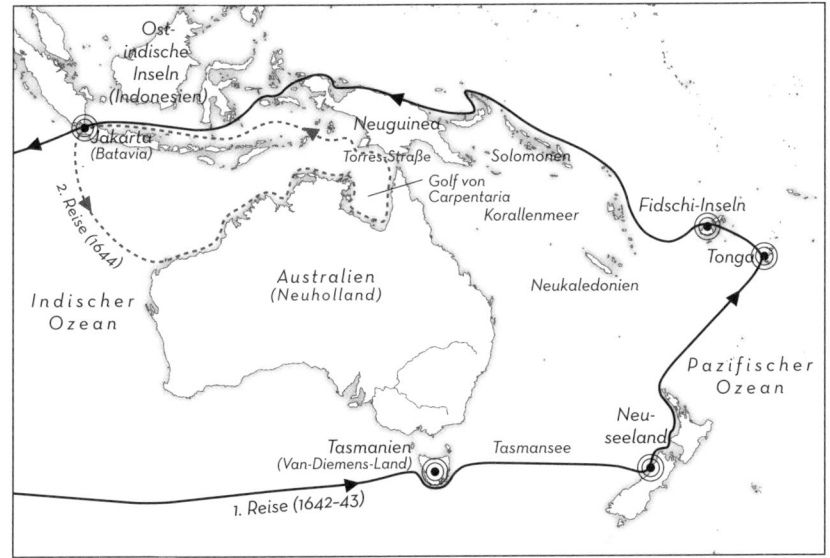

auf Südosten und überquerte erneut den Indischen Ozean. Am 24. November erreichte er eine weitläufige Bucht, die von sanften Hügeln und dichtem Wald gesäumt war. Er nannte seine Entdeckung zu Ehren des Generalgouverneurs von Batavia Van-Diemens-Land und beanspruchte das Gebiet für die Niederlande. Das Ganze ging ohne große Zeremonie vonstatten: »Wir taten nichts weiter, als einen Pfahl aufzustellen«, schrieb Tasman später, »in den jeder seinen Namen oder sein Zeichen ritzte und auf dem ich eine Flagge hisste.«

Die Expedition segelte weiter ostwärts, bis Tasman das Ufer »eines großen, hoch erhobenen Landes« erblickte. Er hatte die Nordküste der neuseeländischen Südinsel erreicht.

Im Gegensatz zu Van-Diemens-Land, wo nur ein paar ferne Rauchwolken auf die Anwesenheit von Menschen hingedeutet hatten, herrschte an der Küste der Südinsel reger Betrieb. Die niederländischen Seefahrer ankerten vor Kap Farewell und nahmen innerhalb von wenigen Tagen Kontakt mit der Urbevölkerung auf. In seinem Tagebuch schilderte Tasman die erste Begegnung mit den Maori: »Am frühen Morgen näherte sich ein Boot mit dreizehn Ureinwohnern unseren Schiffen, bis es etwa einen Steinwurf entfernt war. Sie riefen uns zu, doch wir verstanden sie nicht, denn

ihre Sprache ähnelte in keiner Weise dem Vokabular, das uns der Ehren-
werte Generalgouverneur und die Räte Indiens mitgegeben hatten [...].
Soweit wir erkennen konnten, waren diese Menschen von normaler Größe,
hatten raue Stimmen und starke Knochen. Ihre Haut war braun und gelb
und mitten auf ihren Köpfen trugen sie schwarze Haarbüschel, die sie nach
Art der Japaner am Hinterkopf zusammengebunden hatten. Doch ihr Haar
war länger und dicker und es wurde von einer großen und breiten weißen
Feder gekrönt [...]. Mehrmals versuchten wir, ihnen mit Zeichen verstehen
zu geben, dass sie an Bord kommen sollten, und zeigten ihnen weiße Lei-
nenstoffe und einige Messer, die wir geladen hatten. Sie kamen jedoch nicht
näher, sondern paddelten letztendlich ans Ufer zurück.«

> »*[Ein Krieger] blies mehrmals in ein Instrument [...]. Daraufhin
> wiesen wir unsere Matrosen an, [...] ihnen zur Antwort einige
> Melodien vorzuspielen.*«
>
> ABEL TASMAN, DER DIE HERAUSFORDERUNG DER MAORI MISSVERSTAND

Die nächste Begegnung zwischen der Urbevölkerung und den niederländischen Seefahrern endete in einer Katastrophe. Vertreter der Maori näherten
sich der *Heemskerck* und wurden durch den Schleier der Sprachbarriere
hindurch eingeladen, an Bord des Schiffes zu kommen. Aus ungeklärten
Gründen kam es dabei zu einem heftigen Zusammenstoß zwischen einem
Kanu der Maori und einem Beiboot der *Heemskerck*. Im anschließenden
Handgemenge wurden drei Niederländer von knüppel- und paddelschwin-
genden Maori getötet. Ein viertes Besatzungsmitglied erlag später seinen
Verletzungen.

Tasman entschloss sich – wenig überraschend – zur Weiterfahrt, »da
wir nicht darauf hoffen konnten, ein freundschaftliches Verhältnis zu diesen Menschen aufzubauen oder hier Wasser und Erfrischungen zu bekommen«. Er gab dem Ort den Namen »Mörderbucht« und segelte von dannen.
Der Gerechtigkeit halber sollte erwähnt werden, dass die Begegnung mit
Tasmans Expedition ein besonders nervenaufreibendes Ereignis für die
Maori gewesen sein muss. Sie hatten noch nie zuvor weiße Männer oder ein
großes Schiff gesehen und auch Musketenfeuer und Kanonenschüsse waren

ihnen fremd. Erst 120 Jahre später würden sie bei der Ankunft von Captain James Cook in Neuseeland erneut auf europäische Entdecker treffen.

Stürmisches Wetter sorgte dafür, das Tasman nicht sehr weit kam und vor der nahegelegenen D'Urville Island Schutz suchen musste. Die Besatzung feierte Weihnachten an ihrem Ankerplatz, bevor sie die Küste der neuseeländischen Nordinsel umschiffte. Das schlechte Wetter schien sie zu verfolgen. An der nördlichsten Spitze der Nordinsel versuchten die Männer erneut, an Land zu gehen. Beim ersten Anlauf schreckte sie der Anblick von »30 bis 35 Männern« am Strand ab, die mit Knüppeln und Speeren bewaffnet waren, und am nächsten Tag machten weitere Stürme einen Landgang unmöglich. Niedergeschlagen entschlossen sich Tasman und seine Offiziere daraufhin zur Weiterfahrt. Sie segelten nordwärts über den Pazifik und entdeckten Tonga und Fidschi, gingen aber auch dort nicht an Land. Schließlich nahmen sie Kurs auf Westen und trafen im Juni 1643 wieder in Batavia ein.

Die obersten Ränge der Niederländischen Ostindien-Kompanie waren von den Ergebnissen der Expedition nicht beeindruckt. Zwar hatte Tasman eines seiner Hauptziele erreicht und anhand seiner Reise gewissermaßen bewiesen, dass eine Seeroute nach Südamerika durchaus möglich war, doch rechnete man ihm negativ an, dass er nicht für längere Zeit an Land gegangen und zudem ohne konkrete Beweise für wertvolle Rohstoffe zurückgekehrt war.

Ein Jahr später war Tasman als Leiter einer neuen Expedition wieder auf See. Diesmal hatte er den Auftrag, die Küste Neuguineas und Nordaustraliens zu kartografieren. Doch wieder war die VOC aus denselben Gründen wie zuvor von den Ergebnissen seiner Fahrt enttäuscht. Die Expedition führte zu keinerlei neue Handelsrouten und Tasman zögerte erneut, anzulegen und das Landesinnere zu erkunden. Die VOC entschied, dass man für zukünftige Expeditionen einen »hartnäckigeren Entdecker« brauchen würde. Tasman wurde innerhalb der Kompanie auf eine Verwaltungsstelle in Batavia versetzt. Er starb am 10. Oktober 1659.

Zu seinen Lebzeiten erhielt Tasman für seine Leistungen nur wenig Anerkennung. Ein Grund dafür war der geringe kommerzielle Nutzen seiner Unternehmungen, ein anderer die Geheimhaltungspflicht der VOC, die

die Konkurrenz nicht auf ihre Expeditionen aufmerksam machen wollte. Erst als die Errungenschaften viel späterer Seefahrer wie Captain Cook öffentlich bekannt wurden, wurden auch Tasmans Bemühungen neu gewürdigt. Im Jahr 1854 – fast zweihundert Jahre nach Abel Tasmans Tod – benannte man Van-Diemens-Land ihm zu Ehren in Tasmanien um. Die Niederländische Ostindien-Kompanie gab es zu dieser Zeit schon lange nicht mehr. Infolge mehrerer Kriege mit den Briten hatte das erste multinationale Unternehmen der Welt bedeutend an Handelsfähigkeit eingebüßt und wurde 1799 aufgelöst.

# DIE NORDWESTPASSAGE

## Sir John Franklins Suche nach einem Seeweg in den Orient

*»Um acht Uhr abends empfingen wir an Bord zehn der höchsten Offiziere der Expedition von der ›Terror‹ und der ›Erebus‹ unter dem Kommando von Captain Sir John Franklin. Die Besatzung beider Schiffe ist bei guter Gesundheit und erstaunlich guter Dinge und rechnet damit, die Mission beizeiten zu beenden.«*

CAPTAIN DANNET VOM WALFANGSCHIFF *PRINCE OF WALES*, 15. JULI 1845,
ÜBER DIE LETZTE BEGEGNUNG MIT FRANKLIN UND SEINER EXPEDITION

Sir John Franklins Ziel war es, zwei für jene Zeit hochmodern ausgestattete Schiffe durch die letzten noch unerforschten 480 Kilometer der Nordwestpassage zu führen. Sie blieben jedoch im Eis stecken und alle Mitglieder der Besatzung kamen ums Leben – entweder noch an Bord oder nachdem sie die Schiffe bereits verlassen hatten. Die erste erfolgreiche Durchquerung der Nordwestpassage gelang Roald Amundsen im Jahr 1906.

Ende des 16. Jahrhunderts waren die Nordeuropäer auf der Suche nach einer Meeresstraße nach China und zu den Gewürzinseln, die nicht von Spanien oder Portugal kontrolliert wurde. Man hoffte darauf, eine Nordwestpassage oberhalb des amerikanischen Kontinents zu finden, was zu vielen erfolglosen Erkundungsfahrten führte. Der erste europäische Seefahrer, der den arktischen Archipel erreichte, war Martin Frobisher. Er segelte im Juli 1576 in die heute als Frobisher Bay bekannte Bucht auf der Baffininsel, wo er Kontakt mit den Inuit aufnahm, und führte 1577 und 1578 zwei weitere Expeditionen in die Region durch. Im Jahr 1585 erkundete John Davis die Cumberland-Halbinsel (einen Teil der Baffininsel) sowie die heute nach ihm benannte Davisstraße. Anschließend fuhr Henry Hudson 1610 in die heutige Hudson Bay ein. Es folgten weitere Seefahrer, die nach einem westlichen Ausgang aus der Bucht suchten (die James Bay und der Foxe-Kanal wurden nach zwei von ihnen benannt). Robert Bylot und William Baffin segelten 1616 die Ostküste der heutigen Baffininsel (die seit dem 19. Jahrhundert so heißt) in nördliche Richtung entlang und kartierten die Baffin Bay. Die drei Ausgänge der Bucht nannten sie »Sir Thomas Smith's Sound«, »Alderman Jones Sound« und »Sir James Lancaster's Sound«. Der Lancastersund gilt seit dem 19. Jahrhundert als Eingang zur Nordwestpassage.

Nach den Reisen von Bylot und Baffin vergingen zweihundert Jahre, bis weitere europäische Schiffe den arktischen Archipel erkundeten. Nach Ende der Napoleonischen Kriege 1815 investierte die britische Admiralität einen Teil ihres Budgets in die Suche nach der Nordwestpassage und die Kartierung der kanadischen Arktisküste. John Ross erkundete 1818 den Lancastersund und im folgenden Jahr erreichte Edward Parry die Melville-Insel, wo er überwinterte. John Franklin unternahm in den 1820er-Jahren zwei Überlandexpeditionen zur arktischen Küste. Ross kehrte 1829 in die Arktis zurück, diesmal als Teil einer privatfinanzierten Erkundungsreise, und blieb im Golf von Boothia im Eis stecken. Der Golf wurde nach dem Ginbrenner Felix Booth benannt, dem Hauptsponsoren des Unternehmens. Bei dieser Expedition entdeckte Ross' Neffe James Clark Ross den magnetischen Nordpol, der sich zu jener Zeit an der Westküste der Halbinsel Boothia befand. Im Jahr 1845 beauftragte man Franklin mit einer weiteren Forschungsfahrt, bei der er die Nordwestpassage finden sollte.

Sir John Franklin wurde 1786 in Spilsby in der englischen Grafschaft Lincolnshire als Kind einer Großfamilie geboren. Gegen den Willen seines Vaters ging er 1800 zur Royal Navy, der königlichen Marine. Er war Teil der Mannschaft von Matthew Flinders Umsegelung des australischen Kontinents (1801–03), bei der er sechs Wochen auf einer Sandbank festsaß und überlebte. Darauf folgte in den letzten Jahren der Napoleonischen Kriege eine eher konventionelle Marinelaufbahn. Ab 1818 kam Franklin jedoch eine bedeutende Rolle in den Plänen der Admiralität zur Entdeckung der Nordwestpassage zu. Für seine erste Reise im selben Jahr schickte man ihn nach Nordosten, doch er kam nur bis nach Spitzbergen. Im folgenden Jahr beauftragte man ihn damit, eine Überlandexpedition von der Hudson Bay bis an die kanadische Küste der Arktis zu leiten. Anhaltende Versorgungs-probleme ließen die Expedition jedoch in einer Katastrophe enden. Zwar erreichte sie nahe des Coppermine-Deltas die arktische Küste, sie konnte diese jedoch kaum erforschen. Auf dem Rückweg starben elf von Franklins achtzehn Kameraden an Unterernährung und internen Fehden, nachdem ein Besatzungsmitglied des Kannibalismus bezichtigt wurde. Der Mangel an Proviant brachte Franklin den Ruf ein, er sei »der Mann, der seine Stiefel aß«, um zu überleben. Obwohl die Expedition nur wenig erreichte, fand Franklins Reisebericht großen Anklang. Im Jahr 1825 fuhr er erneut in die Arktis, diesmal mit größerem Erfolg. Er kartierte einen beträchtlichen Abschnitt der kanadischen Küste der Arktis und wurde bei seiner Rückkehr nach London 1827 als Held gefeiert.

Zwischen 1837 und 1843 war Franklin der Vizegouverneur von Van-Diemens-Land (dem heutigen Tasmanien), doch seine relativ liberale Ver-waltung missfiel einigen Interessengruppen sowie dem Kolonialministe-rium und er kehrte mit einem angeschlagenen Ruf nach Großbritannien zurück. Hier flammte seine alte Leidenschaft für die Entdeckung der Nord-westpassage wieder auf und er überzeugte gemeinsam mit anderen die Admiralität davon, eine weitere Expedition zu finanzieren. Im Alter von fast 59 Jahren ernannte man ihn zum Kommandanten des Unternehmens.

Die Expedition bestand aus zwei Schiffen, der HMS *Erebus* und der HMS *Terror*, sowie insgesamt 128 Besatzungsmitgliedern. Die aus robus-tem Holz gezimmerten Schiffe hatten sich bereits auf mehreren Arktisfahr-ten bewährt, wurden für die neue Expedition jedoch ein wenig umgebaut: Man verstärkte die Buge mit Stahl, verlängerte die Kiele und stattete sie mit Dampfmotoren aus, um bei der Fahrt durch das Eis ihre Leistungsfähigkeit zu steigern. Zudem wurde eine Heizungsanlage für die Kabinen installiert.

Die Schiffe wurden mit ausreichend Proviant für drei Jahre beladen, darunter 8000 Konservendosen – eine neue technische Errungenschaft jener Zeit – und 4200 Liter Zitronensaft, der Skorbut vorbeugen sollte. In Erwartung einer ruhigen Fahrt speisten die Offiziere mit Silberbesteck und tranken aus Kristallgläsern. Jedes Schiff verfügte sogar über eine große Bibliothek. Die Besatzungen waren allerdings nicht für längere Aufenthalte außerhalb ihrer Schiffe ausgestattet.

Die Expedition verließ am 19. Mai 1845 die Themse. Anfang Juli erreichte sie Whitefish Island vor Grönland, wo man die letzten Vorräte von einem Versorgungsschiff an Bord nahm. Mitte Juli setzten die Männer Kurs auf den Lancastersund, ihr erstes Ziel. Gegen Ende Juli trafen sie nahe der Baffininsel auf zwei Walfangschiffe. Hier wurde die Expedition zum letzten Mal gesehen.

Die Männer überwinterten nachweislich auf Beechey Island, wo drei Besatzungsmitglieder ums Leben kamen. Ihre Gräber entdeckte man bereits 1850, doch erst in den 1980er-Jahren wurden ihre Überreste obduziert. Alle drei waren an Tuberkulose gestorben und es ist durchaus möglich, dass die Krankheit auch einige ihrer Kameraden geschwächt hatte. Für die Fahrt durch das Eis blieb der Expedition nur ein kurzer Sommer und bereits im September 1846 steckten beide Schiffe vor der Nordwestspitze der King William Island westlich der Halbinsel Boothia im überfrorenen Meer fest.

Da die Reisedauer auf rund drei Jahre angesetzt war, begann man erst 1847, sich Sorgen um das Schicksal der Expedition zu machen. Franklins Ehefrau Lady Jane forderte die Einleitung von Suchmaßnahmen und zwischen 1847 und 1859 wurden über dreißig verschiedene Fahrten unternommen, von denen sie einige selbst finanzierte. Anhand von Berichten über diese Reisen sowie neuerer Forschungen lassen sich die Geschehnisse jener Zeit rekonstruieren.

Die Schiffe verbrachten den Winter 1846/47 im Eis, das sie während des gesamten Jahres 1847 gefangen hielt (Franklin starb in dieser Zeit auf der *Erebus*). Nach einem weiteren Winter im Eis verließ die Besatzung im April 1848 ihre Schiffe. Bei einem Steinhaufen auf King William Island fand man 1859 folgende Nachricht:

*»25. April 1848. Die Schiffe Terror und Erebus wurden am 22. April fünf Seemeilen nord-nordwestlich von hier verlassen, nachdem sie im September 1846 in Seenot geraten waren. Die Offiziere und die Besatzung, bestehend aus 105 Seelen, unter dem Kommando von Captain F. R. M. Crozier [...]. Sir John Franklin starb am 11. Juli 1847 und die Zahl der Todesopfer auf dieser Expedition beträgt bis zum heutigen Tag neun Offiziere und fünfzehn Männer. Aufbruch morgen, den 26., zum Back's Fish River [auf dem kanadischen Festland].«*

Keiner der 105 Männer, die von Bord der Schiffe gegangen waren, überlebte. Sie hatten einige Beiboote auf Holzkufen montiert, deren Transport für die ohnehin schon geschwächten Mitglieder jedoch der Besatzung eine große Belastung darstellte. Unweit der Stelle, an der die Männer aufgebrochen waren, fand man später ein Boot mit zwei Skeletten. Weitere Überreste, sowohl von Menschen als auch von Gegenständen, wurden außerdem an der Küste der King William Island entdeckt. Später erinnerte sich der Inuit-Älteste Iggiararjuk: »Erst waren es viele gewesen, jetzt nur noch wenige [...]. Sie wurden nie wieder gesehen und niemand weiß, wohin sie gegangen sind.« John Rae, der für die Hudson Bay Company arbeitete, kaufte 1854 einige Artefakten der Expedition von einem Inuit, darunter einen Silberteller, in den Franklins Name graviert war, beschädigte Chronometer und Silberbesteck. Er berichtete zudem, dass die Inuit Hinweise auf Kannibalismus gesehen hatten, eine Enthüllung, die im viktorianischen Großbritannien für Entsetzen sorgte. Mit der Entdeckung der oben zitierten Nachricht im Jahr 1859 ging die Zeit der intensiven Suchaktionen zu Ende.

Bei der Untersuchung der menschlichen Überreste von der King William Island in den 1980er-Jahren wurden sehr hohe Bleikonzentrationen nachgewiesen. Man geht davon aus, dass sie vom bleihaltigen Lötzinn stammten, der für die Herstellung der Lebensmittelkonserven verwendet worden war, von der sich die Expedition ernährte. Auch wird angenommen, dass der mitgeführte Zitronensaft vergoren war und die Männer nicht länger vor Skorbut schützen konnte. Die Untersuchung der kürzlich entdeckten Schiffwracks wird sicherlich neue Erkenntnisse über das Schicksal der Expedition liefern. Die *Erebus* fand man 2014 im flachen Wasser von Wilmot und Crampton Bay auf der Adelaide-Halbinsel nahe der Stelle, an der sie nach Überlieferung der Inuit gesunken sein soll. In der Terror Bay an der Südwestküste von King William Island und rund 50 Kilometer von der *Erebus* entfernt wurde 2016 die *Terror* entdeckt.

Die vielen Suchexpeditionen, die man zur Aufklärung der Geschehnisse losgeschickt hatte, trugen bedeutend zur Erforschung der Region bei. Robert McClure entdeckte 1853 den Verlauf der Nordwestpassage, wobei er streckenweise auf Schlitten zurückgriff, und Roald Amundsen gelang mit seinem 47-Tonnen Holzschiff *Gjøa* zwischen 1903 und 1906 die erste erfolgreiche Durchquerung. Der Umfang und Pragmatismus von Amundsens Expedition stand im krassen Gegensatz zu Franklins technokratischem Abenteuer. Mit einer Besatzung von lediglich sechs Mann und sechzehn Schlittenhunden kam Amundsen im August 1903 auf Beechey Island an. Er überwinterte in einer geschützten Bucht im Südosten der King William Island, wo er und seine Crew bis zum Sommer 1905 blieben. Dort erlernten sie Fertigkeiten der Inuit und führten wissenschaftliche Forschungsarbeiten durch. Amundsen verließ die Insel im August 1905 und traf zu seiner Überraschung auf ein Walfangschiff, das aus der entgegengesetzten Richtung kam. In diesem Augenblick wurde ihm klar, dass er seine Fahrt bis zum Ende der Passage fortsetzen würde: »Die Nordwestpassage war geschafft. Mein Kindheitstraum ging in diesem Moment in Erfüllung.« Er beendete seine Fahrt durch den arktischen Archipel am 17. August 1905 und erreichte im August 1906 die Pazifikküste Alaskas.

EXPEDITION 49

# DURCHS LEERE VIERTEL
## Wilfred Thesigers Reisen in Arabien

*»[...] ein bitteres, ausgedörrtes Land, das weder Sanftheit noch*
*Behaglichkeit kennt [...] ein grausames Land, von dem ein Zauber*
*ausgeht, mit dem keine gemäßigte Zone mithalten kann.«*

WILFRED THESIGER

Der Engländer auf der Sanddüne war am Verhungern. Seine beduinischen Begleiter hatten ihn vor drei Tagen zurückgelassen, um nach Essen zu suchen, und waren seitdem verschwunden. Quälende Halluzinationen von Autos und Lastwagen, die ihn abholen und in die sichere Zivilisation bringen würden, spukten in seinem Kopf herum. In diesem Augenblick äußerster Verzweiflung legte er ein Gelübde ab, zu dem sicher nur wenige Menschen fähig wären. Später schrieb er: »Ich würde lieber hier auf diese Weise sterben, als vollgestopft mit Essen im Sessel zu sitzen, Radio zu hören und für meine Reise durch Arabien auf Fahrzeuge angewiesen zu sein.«

Die Rub al-Khali – das Leere Viertel – ist ein Sandmeer, das größer als Frankreich, Belgien und die Niederlande zusammen ist und neben den Polen zu den wildesten und gnadenlosesten Landschaften der Erde gehört. In der sengenden Hitze herrscht eine durchschnittliche Lufttemperatur von 47 °C und auch 50 °C sind keine Seltenheit. Der Sand kann sich sogar bis auf 80 °C aufheizen und es fällt weniger als drei Zentimeter Niederschlag pro Jahr. An manchen Orten ähneln die Dünen kleinen Gebirgen, die bis zu

300 Meter hoch und 160 Kilometer breit sein können. Zudem gibt es hier gefährlichen Treibsand, der unachtsame Reisende mit Haut und Haaren verschlingt.

Es ist kein Land zum Leben, sondern eine Gefahrenzone, die nur in Ausnahmefällen durchquert werden sollte. Und doch gibt es Menschen von außerordentlicher Belastbarkeit und Einfallsreichtum, die in dieser Region schon seit Jahrhunderten zu Hause sind. Wer tollkühn genug ist, diese lebensfeindlichen Weiten zu durchqueren, braucht das volle Vertrauen und die bedingungslose Unterstützung von Menschen, die sich nur sehr selten auf Fremde einlassen: den Beduinen. Zum Glück hatte der Engländer genau solche Freunde, die ihn vor dem sicheren Hungerstod retteten.

Wilfred Thesiger hatte eine bemerkenswerte Herkunft, die er in ein noch bemerkenswerteres Leben verwandelte. Er wurde in Abessinien (im heutigen Äthiopien) als Sohn eines Diplomaten geboren und lernte die Menschen und Rituale des dortigen Kaiserhofs hautnah kennen. Es war eine noble und herrschaftliche, aber auch von Gewalt geprägte Welt, die er wegen ihrer »barbarischen Herrlichkeit« liebte. Wie es sich für die britische Oberschicht gehörte, schickte man ihn in England zur Schule, wo er zuerst das Eton College und später die University of Oxford besuchte. Doch sein Herz war nie an diesen Orten, auch wenn sein Körper es war, und sobald sich ihm die Möglichkeit bot, ging er auf Reisen. Dabei konnten seine Abenteuer gar nicht beschwerlich genug sein: Je größer die Entbehrungen des Weges waren, umso größer war sein Glücksgefühl, als er sein Ziel endlich erreichte. Sein Motto lautete: »Je härter das Leben, desto edler der Mensch« Bei seiner Arbeit auf einem Fischdampfer vor Island lernte er, ohne Schlaf auszukommen, und für seine Reise nach Istanbul nahm er die unbequemste Überfahrt.

Nach seinem Studium ging er zum Sudan Political Service, der britischen Landesverwaltung im Sudan, und lernte in der Wüste bei Dafur das Kamelreiten. Um sein Können unter Beweis zu stellen, legte er einmal in 24 Stunden 185 Kilometer auf dem Rücken eines der Tiere zurück. Im Sumpf des Sudd heuerte man ihn an, um lästige Löwen zu erschießen, von denen er ganze siebzig erlegte. Es entwickelte sich außerdem ein respekt-

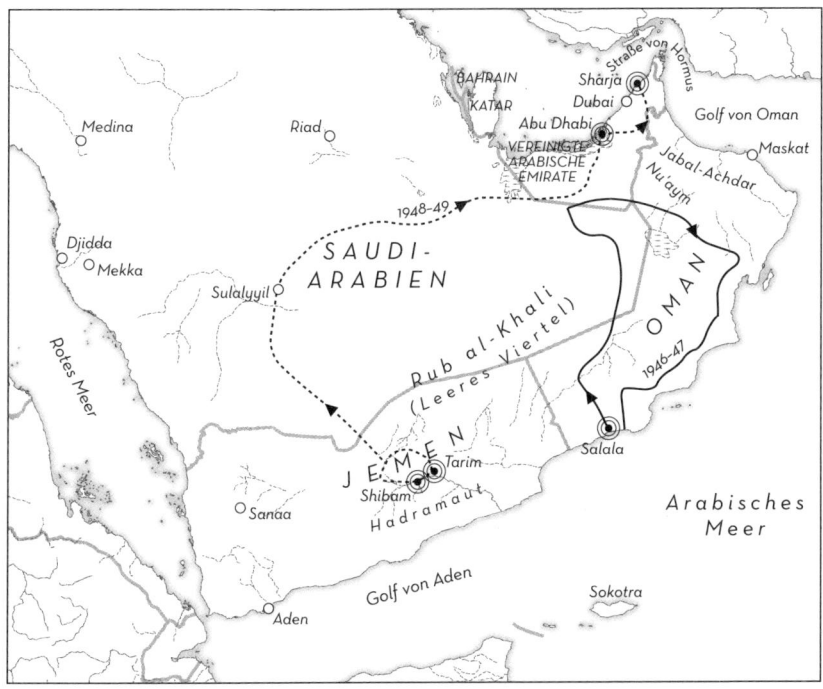

voller Umgang zwischen ihm und den Wüstenbewohnern, die letztendlich sein Leben prägen würden. Im Zweiten Weltkrieg kämpfte er mit der Sudan Defence Force für die Befreiung Abessiniens und wurde für seinen Mut ausgezeichnet. Er diente darüber hinaus im Special Air Service (SAS), einer Spezialeinheit der britischen Armee, und geriet in der Westwüste Nordafrikas hinter die feindlichen Linien.

Nach dem Ende des Krieges 1945 war Thesiger entschlossen, seine Expeditionen in Arabien in Eigenregie fortzusetzen. Der Sultan des Oman hatte ihm ausdrücklich verboten, das Leere Viertel zu betreten, doch unter dem Vorwand einer von den Vereinten Nationen finanzierten Studie über die Brutstätten von Heuschrecken erkundete er dennoch das Sandmeer. Hineinzukommen war schon schwer genug gewesen, aber wenn Thesiger das Leere Viertel auch lebend verlassen wollte, musste er das Vertrauen der hier heimischen Beduinen gewinnen. Das war kein leichtes Unterfangen, denn die Beduinen betrachteten Fremde als christliche Ungläubige, die ihre traditionelle Lebensweise gefährdeten. Thesiger schrieb: »Um ihren Respekt zu gewinnen, muss [der Fremde] die gleiche Belastbarkeit wie sie an den Tag legen, so weit laufen und so lange reiten wie sie, und mit derselben klaglosen Gleichgültigkeit Hitze, Hunger und Kälte ertragen.«

Thesiger besaß genau diese Fähigkeiten und fand unter den Beduinen zuverlässige Freunde. Seine Expeditionen waren einzigartig, denn ihn motivierte nicht bloß der Wunsch, eine Gegend zu erkunden, sondern vielmehr eine ganze Lebensweise zu verstehen. Er schrieb: »Ohne die Kameraderie meiner beduinischen Begleiter wären diese Reisen im Leeren Viertel für mich lediglich eine bedeutungslose Selbstkasteiung gewesen.« Thesiger reiste stets auf die gleiche Weise wie die Einheimischen: zu Fuß oder reitend und in kleinen Gruppen. Er hasste moderne Erfindungen wie Autos und Flugzeuge, liebte jedoch die Fotografie und machte in seinem Leben Tausende atemberaubender Aufnahmen.

Seine kleine Gruppe brach im Oktober 1946 von Salala aus auf, einer Stadt an der Küste von Dhofar im Oman. Sie zog zunächst nordwärts nach Dhafara und Lira und überquerte die 215 Meter hohen Sanddünen von Uruq al-Shaiba. In den folgenden vier Jahren würden Thesiger und die Beduinen auf einer bemerkenswerten Expedition kreuz und quer durch das Leere Viertel reisen und in einer der rausten und sonderbarsten Gegenden der Erde 16 000 Kilometer auf Kamelen zurücklegen. In dieser fremden Welt wurden Entfernungen in Reitstunden gemessen. Die Männer ertrugen größte Entbehrungen, litten unter stetigem Hunger und waren manchmal tagelang durstig. Eine großzügige Tagesration bestand aus einem halben Liter brackigem Wasser mit etwas Kamelmilch und wurde ausschließlich nach Sonnenuntergang getrunken.

Doch Thesiger trug die Wüste in seiner Seele und war dort so glücklich wie nirgendwo sonst. Seine Anstrengungen führten zu außerordentlichen Leistungen.

Thesiger war der erste Europäer, der die Liwa-Oase und den Treibsand von Umm as-Samim erblickte. Er erstellte die ersten detaillierten Landkarten von großen Teilen des Leeren Viertels, einschließlich der Berge des Oman. In seinem bahnbrechenden Buch *Arabian Sands* (auf Deutsch: *Mit den Beduinen durch das Hinterland Arabiens*), das 1959 erschien, schildert er seine Reisen in wortgewandter Tiefe.

Thesiger war sich sehr wohl darüber im Klaren, dass sich die Lebensweise, die er gerade entdeckte, bereits im Aussterben befand. »Ich weiß, dass ich unter ihnen in der Wüste eine Freiheit des Geistes gefunden habe, die es nach dieser Generation vermutlich nicht mehr geben wird.« Während Thesiger 1948 die Dünen im Süden des Leeren Viertels erforschte, wurden 2000 Meter unter dem Sand nördlich von ihm Entdeckungen ganz anderer Art gemacht: Geologen stießen hier auf das Ölfeld von Ghawar, die größte zusammenhängende Erdöllagerstätte der Welt. Dieser außergewöhnliche Fund einer natürlichen Goldquelle würde den antiken Völkern, die Thesiger so bewunderte, mehr fremde Besucher sowie Maschinen und Modernisierung bescheren. Ironischerweise half er mit vielen seiner Landkarten unbeabsichtigt den ölhungrigen Eindringlingen, die das Leben in diesem von ihm so geliebten Land für immer verändern würden.

Meldungen über den christlichen Ungläubigen, der in der Rub al-Khali unterwegs war, erreichten 1949 den saudi-arabischen König Ibn Saud, der Thesiger prompt einsperren ließ. Er wurde letztendlich freigelassen, doch erzürnte Stammesangehörige hatten inzwischen ein Kopfgeld auf ihn ausgesetzt. Der Engländer schaffte es aus dem Land (eher mit Glück als Verstand), doch seine große Expedition im Leeren Viertel war vorüber. Als er Sharja am Persischen Golf erreichte, wo seine Heimreise begann, nahm er äußerst betrübt Abschied von seinen beduinischen Freunden, die »[…] inmitten der zart besaiteten Stadtbewohner fehl am Platz waren […]. Einsam und abseits schaute ich ihnen zu, als sie ihre Kamele zusammentrieben und von dannen zogen, zurück in die reine Leere der Wüste.«

Thesiger reiste beinah sein ganzes Leben lang weiter. Er wurde 1995 zum Ritter geschlagen und inspirierte spätere Generationen von Abenteurern, insbesondere Sir Ranulph Fiennes. Wilfred Thesiger starb 2003 im Alter von 93 Jahren.

# FLUCHT AUS SIBIRIEN

## Cornelius Rosts Ausbruch
## aus einem sowjetischen Gulag

>»Wir sind [in der Schule] mit Russland nur bis zum Ural gekommen ...
>Forell rückt näher an den Kameraden heran, weil es so schneidend still
>in der Stube geworden ist, seit in der Ecke ganz offen von
>den Möglichkeiten einer Flucht gesprochen wird.«

AUS JOSEF MARTIN BAUERS BUCH *SO WEIT DIE FÜSSE TRAGEN*

Manche Fluchten klingen so abenteuerlich, dass sie unglaubwürdig erscheinen. Cornelius Rost hatte jahrelang mit Menschen zu kämpfen, die seine Geschichte anzweifelten. Konnte er wirklich aus einem Gulag geflohen und 13 000 Kilometer durch das stalinistische Russland gewandert sein? Und wenn ja, warum hatte er seinen Namen im Buch über seine Flucht in Clemens Forell geändert?

Dabei entspricht Rosts Geschichte vermutlich tatsächlich der Wahrheit und die Namensänderung unterstützt sogar deren Glaubhaftigkeit: Er hatte es mit einer der mächtigsten und brutalsten Diktaturen der Geschichte aufgenommen und überlebt. Es war nur allzu verständlich, dass er Repressalien fürchtete.

Nach dem Ende des Zweiten Weltkriegs saßen 20 000 besiegte deutsche Soldaten in der Sowjetunion fest, einem Land, das nach Rache für seine

Millionen von Gefallenen trachtete. Cornelius Rost war einer dieser unglückseligen Männer.

Er wurde 1944 von den Russen verhaftet und verbrachte ein Jahr als gewöhnlicher Kriegsgefangener, bevor man ihn zu 25 Jahren Zwangsarbeit in einer Bleimine in einer abgelegenen, bitterkalten Ecke Sibiriens verurteilte. Im Oktober 1945 war er einer von 3000 Gefangenen, die in einem Moskauer Bahnhof auf Viehwagen verladen und zum sogenannten Ostkap (heute Kap Deschnjow) südlich des Polarkreises nahe der Beringstraße transportiert wurden. Bereits die Reise zum Arbeitslager dauerte beinah ein Jahr und kostete über die Hälfte der Männer das Leben. Sie starben an Erschöpfung, Unterernährung oder der Ruhr. Viele von ihnen erfroren einfach.

Den Weg zu ihrem weit entlegenen Zielort legten die Häftlinge in Viehzügen, auf Pferdeschlitten und ganz am Ende auch mit Hundeschlitten zurück. Nur 1236 Männer überlebten – weniger als die Hälfte derer, die die Fahrt ursprünglich angetreten hatten.

Die Gefangenen waren in der Bleimine selbst untergebracht, genauer in Höhlen mit nur einer Glühlampe. Wärter zwangen sie zu zwölf Stunden Schwerstarbeit am Tag, wofür sie lediglich Brot, Kartoffeln und Gerstenbrei erhielten.

Tageslicht sahen die Männer im besten Fall einmal die Woche – für eine Stunde. Wenn sie nicht an Erschöpfung starben, dann würden sie früher oder später an einer Bleivergiftung krepieren. Rosts Strafmaß von 25 Jahren war offensichtlich rein symbolisch – er würde schon lange vorher tot sein.

Es war eine Existenz am Rande des Erträglichen. Rost wusste, dass er schon bald ausgezehrt und erschöpft sein würde. Obwohl er kilometerweit von einem gefrorenen Nichts umgeben war, wollte er zumindest versuchen, zu entfliehen.

Er probierte es fast sofort. Doch nach seinem Verschwinden kürzten die Wärter die Rationen seiner Mitinsassen auf ein Minimum. Als Rost nach elf Tagen wieder eingefangen wurde, stellte man seine fast verhungerten Kameraden in Reihen auf und zwang ihn dazu, zwischen ihnen hin- und herzulaufen. Die Männer schlugen Rost derart zusammen, dass er fast gestorben wäre. Drei weitere Jahre vergingen, bis sich ihm erneut eine Chance zum Ausbruch bot.

Der Lagerarzt war ebenfalls Deutscher und hatte seine privilegiertere Position genutzt, um einen Fluchtplan auszuarbeiten. Ihm war es gelungen, unbemerkt eine Landkarte, Proviant, Geld, Kleidung, ein Paar Skier und sogar eine Pistole zurückzulegen.

Doch dann stellte sich der Doktor eine tragische Selbstdiagnose: Er hatte Krebs. Eine Flucht würde er keinesfalls überstehen. Unter der Bedingung, seine Frau in Deutschland zu kontaktieren, sobald er es in die Freiheit geschafft hatte, bat der Arzt Rost darum, an seiner Stelle auszubrechen. Am 30. Oktober 1949 lenkte er die Lagerwachen lange genug ab, damit sich Rost unbemerkt aus dem Lazarett schleichen konnte. In den folgenden drei Jahren befand sich Rost auf der Flucht in einer gnadenlosen Landschaft, über die eine noch grausamere Diktatur herrschte.

Sein Plan war einfach: Er wollte so weit wie möglich nach Westen laufen. Eine Verfolgung war ihm gewiss, jedoch spekulierte Rost, dass die Wachen ihre Suche höchstwahrscheinlich einstellen würden, wenn er sich schnellstmöglich 320 Kilometer vom Gulag entfernen könnte. Dann würde er weiter nach Süden in die Mandschurei wandern.

Rost setzte sich ein kräftezehrendes Tagesziel von mindestens 32 Kilometern, schaffte aber oft mehr als 48 Kilometer – eine unglaubliche Leistung in der lebensfeindlichen sibirischen Landschaft. Die eisigen Winde und der gefrorene Boden brachten ihn an seine körperlichen Grenzen, doch die Umgebung bot dem Flüchtigen auch Deckung: Es gab hier draußen nur sehr wenige Menschen.

Nichtsdestotrotz war er sehr bedacht darauf, jeglichen Kontakt zu Menschen zu vermeiden. Er wagte es nicht, ein Feuer zu entzünden, und sein weniger Proviant war tiefgefroren. Es verging ein ganzer Monat, bevor er auf zwei nomadische Rentierhirten traf. Rost war sich sicher, dass sie ihn entweder töten oder verraten würden. Doch anscheinend fühlten sie sich mit dem Flüchtigen verbundener als mit Moskau, denn sie luden ihn in ihr Lager ein und kümmerten sich fast drei Monate lang um ihn. In jenem Winter bei den Hirten eignete sich Rost praktische Fähigkeiten an, die ihm von unschätzbarem Wert sein sollten.

Er lernte, wie man in der sibirischen Wildnis überlebt: Die Hirten brachten ihm das Fischen und Jagen bei und zeigten ihm, wie man ein Zelt improvisiert und mit Moos ein Feuer entfacht. Er lernte auch, wie wichtig die Unterstützung anderer war. Doch genau diese Notwendigkeit, Vertrauen zu fassen, würde ihm im weiteren Verlauf der Ereignisse nicht nur Hilfe gewähren, sondern ihn auch in Gefahr bringen.

Rost verbrachte zwei weitere Monate mit einer anderen Gruppe von Hirten, bevor er im Juni 1950 drei Mitflüchtigen begegnete. Es handelte sich um Russen, die aus dem Gefängnis ausgebrochen waren, um ihren Lebensunterhalt im Winter als Jäger und im Sommer als Goldsucher zu bestreiten. Er schloss sich ihnen ein Jahr lang an und gab sich den russischen Namen Pjotr Jakubowitsch. Die Männer arbeiteten im Team und wuschen zwischen Juni und Oktober zwölf Stunden am Tag Gold. Es war harte Arbeit, doch im Herbst hatten sie ein Häufchen Goldstaub zusammengeschürft, das sie gerecht untereinander aufteilten.

Als die Tage kürzer wurden, stahlen die Männer sechs Rentiere, die sie vor ihre Schlitten spannten, und begaben sich zur Pelzjagd ins Flachland. Vielleicht war es unvermeidlich, dass Habgier und Tod die Männer heimsuchen würden. Jedenfalls sollte es nicht lange dauern, bis Rosts Leben von Neuem auf den Kopf gestellt wurde.

Einer von Rosts Kollegen, ein Mann namens Grigori, war im Besitz eines Goldnuggets, das er in seiner Zeit als Zwangsarbeiter aus einer Goldmine gestohlen hatte. Seine Kameraden entdeckten den Klumpen und es kam zu einem tödlichen Kampf, den nur Rost und Grigori überlebten. Der Mann hatte schon von Anfang an böse gewirkt, doch jetzt war er zusätzlich hochgradig paranoid geworden. Fünf Tage später stahl Grigori auch Rosts Gold, stieß ihn von einem Felsen und überließ ihm den Tod. Rost wäre beinah gestorben, wenn ihn nicht eine Gruppe hilfsbereiter Hirten gerettet hätte. Sie versorgten seine Wunden und unterstützten seine Genesung, bevor sie ihm einen ihrer Huskys schenkten und ihn auf seinen Weg schickten. Rost nannte den Hund Willem.

Es war der Sommer 1951. Seit der Flucht aus der Bleimine waren zwanzig Monate vergangen, doch bis nach Hause war es immer noch ein sehr weiter Weg: Sogar bis zur mandschurischen Grenze fehlten noch 1280 Kilometer. Als Rost immer häufiger Zeichen der Zivilisation entdeckte, musste er sich eine Tarngeschichte ausdenken. Er gab sich als Lette

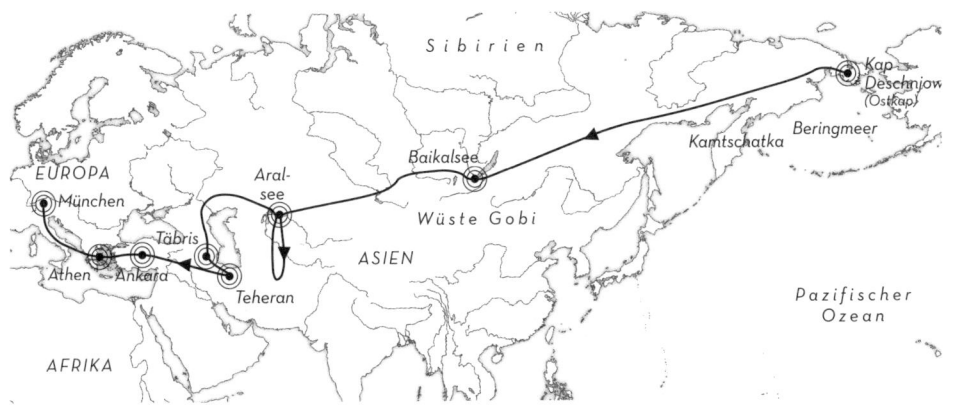

aus, der seine achtjährige Strafe in einem Arbeitslager abgesessen hatte und nach Tschita, einer Stadt nahe der Mandschurei, beordert worden war. Das würde sein begrenztes Russisch und seine angeschlagene körperliche Verfassung erklären.

Seine Geschichte überzeugte eine Gruppe von Holzfällern, die gerade eine Ladung Baumstämme mit dem Zug nach Tschita schicken wollten. Sie heuerten Rost als Begleiter für die Lieferung an und stellten ihm dafür sogar eine Reisegenehmigung aus. Doch anstatt in Tschita auszusteigen, blieb Rost bis zur Endstation Ulan-Ude an Bord des Zugs. Das Schicksal meinte es weiterhin gut mit ihm, als ein betrunkener chinesischer Lastwagenfahrer ihn bis zur mandschurischen Grenze mitnahm. Doch hier fand seine Glückssträhne ein trauriges Ende. Die Grenze war stark befestigt und unpassierbar. Ein argwöhnisch gewordener Grenzschützer erschoss Willem und Ross musste wieder einmal Reißaus nehmen.

In den folgenden paar Wochen fristete er ein prekäres Dasein. Tagsüber hielt sich Rost versteckt und nachts schlich er sich in Züge. Wann immer sich die Möglichkeit dazu bot, stahl er Lebensmittel. Wenn er in der riesigen Sowjetunion einigermaßen vorankommen wollte, brauchte er einen wohlwollenden Verbündeten. Rost begegnete schließlich einem Forstarbeiter, dessen österreichischer Vater 1914 in russische Gefangenschaft geraten war. Dieser erkannte Rosts deutschen Akzent sofort, doch anstatt ihn an die Behörden auszuliefern, half er ihm dabei, eine Route bis zur 1500 Kilometer entfernten Grenze mit dem Iran zusammenzustellen.

Anfang 1952 hatte er es bis nach Nowokasalinsk östlich des Aralsees geschafft. Er lebte kurze Zeit bei den Mitgliedern einer örtlichen Untergrundbewegung, die ihm versprachen, ihn über Norden und das Kaspische Meer aus dem Land zu schmuggeln und über den Kaukasus in den Iran zu bringen. Doch Rost witterte eine Falle und verließ die Gruppe. Er machte sich allein auf den Weg nach Süden, den direktesten Weg in den Iran.

Das war eine schlechte Entscheidung. Fünf Monate lang wanderte Rost vergeblich in südliche Richtung. Er magerte gefährlich ab, war völlig erschöpft und musste schließlich umkehren. Im Juni kam er wieder in Nowokasalinsk an und beschloss, diesmal dem Untergrund zu vertrauen. Auf einer Route, die zunächst nordwestlich über Uralsk und dann südwestlich bis nach Urda führte, wurde er von einem sicheren Unterschlupf zum nächsten gereicht. Im November erreichte er den Kaukasus.

Je näher er seinem Ziel kam, umso größer wurden die Gefahren. Er reiste nun durch bewohntere Gegenden, was sein Risiko, von der Polizei entdeckt zu werden, bedeutend erhöhte. Obwohl zwischen ihm und dem sibirischen Gulag Tausende von Kilometern lagen, befand er sich nach wie vor im stalinistischen Russland. Sollte man ihn erwischen, würde er als deutscher Spion gefangen genommen und ins Lager zurückgeschickt werden. Selbst als ihm seine Fluchthelfer versicherten, dass sie den eisigen Grenzfluss zum Iran bereits überquert hatten, war sich Rost sicher, dass ihm eine Festnahme unmittelbar bevorstand.

Doch seine unglaubliche Geschichte war wahr geworden: Ihm war die Flucht aus der Sowjetunion gelungen.

Drei Tage später erreichte er die nächstgelegene Stadt Täbris. Dort ging er zur Polizei und erzählte seine Geschichte. Sie klang so unvorstellbar, dass man ihn für einen sowjetischen Spion hielt und verhaftete. Rost wurde nach Teheran gebracht, wo er wochenlang tägliche Verhöre über sich ergehen lassen musste. Er blieb bei seiner Geschichte, doch die Iraner waren immer noch davon überzeugt, dass er ein Spion war.

Rosts Onkel war vor dem Krieg in die benachbarte Türkei ausgewandert und Rost bat nun die Iraner darum, diesen nach Teheran zu bringen, um ihn als Deutschen zu identifizieren. Sie willigten ein und eine Woche später betrat Rosts Onkel die Gefängniszelle. Doch da schien das Schicksal Rost einen letzten grausamen Streich spielen zu wollen: Seine Fluchtjahre hatten ihn so erschöpft und abgemagert, dass ihn sein Onkel nicht wiedererkannte. Aber er trug ein Fotoalbum bei sich, das Rosts Mutter gehört hatte. Rost wies nun seinen Onkel an, sich ein bestimmtes Foto seiner Mutter genauer anzusehen. Auf dessen Rückseite hatte er angeblich in einem anderen Leben ihren Geburtstag notiert, den Tag, an dem er ihr das Foto geschenkt hatte. Die iranischen Beamten zogen das Bild heraus und drehten es um. Auf der Rückseite stand: »18. Oktober 1939«. Rost wurde freigelassen und flog zunächst mit seinem Onkel nach Ankara und von dort aus über Athen und Rom weiter nach München.

Am 22. Dezember 1952 – fast drei Jahre und 13 000 Kilometer, nachdem seine Odyssee begonnen hatte – betrat Cornelius Rost seine Heimatstadt. Hinter ihm lag eine der atemberaubendsten Reisen aller Zeiten.

# STICHWORTVERZEICHNIS